法律学大系

国法学 人権原論

［補訂］

樋口陽一 著

有斐閣

目　次

第Ⅰ部　人権の思想史と実定法 ────── 5
　　　　──「国」法学と「人」権──

第1章　コトバとしての人権 ………………………… 7
　　第1節　広義の人権と狭義の「人」権 ……………… 7
　　第2節　歴史のなかの人権 …………………………… 25

第2章　「人」権の可能性と困難性 ………………… 43
　　第1節　「人」権──個人が解放されることの意味 …… 43
　　第2節　「人」権──個人が放出されることの意味 …… 54
　　第3節　「人」権と文化の多元性 …………………… 70

第Ⅱ部　実定法の保障する基本権 ────── 81

第1章　権利の諸類型 ………………………………… 83
第2章　基本権論の言説空間 ………………………… 91
第3章　いくつかの今日的問題 ……………………… 115
　　　　──二項対比のなかで考える──
第4章　人権の宣言から裁判による基本権保障へ …… 199
第5章　基本権保障の「国際化」 …………………… 235

あとがき　(264)

　判例索引　(267)
　事項索引　(270)

細 目 次

1 本書の主題 …… *1*
  1-1 「国法学」という名称 (*1*)
  1-2 「立憲ノ原則」にとっての人権論 (*2*)

第Ⅰ部 人権の思想史と実定法 ——————— 5
——「国」法学と「人」権——

第1章 コトバとしての人権 …………………………… 7

第1節 広義の人権と狭義の「人」権 …… *7*

2 「人」権とは …… *7*
  2-1 中世立憲主義と近代立憲主義 (*7*)
  2-2 フランス革命の反結社観 (*9*)
  2-3 個人の解放としての「人」権 (*15*)
  2-4 国家からの自由と社会からの自由 (*17*)

3 人「権」とは …… *22*
  3-1 権利＝実定法上の存在 (*22*)
  3-2 権利＝裁判による救済 (*23*)

第2節 歴史のなかの人権 …… *25*

4 1989年——人権の復権と, それへの異議申立て …… *25*
  4-1 「憲法ゲマインシャフトの成立」(*25*)
  4-2 「人権を裁く」(*26*)
  4-3 四つの89年 (*29*)

5 歴史のなかのコトバ …… *30*
  5-1 「聖俗の貴族および庶民」の権利 (*30*)
  5-2 「公権」と「基本権」(*31*)
  5-3 「公の諸自由」(*33*)
  5-4 civil rights または civil liberties (*34*)

5-5　human rights（35）
　6　日本では――「自由民権」・「臣民権利」・「基本的人権」……37
　　　6-1　自由民権の思想と運動（37）
　　　6-2　帝国憲法から日本国憲法へ（39）

第2章　「人」権の可能性と困難性……43

第1節　「人」権――個人が解放されることの意味……43

　7　「人」権――「強い個人」の「自己決定」……43
　　　7-1　近代――「国家化」と個人（43）
　　　7-2　「拘束の欠如」としての自由と「規範創造的自由」（46）
　　　7-3　自己決定と自己責任（47）
　8　「人」権の虚偽性への批判……50
　　　8-1　社会主義・反植民地主義・フェミニズムからの批判（50）
　　　8-2　虚偽性批判と理念そのものへの批判（52）

第2節　「人」権――個人が放出されることの意味……54

　9　「強い個人」になれるか――近代への懐疑……54
　　　9-1　「個人主義」の二つの像（54）
　　　9-2　家族の問題（55）
　10　「強い個人」でよいか――反・近代？……58
　　　10-1　生命倫理をめぐって（58）
　　　10-2　「人」権の形式と内容の緊張（61）
　　　10-3　フィクションとしての「強い個人」（66）

第3節　「人」権と文化の多元性……70

　11　批判的普遍主義の可能性……70
　　　11-1　「エスニシティ殺し」？（70）
　　　11-2　「伝統との総合」？（72）

第Ⅱ部　実定法の保障する基本権――81

第1章　権利の諸類型……83

　12　分類の基準とその意味……83

12-1　論理的類型と歴史的類型 (83)
　　12-2　記述的用途と規範的用途 (87)

第2章　基本権論の言説空間 …………………………………… 91

　13　アメリカ——liberal v. libertarian/republican/communitarian …… 91
　　13-1　「リベラル」を中心とした座標 (91)
　　13-2　消極的立憲主義 v. 積極的立憲主義 (95)
　14　フランス——républicain v. démocrate …… 100
　　14-1　「単一不可分の共和国」(100)
　　14-2　共和主義伝統 v. 多元主義 (104)
　15　ドイツ——Pluralismus v. politische Einheit …… 108
　　15-1　国家・個人・社会の三元論 (108)
　　15-2　防禦権 v. 基本権保護義務 (111)

第3章　いくつかの今日的問題 …………………………………… 115
　　　　　——二項対比のなかで考える——

　16　私的自治 v. 憲法価値——基本権の私人間適用を中心に …… 115
　　16-1　1789年宣言と1804年民法典 (115)
　　16-2　State action と第三者効力論 (122)
　　16-3　日本——間接効力説と部分社会論 (127)
　17　市場 v. 公序——営業の自由，労働基本権，メディアの多元性 …… 133
　　17-1　独占の自由と独占からの自由 (133)
　　17-2　営業独占をめぐって (136)
　　17-3　団結＝労働力取引の独占をめぐって (138)
　　17-4　言論の多元性と独占規制 (140)
　18　家族 v. 公序——私事としての家族と公共社会の基礎としての家族 …… 145
　　18-1　「個人の尊厳」と家族 (145)
　　18-2　近代家族像の動揺 (146)
　　18-3　家族への公権力の関心 (147)
　19　宗教 v. 公共社会——政教分離と公教育 …… 149
　　19-1　信教の自由と政教分離との緊張関係 (149)
　　19-2　政教分離訴訟の二類型 (152)

19-3　「教育の自由」の意味するもの（*155*）
　20　マイノリティ v. 個人——Affirmative Action をめぐる選択 …… *158*
　　20-1　集合としてのマイノリティ（*158*）
　　20-2　優先処遇をめぐる普遍主義と差異主義（*164*）
　21　制度 v. 個人権——「制度的保障」と制度保障 …… *170*
　　21-1　個人権を制度的に保障する？（*170*）
　　21-2　個人権でなくて制度を保障する（*172*）
　22　自己決定 v. 人間の尊厳——自己加害と後見 …… *176*
　　22-1　未成年者の権利（*176*）
　　22-2　医療の場面での自己決定（*179*）
　23　相対主義 v. 相対主義の相対化
　　　　——たたかう民主制，political correctness …… *181*
　　23-1　自己決定の自由と自己破滅の自由（*181*）
　　23-2　ナチス体験と戦後（西）ドイツ（*183*）
　　23-3　フランス——ゲイソ法（*185*）
　24　「いかに」の権利論 v.「なぜ」の権利論
　　　　——「権利の限界」，「公共の福祉」…… *190*
　　24-1　憲法上の権利と法律の関係（*190*）
　　24-2　権利の二段階画定と一段階画定（*191*）

第4章　人権の宣言から裁判による基本権保障へ …… *199*

　25　「立憲主義」シンボルの復権 …… *199*
　　25-1　国民意思の優位——議会中心主義（*199*）
　　25-2　権力制限の論理としての立憲主義（*201*）
　26　違憲審査制の構造——アメリカ型と大陸型 …… *204*
　　26-1　「違憲審査制革命」（*204*）
　　26-2　アメリカ——1803 年以来の推移（*206*）
　　26-3　ドイツ——体制シンボルとしての役割変化（*211*）
　　26-4　フランス——議会中心主義からの転換（*217*）
　27　「法の支配」か「裁判官統治」か …… *223*
　　27-1　公権力の責任制と，裁判官の正統性との緊張関係（*223*）

27-2　裁判官の法解釈に関する二つの観方
　　　　　　——意思主義型とエリーティズム型 (226)
　　　27-3　違憲審査権と憲法改正権 (230)

第5章　基本権保障の「国際化」　…………………………………… 235

　　28　国際社会・国家・個人 …… 235
　　　28-1　少数民族と労働関係への国際法の関心 (235)
　　　28-2　「国際憲法」(238)
　　29　基本権の国際的保障——実定化の諸段階 …… 241
　　　29-1　宣言から条約＝法へ (241)
　　　29-2　裁判による保障へ (246)
　　30　「グローバリゼーション」下の人権と「人道」…… 255
　　　30-1　国家からの人権と国家による基本権保障 (255)
　　　30-2　国際公序としての「人道」(257)

あとがき　(264)

　判例索引　(267)
　事項索引　(270)

凡　例

判例の引用は，それぞれの国での一般的な表記の仕方に従っている。つぎの書物にのっているものについては，下記の略称を用いて付け加えておいた。

　　英米判例百選・第3版（別冊ジュリスト139号，1996）→ 百選
　　アメリカ憲法判例（有斐閣，1998）→ ア判
　　フランスの憲法判例（信山社，2002）→ フ判
　　ドイツの憲法判例・第2版（信山社，2003）→ ド判
　　ドイツの憲法判例Ⅱ・増補第2版（信山社，2006）→ ド判Ⅱ

権利宣言，憲法の条項の和訳には各種の刊行物を参考にしたが，その都度出典を明示してはいない。読者の便宜のために，最新のもの二種をあげておく——初宿正典＝辻村みよ子編・新解説世界憲法集（三省堂，2006），高橋和之編・新版世界憲法集（岩波文庫，2007）。条約で公定訳のあるものについては，原則としてそれに従った。

1 本書の主題

1-1 国法学という学問分野は，特定の内容を持ち特定の役割を果たした，歴史的な存在であった。それも，もともとドイツでStaatsrecht（ないしStaatsrechtslehre）と呼ばれていたものと，その日本での訳語としての「国法学」が，それぞれにそうであった。ドイツでStaatsrechtという名で呼ばれてきたものの内容は，時代によって同じではないが，19世紀後半，日本が「国法学」の原語として接した段階でのそれは，とりもなおさず憲法学のことであった。そして，その主流は，政治からの公法学の分離を標榜する法実証主義の学風をとることによって，当時ようやく所与のものとされたドイツ帝国憲法秩序を支えるとともに，法治主義が支配すべき場への政治の侵入を排除しようとするものであった。

一方，日本では，東京帝国大学法科大学の講座を定めた勅令で，憲法講座と国法学講座がならべて設けられた。最初の国法学講座担当者となった末岡精一は，両者を「同一義ニ用キル」ドイツでの用語法を説明したあと，日本でそう理解すると「二語中ノ一ハ，無用ナリト云ハザルヲ得」なくなるとして，「故ニ該勅令ハ，国法ト憲法トヲ同一ノ意義ニ於テ用キズ。……憲法及ビ行政法トハ，大日本帝国憲法及ビ行政法ノ講究ヲ指シ，国法学トハ，立憲，及ビ行政法ノ原則ヲ汎論シ，……其異同アル理由ヲ論弁スルノ類ヲ指ス」とのべていた[1]。そして，「憲法」講座の初代の担当者であった穂積八束が「一国ノ憲法ハ一国固有ノ国体，政体ノ大法ナルカ故ニ，一国独立ノ解釈アルヘシ……予ハ此ノ見地ヨリシテ一切外国ノ事例及学説ニ拘泥セサルヲ主義トス」[2]と主張していたのに対し，「国法学」は，「わが憲法が……大体に於いて西洋の諸国に共通する立憲主義の原則を採用して居る」のだから「憲法の解釈に於いても必ず此の主義を基礎としなければなら」ず[3]，「近代立憲制度ノ基礎精神ヲ知ルニハ外国憲法ノ比較ハ其欠クベカラザル資料ナリ」[4]，という学問傾向にとっての，い

---
1) 末岡精一・比較国法学（博文館，1899）付録3～4頁。
2) 穂積八束・憲法提要・上（有斐閣，1910）小引2～3頁。
3) 美濃部達吉・逐条憲法精義（有斐閣，1927）序5～6頁。
4) 同・憲法撮要（有斐閣，1932）123頁。

わば窓口となったのであった。そして，ドイツ流の国家法人・君主機関説を説くこと自体が，穂積から上杉慎吉へとつながる初期正統学派からすれば「民主の思想を法学の篩にかけて圧搾したるもの」[5]と非難されるような役割を，発揮したのであった。

1-2　今日,「国法学」という名前の講座ないし授業科目を置いている大学は，数多くはない。それを置いている場合も，上にのべたような歴史的文脈に拘束されることなく，しかし,「立憲……ノ原則ヲ汎論」するという点では末岡の考え方をひきつぐ内容を，そこにもり込んできたといえるだろう。

この本も，その役割をそのようなものとして位置づけたうえで，書かれている。

ところで，大日本帝国憲法下での立憲学派のいわば拠点となった「国法学」が「立憲……ノ原則ヲ汎論」したとき，その中心主題は議会制論であり，その点は，本家本元のドイツ国法学についてもいえることであった。この一致は，もとより，偶然ではない。19 世紀は「議会の世紀」[6]だったのであり,「立憲ノ原則」は，議会による立法権の掌握，責任内閣制を通しての行政権のコントロール，そして，普通選挙によって表現される「民意」の尊重，という一連の系列のかたちをとってあらわれるものとされていたのだからである。

もとより，近代的・立憲的意味の憲法にとっての眼目は，権利保障であった。1789 年の「人および市民の諸権利の宣言」は,「権利の保障が確保されず，権力の分立が定められていない社会は，憲法を持たない」(16 条)とのべていた。さかのぼって，中世立憲主義の伝統をひきつぐマグナ・カルタ (1215 年) →権利請願 (1628 年) →権利章典 (1689 年) の系譜にあっても，つねに権利保障が問題であった。しかし，イギリスにせよ，フランスにせよ，そこでは，権利保障の課題は，議会中心主義という統治構造のあり方の問題のなかに，いわば吸収されていた。イギリスでの国会主権 (Sovereignty of Parliament)，フランス

---

5)　上杉慎吉「国体に関する異説」(星島二郎編・最近憲法論――上杉慎吉対美濃部達吉［復刻版］みすず書房，1989) 34 頁。

6)　宮沢俊義 (芦部信喜補訂)・コンメンタール日本国憲法 (日本評論社，1978) 333 頁。

での「一般意思の表明としての法律」(loi, expression de la volonté générale) の優位，という観念がそれを示していた。憲法上の権利を裁判的方法による違憲審査制という強力な手段で確保する方式を他国に先がけてつくりあげてゆくことになるアメリカ合衆国でさえ，その画期となった1803年のマーシャル判決（Marbury v. Madison, 5 U. S. 137, 1803, 百選4頁）それ自体は，統治機構内部での権限配分についてのものであった。憲法上の権利の裁判による確保のシステムがこの国で確立するためには，「司法審査の編成替え」[7]が必要だったのである。

　第2次大戦以後，とりわけ1970年代以降，「違憲審査制革命」＝Judicial Review Revolution（マウロ・カペレッティ）とよばれるような状況が，世界的にひろがってくる。ドイツ，イタリア，日本という全体主義体制の崩壊（1945年），スペイン，ポルトガルでのそれ（1970年代），そして，旧ソ連・東欧圏での一党支配体制の解体（1989年以降），という節目ごとに，違憲審査制を導入することの積極的意義が強調された。「民主制」にかわって，「立憲主義」「法治国家」がキーワードとなって脚光をあびることとなる。そしてそれは，ひとことでいえば，憲法に掲げる諸権利を，裁判の方法によって法的に確保する，ということにほかならない。

　いま，「立憲ノ原則」を議論する際に何より焦点とされるのは，その問題なのである。そのような状況をふまえて，この本では，日本での言葉の使い方として慣用となっている「統治機構」論と「人権」論を分ける区分に従っていえば，後者を主題とし，人権の基礎理論をとりあつかう。大別して，人権の思想史と実定法へのその反映を跡づけ（第Ⅰ部），実定憲法の保障する基本権について比較法的考察をおこなう（第Ⅱ部）にあたっては，導入的考察（第1～2章）につづけて，いわば実体法の問題として，どんな権利がとりわけ問題なのか（第3章），いわば手続法の問題として，どのような保障の仕方がされているか

---

[7]　奥平康弘・憲法Ⅲ——憲法が保障する権利（有斐閣，1993）17頁。

(第4〜5章),という順序で記述をすすめることとする[8)9)]。

---

8) ドイツのそれぞれの時代でのStaatsrechtの内容の異同,日本で「国法学」が正確にはドイツの*Allgemeine* Staatsrecht——のちには*Allgemeine* Staatslehre——に対応するものであること,については,栗城壽夫・一九世紀ドイツ憲法理論の研究（信山社,1997）の精細な記述を見よ（とりわけ序論）。なお,同著は,Staatsrechtを「憲法学」と——その実質に即して——訳している。

　ハンス・ケルゼンの*Allgemeine Staatslehre*, 1925（清宮四郎訳・一般国家学［改訳版,岩波書店,1971］）を出した出版社（Springer Verlag, Berlin u. Heidelberg）が,同名の書物を含むシリーズの戦後版を出しているが,その『一般国家学』は,トマス・フライナーによって書かれている——Thomas Fleiner, *Allgemeine Staatslehre*, 1970.（そのフランス語版は,*Théorie générale de l'Etat*, PUF, Paris, 1986）。45年の時間を隔てて出版されたこの2冊の『一般国家学』の内容には,著者の方法上の立場のちがいの反映があることはもとよりであるが,同時に,それぞれの時期の憲法学にとっての問題のちがいを反映した開きがある。日本で「国法学」を論ずる際の論じ方についても,同じことがいえるのではないだろうか。

9) 本文でのべたように,本書は,人権の基礎理論をとりあつかう。他方で,本書の著者による,主として統治機構にかかわる分野を対象とした論述は,別著『比較憲法［全訂第三版］』（青林書院,1992）および『憲法Ⅰ』（同,1998）を,それにあてている。

第Ⅰ部

人権の思想史と実定法
―――「国」法学と「人」権―――

第1章　コトバとしての人権

第1節　広義の人権と狭義の「人」権

2　「人」権とは

2-1　日本では，憲法を議論するときの分野のわけ方として，人権論と統治機構論という二つの項目を立てることが多い。そこでいわれている人権を，ここでは，広義の人権として扱うことにしよう。そこでは，多くの場合には，日本国憲法第3章の掲げる権利のカタログが想定されており，いずれにしても，近代立憲主義の展開史をも念頭に置いて，多かれ少なかれ広い範囲のものが，考えられている。英語圏の用語でいえば，civil rights（自由権）→political rights（参政権）→social rights（社会権），フランス語圏でいえば，対国家の自由→社会経済的諸権利→第三世代の人権，といったふうにである。同時にまた，人権というコトバは，普通，「人間がただ人間であることにのみもとづいて当然にもっている権利」[1]としても説明される。

　さて，この二つの説明のあいだにすでに，実は，ひとつの隙間があるのではないかということが，少なくともひとまず問題にされる必要がある。それは，「人」たるがゆえ，というときの，「人」の理解にかかわる。

　労働基本権が「社会権」というひとつの「人権」として示されるとき，たとえば争議権は「人」すべてではなく，ほかならぬ労働者であるがゆえに労働者が持つ権利ではなかったのか？　選挙権が「参政権」というひとつの「人権」として説明されるとき，一定の年齢に達しない（普通におこなわれている18～20

---

[1]　宮沢俊義・憲法Ⅱ〔新版〕（有斐閣，1971）78頁。なお，そのような言い方をする論者を，そのことゆえに自然法論者だとするのは当たらない。その言い方は，直接には，ある実定法——たとえば日本国憲法——の権利規定がそのような考え方を採用している，ということの記述として成立するからである。この点をめぐる問題につき，高見勝利・宮沢俊義の憲法学史的研究（有斐閣，2000）300頁以下。

歳という区切りが妥当かどうかは別として，ゼロ歳児に選挙権がないことには，今日では異論が出ていない）国民は「人」でないのか？──こういう疑問が出てくるはずである。そして，この疑問を広げてゆくと，「人」権の主体と内容それぞれについて，複数の理解の仕方があることに当面する[2]。

　「人」たるがゆえの権利，という言い方をつきつめてゆくと，その権利は，なんらかの特性ゆえに識別される主体でなく，人一般としての個人を担い手とするものでなければならないことになるだろう。歴史に即していうならば，1215年マグナ・カルタと，1789年「人および市民の諸権利の宣言」の論理の相違であり，一般化していえば，中世身分制社会の自由と近代的人権の論理との相違である。

　1789年宣言が，その16条で，「憲法」の内容を定義して「権利の保障」と「権力の分立」をあげたことは，周知のとおりである。そこで「憲法」の不可欠の内容としてあげられた権利保障と権力分立それ自体は，近代憲法に特有のものではなかった。身分制的自由と身分制議会というかたちをとった，中世立憲主義の伝統があったからである。1789年宣言の歴史的意義と役割は，まさしくその標題に「homme（人）およびcitoyen（市民）の諸権利」を掲げたところにあった。1789年のフランスは，絶対王制の否定を中世立憲主義への復帰という形式によって示したイギリス（1689年の権利章典〔Bill of Rights〕）とは対照的なゆき方をとった。もはや「聖俗の貴族および庶民」の「古来の自由と権利」の確認ではなく「人」一般の権利が宣言され，もはや「貴族」と「庶民」を代表する両院ではなく，一院制の「国民」代表議会が設けられたのである。

　中世立憲主義が「国王も神と法のもとにある」と説くことができたのは，王権への権力集中がまだ進まず，ローマ法王を頂点とする教会，神聖ローマ帝国，封建諸侯，自治都市などがそれぞれに権力を手中にしているという，分権的な社会構造があったからであった。絶対王制は，そのような重畳的な権力構造を，

---

2) この点を含めて，日本国憲法下の人権理論を，「人権」の基礎づけ論，人間像論，体系論などに焦点を合わせて概観し，そのような人権理論の枠組自体を批判しようとする主張にも言及したものとして参照，渡辺康行「人権理論の変容」岩波講座・現代の法1（岩波書店，1997）。

国王への権力集中によって克服するものであったが、それとても、身分制社会編成原理を基礎としていたかぎりにおいて、実は、その権力集中度は、文字どおり「絶対」的なものにはなりえなかった[3]。それに対し、近代市民革命は、国民単位で成立する領域国家の手に権力を集中すると同時に、その集権国家によって身分制秩序を解体し、個人を解放する。フランス革命の場合、教会権力の破壊という文化革命を伴った（教会領の没収から共和暦の採用まで）ことは、いっそう、国家への権力集中と個人の解放とをきわ立たせた。

2-2 こうして、一方で国家＝国民主権、他方で人一般としての個人を主体とする人権という、近代憲法にとっての最も基本的な観念が成立する。このような変革をいちばん徹底的に追求したフランス革命は、国家と個人のあいだに介在する一切の「中間集団」を、いったん徹底的に解体していった。1789年宣言のカタログに結社の自由が出てこないのは偶然でなく、その時点で現に存在していた集団、すなわち身分制にもとづく結合を解体して、自由な諸個人を析出してゆくことこそが、革命の中心課題とされていたのであった。

大革命期の中間集団否定の論理を何より明確に打ち出したものとして知られているのが、提案者の名にちなんでル・シャプリエ法と通称されている、1791年6月14日＝17日のデクレである。それは、「同一の身分および職業の市民のすべての種類の同業組合の廃止は、フランス憲法の本源的基礎の一つであるから、いかなる口実およびいかなる形式のもとであっても、それらを事実上再建することは禁止される」とし、同一職業の労働者や職人の団結行為を、刑事罰によって禁止した。この法律は、マルクス『資本論』第1編24章の、本源的蓄積についての記述のなかで、働く者に対する弾圧立法としてえがき出されているが、身分制同業組合からの個人の解放――そして放り出し――のために「近代」が通過しなければならない経過点を、歴史上最も端的に示すものなのであった。

こうして、一方で唯一正統とされる主権的国家権力、他方で「人」権主体と

---

[3] 二宮宏之・全体を見る眼と歴史家たち（木鐸社、1986）は、絶対王制下での社団的・身分制的中間団体の役割を強調し、国家 Etat とは言いがたいほどに諸権力 pouvoirs が錯綜していたことに、注意を促す。

しての諸個人という二極構造がえがかれ，その中間に介在する集団は，特権と独占によって自由な諸個人の活動を阻害するもの，と目される。1791～93年にかけて，商工会議所，教育・救済事業をしていた宗教団体，株式会社，弁護士会，そして大学が，廃止される。この文脈では，結社の自由ではなくて，結社からの自由を国法の介入によって確保することこそが，革命の課題とされていた[4]。

そのような段階を通過したのちにはじめて，自由な諸個人のあいだの結合を国家干渉からまもるものとして，結社する諸個人の自由の保障が，日程にのぼるであろう。フランスの場合でいえば，その過程は，1864年法（労働者の一時的団結に対する刑事罰の廃止）→1884年法（ル・シャプリエ法の廃止と職業組合結成の自由）を経て，非営利社団の設立の自由を定めた1901年法による結社の自由一般の法認，という展開をたどる。革命期の反結社主義は，必要な経過点であった。

かような意味で，1901年7月1日法まで1世紀のあいだ「眠りの森の美女」[5]となる期間が，結社の自由にとって必要だったのであった。1789年宣言の沈黙と，1901年法による「結社する自由」の確認——。フランス社会がこの法律の100周年を迎える節目を，あえて言えば1789年宣言の200周年にも

---

[4] 高村学人「フランス革命期における反結社法の社会像——ル・シャプリエによる諸立法を中心に」早稲田法学会誌48巻（1998）105頁以下は，大革命前に，身分制「社団国家」に対抗する「社会的結合関係」（sociabilité）が「ブルジョア層」においては「市民的公共圏」，民衆層においては「新しい政治文化」として誕生しつつあった，という見方を前提とし，これらの空間で産出された「公論」（opinion publique）が革命の条件となった，という見方を示す。そのような文脈で，革命期の反結社主義は，そのような「公論」を国家による公共性の独占（「公共精神」esprit public）によって封じこめようとするものだった，としてとらえられる。ル・シャプリエ法の「標的」を「古い『社団』なのではなく」とまでいうことには同意できないが，およそ結社（association）をすべて「コルポラシオン」と呼ぶことによって公共性の国家独占を確保しようとしたのだ，とする理解は，1901年結社の自由法成立までの長い過程を説明してくれるだろう。「およそ政治的結合（toute association politique）」なるものの目的として自然権の保全を掲げる1789年宣言2条は，association politiqueイコール国家という定式を示す一方で，他の考えられうるassociationを「コルポラシオン」と呼ぶことによって禁圧する構図を描いていたのであった。

比べられるほどのものとして強く意識していた[6]のには、充分の理由がある。

さて、その1901年法が結社する・個人の・国家からの自由をみとめたのは、単に国法による禁止を解除するというレヴェルでのことではなかった。非営利社団が県庁への届出だけによって法人格を取得できる、ということまでを、この法律は「国家からの自由」の内容としたのである[7]。

そのような結社の自由観からすると、日本での状況は、ひとつの独自のクロ

---

5) 1901年法100周年に先立って、コンセイユ・デタは2000年度の年次報告書の特集を、結社の自由の主題にあてた。「眠りの森の美女」はその報告の中の表現であり、革命冒頭での「クラブ」や政治結社の「結社の春」にもかかわらず、19世紀の間じゅう禁止的法制がつづいたことを、1792年8月以降の段階でこれらの結社が国家・公権力の役割を簒奪するほどのものになってしまったことと、何より身分制の解体の必要からくる中間集団否認の思想のゆえとして説明する文脈でのことである（Conseil d'Etat, *Rapport public 2000*, Documentation Française, Paris, 2000, p.252）。

　社会からの・国家による・個人の自由の貫徹と、そのような諸個人の・結社する・国家からの自由の承認という、二つのことがらの不可分の連関は、結社の自由のための1901年法が、修道会（congrégations）に対するきびしい規制立法でもあった、ということの中に、如実にあらわれている。立法を推進しようとする共和派にとっては、共和制（＝国家）の理念を担う個人の自立を、宗教権力（＝社会）からの自由によって確保することが至上の課題だったのであり、保守派はそれと対照的な立場から、この立法に抵抗した（下院での表決は305対225）。

6) 2001年6月25日下院で、同28日上院で、29〜30日憲法院で、それぞれ、1901年7月1日法100周年記念のコロキウムないしラウンド・テーブルが開かれ、憲法院では大統領と首相がそれぞれ、開会演説と閉会演説をした。7月1日には、「国と諸結社の相互を拘束する憲章」が、ジョスパン首相と「結社の協調のための常設会議（CPCA）」議長によって署名された。この憲章は、「結社という分野は、社会の発展・刷新・結集のための基本的アクターの一つとなった」という認識のうえに立って、「国がその確保の任にあたる一般利益（intérêt général）への、結社の貢献の重要性を承認する」とのべ、とりわけ、「市場経済が市場社会へと堕落することのないよう」連帯を推進する、という理念を掲げている。関連して、大村敦志・フランスの社交と法（有斐閣、2002）が浮き彫りにするフランス社会の実像が、多くを示唆する。ここでの論点については、とりわけその第3章「結社と法」。また参照、コリン・コバヤシ編・市民のアソシエーション——フランスNPO法100年（太田出版、2003）。

7) 1901年法の単純届出制を改め、当該結社の適法性について裁判所の事前審査に服させる可能性を設けようとしたのが、本文後述（13頁）の1971年法案であった。

ス状況を呈している[8]。一方で,「憲法第3章に定める国民の権利および義務」の問題として,「会社」に「自然人たる国民と同様」の「政治的行為をなす自由」までを承認し（最大判1970・6・24民集24巻6号625頁），表現の自由への対抗原理としての「人格権」の主体として,個人と,法人ないし権利能力のない社団・財団を区別しない（最判1987・4・24民集41巻3号490頁）など,結社それ自体が,自明のように,個人と同じ権利主体性をみとめられている。他方でしかし,結社の法人格取得をきわめて困難にしてきたこれまでの法制とその適用に見られるように,結社する・個人の自由が憲法論として十分につきつめられることはなかった[9]。

かようにして,現段階の立憲主義秩序にとっては,結社する・個人の自由と,結社それ自体の持つべき一定の自由の位置づけが,問題となっている。その際,結社する自由に論理上含まれる結社しない自由は,しばしば,結社からの個人の自由という問題となって問われることとなる。法的観点からは,結社ないし

---

[8] 以下の本文で述べるような,日本での法人——ひいては結社一般——観の背景を,村上淳一「会社の法人格——比較法史の一断章」桐蔭法学2巻2号（1996）が照射する。それに従えば,「身分制的な秩序を支えるさまざまな中間団体」を指していわれた「複合的な倫理的人格」（プーフェンドルフ）までさかのぼる法人観は,株式会社をも——自由放任主義的な営利追求を本旨とするものと解される限りで——「『完全な意味での法人』に非ず」（レースラー）とするものであった。しかし,「すでに政治社会としての秩序形成力を奪われた徳川社会の延長上に,ドイツ以上に徹底した営利本位の経済発展を遂げることになる日本」では,「人的会社を含むすべての商事会社が法人とされ」ることによって,「法人概念の技術化」が「完了を見た」のであった。株式会社の「政治的行為をなす自由」を自明の憲法解釈とする判例,さらには,それを「法人の人権」を承認した先例として一般化してきた学説の大勢は,そのような（ドイツの法思想では不徹底に終わった）「法人概念の技術化」を背景として成立したのである。

[9] 「個々人に還元され,個々人のみが人権の主体性を認められるような」結社が「論理的には可能なはず」（佐々木允臣・もう一つの人権論［増補版］［信山社,2001］234頁）であるのに,現実の道はまだ遠い。結社する・諸個人の自由の立法化は,1998年制定の特定非営利活動促進法と2001年成立の中間法人法,そして,2006年成立の,一般社団法人及び財団法人と公益社団法人及び財団法人それぞれに関する法律へと段階を進めてきた。民法学者・山野目章夫は,非営利団体を,「社員共通利益追求型」と「市民活動型」という類型に分け,「市民活動型」団体を対象とする一般法の制定と,その内容上の整備の必要を説いていた（衆議院法務委員会での,政府参考人としての陳述——2001年5月29日）。

団体が離脱自由を原則とするもの（日本の判例でいえば，上記の最大判1970・6・24民集24巻6号625頁），および，加入強制を伴うもの（最判1996・3・19民集50巻3号615頁）それぞれについて，団体の意思決定とその活動が構成員に強制を及ぼすかどうかが，議論されてきている[10]。

ところで，破壊されるべき身分制がなく，はじめから自由な諸個人があったアメリカ合衆国でも，結社の自由を定めた明文の憲法規定はなく，そこには，市民革命期の法体制が多かれ少なかれ反・結社型の個人主義に立脚していたことが反映している（『ザ・フェデラリスト』［齋藤眞＝武則忠見訳，福村出版，1998］第10篇は，「派閥（faction）の弊害と連邦制による匡正」というかたちで問題にふれている）。解釈論上は，合衆国憲法修正1条の言論の自由のなかに含まれるものとして，結社の自由があつかわれてきた。

反・結社主義が徹底してきたフランスでの解釈論上の対応は，それとくらべて対照的である。ここでは，結社の自由を，1789年宣言（1958年憲法前文でのそれへの言及を媒介として，違憲審査の基準としての「憲法」の一部とされている）のなんらかの条文に含まれていると説明することも，また，例示的列挙からぬけているだけだと弁明することも不可能なほど，結社の自由に対する革命期の態度決定が明白だからである。こうして，憲法院は，非営利社団の法人格取得の際にその結社の適法性につき裁判所の事前審査に服させようとする1971年の立法改正を違憲とするために，1946年憲法前文（58年憲法前文は「1946年憲法

---

10) これら二つの判決を中心として，所属団体からの個人の自由の問題につき新しい問題提起をするのが，蟻川恒正「思想の自由と団体紀律」ジュリスト1089号（1996）である。また，「団体や集団に対して非自発的なコミットメントが強いられる個人の問題」を，アメリカ合衆国の判例のなかで検討したものとして，橋本基弘「結社からの自由(1)～(2)」法学新報108巻1号，2号（2001）。木下智史「私的団体による差別と結社の自由」神戸学院法学30巻3号（2000）は，アメリカの判例に即した標題の論点の考察を通して，「多元主義的結社観の横溢ともいうべき日本の法理論状況」のなかで「結社・中間団体の否定を通じての，個人の析出過程の追体験の必要性」を説く問題意識に，理解を示す。森英樹「『憲法と公共性』再論」法律時報72巻1号（2000）が，「法化・制度化によって受けやすい『植民地化』を，論理的にも構造的にも峻拒しうる自由で動態的な，日々更新される『自発的・自律的結社（Assoziation）』」を導出する方途を探ろうとするときも，それは，個人の析出という前提を置いてのこととなっている。

前文により確認され補完された」1789年宣言，という言い方をしている）のなかに出てくる，「共和国の諸法律によって承認された諸原理」という言いまわしを援用し，非営利社団の結成の自由に関する1901年法律に憲法規範としての効力をみとめる，という論理操作をほどこさなければならなかった（71-44 DC du 16-7-1971，フ判141頁）。

　身分制——より一般化して中間諸集団——からの個人の解放によって「人」権主体が創出された，という文脈でいうと，1789年宣言16条の十全な意味は，その条文には直接には出てこない国民主権（宣言3条）と結びつけて理解されることによってはじめて，明らかになる。主権の担い手＝集権的国民国家の成立を前提とし，それによって身分制から解放された個人を「人」権主体とする権利保障なのであり，また，身分的利害を克服した国民を代表する議会による権力分立，なのだからである[11]。「人」（homme）の権利と区別された「市民」（citoyen）の権利についていえば，ルソーによって示されていたとおり，主権の担い手を全体としてとらえたものが人民＝peupleなのに対し，それを構成する個々人に着目したとき，市民＝citoyenという言葉が使われることになる。

---

[11]　人権と主権は，近代憲法を論ずるときの二つのキーワードとしてあつかわれている。その意味で，きわめて一般性の高い観念だといえるだろう。しかし実は，本文でのべたような立ち入った意味では，きわめて特殊フランス的な性格を刻印されている。中間集団を徹底的に排除して国家への権力集中を完成しようとする点（＝主権）でも，そのことによって中間集団から解放され放出された個人を人権主体とする点（＝「人」権）でも，フランスの体験は，けっして一般化しないからである。フランスは，近代憲法の共通性を集約するからではなく，特殊なまでに近代憲法の「近代」性を貫こうとした点で，典型を提供する。この点につきなお参照，後出21-2註4。

　日本でも，人権と主権を当然のように立憲主義の基本要素と考えながらも，近代立憲主義にとって中間集団否定の論理の持つ意味を重視しない見方が，一般的である（解釈論上のあらわれについては，特に後出16以下）。その意味で，「近代立憲主義＝個人の尊厳」というディスクールの一般化にもかかわらず，「その『復権』に伴って立憲主義は『混迷』を深めているように思われる」と指摘する愛敬浩二・近代立憲主義思想の原像——ジョン・ロック政治思想と現代憲法学（法律文化社，2003）を参照。その序章「憲法学・立憲主義・『統治二論』」（1〜24頁）は，本書著者の「近代立憲主義」理解についての検討・批判を，ひとつの主要な主題としている。

2-3 「人」権と,それに先立つ身分制社会の権利との論理的相違をあいまいにしないことは,近代立憲主義の「近代」性の意味を明瞭にとらえるために,欠かすことができない論点である。「人」権が個人を解放したことの歴史的役割(=光)と,それとともに,個人が解放=放り出されてしまったことからくる困難(=影)の意味が,それによってはじめてはっきりするからである。歴史の経過のなかで,マグナ・カルタ以来の中世立憲主義の伝統が,「権力は制限されるべきだ」という主張を支えるのに大きな力を発揮したこと,その文脈で中世立憲主義と近代立憲主義は継承の関係にあること,だからこそ20世紀の現代型独裁にとっては身分制的伝統自体がその意味で桎梏となったこと,これらのことはどれも重要な事実である。だからといって,しかし,二つのものの間にある論理上の断絶をそれとして正面からとらえることの意味が,少しでも小さくなるわけではない。

ところで,今日では,ふたたび,人一般としての個人を主体とするのでなく,人びとのなんらかの種ないし類への帰属ゆえに主張される権利が問題となってきている。性別(「女性ゆえ」の権利),年齢別(「子どもゆえ」の権利),エスニシティ単位別(「少数民族ゆえ」の権利)等々ゆえの権利主張である。国際場面では,集合としての人民の権利という主張がある。そういう文脈では,権利の主体が個人とされる場合(狭義の「人」権)と,権利主体が人間という言葉で表現される場合とでは,有意的なちがいが出てくることになる可能性がある。日本国憲法は,13条で「すべて国民は,個人として尊重される」とのべて,みずからの原則的な立場を示している。それは,憲法の定める権利体系の少なくとも中核に,これまで見てきたような狭義の「人」権をすえていることを示唆するだろう。そのうえで,そうした狭義の「人」権にとどまらない権利が憲法上の権利として,あるものは条文上明記され,あるものは解釈によって抽き出さ

れるものとなっている，というふうに実定法の状況を理解することができる[12]。

狭義の「人」権をその主体についてこのように理解することは，内容理解の問題に連動する。人一般としての個人を主体とする「人」権は，その個人の自

---

[12] 人権のなかで特定のものを「憲法によって保障された権利」と呼ぶ論者は，人権の「(内容)拡張的な特性」という積極面をみとめながらも，「局面を変えれば，これは弱点になる。『権利』を構成する範囲を極度に禁欲的に抑制し，『人間が人間として当然に具わっている』なにものかを，厳密に精査し，篩に掛け，万人に迫れるようなもの……のみを『人権』として打ち出す場合はじめて，『人権』論はパンチ力がある」(奥平・憲法Ⅲ[前出3頁註7] 24頁)と指摘することを忘れない。この指摘は，憲法上の権利一般のなかで狭義の「人」権を特にとり出すことの意味を重く見る本書の立場とも，問題関心を共有している。そのような，「人」権についても人「権」(後出3)についてもその範囲を禁欲的に抑制しようとする思考を端的に問題提起したのが，奥平「"ヒューマン・ライツ"考」和田英夫教授古稀記念・戦後憲法学の展開(日本評論社，1988)であった。

笹沼弘志「人権論における近代主義」法の科学24号(1996)は，奥平と本書著者の立場を，「自律能力基底的人権論」のなかでも「便宜上『真正自律説』と呼」ぶとして，「主体」と「権利の範囲」との点での限定の強さを批判する。本書の場合，この論点は，「強い個人」の「自己決定」を「人」権の基礎として求める(後出，とりわけ7)ことに関連するが，ここであらかじめ念を押しておけば，次のようになる。①「人」権が人一般という観念を前提としている以上，法解釈論の次元での権利の「享有主体」は「みんな」以外にはない(だからこそ，反対に，例えば選挙権や労働基本権は「人」権でないとされる)。「強い個人」が問題なのは，そのような「人」権の思想的根拠として，「権利のための闘争」を担う主体(笹沼によれば「理性的主体」(？)として例示されている「我を通す赤ちゃん」は，法解釈論上での「人」権主体であるが，「強い個人」という場合の主体ではない)を想定しているからである。②「権利の範囲」については，「切り札」の問題として後出(特に24)。

拡張的人権観に対する危機意識を強烈に定式化してみせるのが，政治思想史研究者で法思想，ひいては実定法理解にかかわる諸問題に活発な発言をつづけているリュシアン・ジョームである。彼は，「人権が簇生し(第二，第三，それどころか第四『世代』のものが出来)，多様化する。どんな問題が生ずるだろうか。法における諸権利のかような多様性に応えるために，法律がもはや同一のものでなくなるならば，法律はなお平等を確保できるだろうか，という問である」(Lucien Jaume, *La liberté et la loi*, Fayard, Paris, 2000, p.346-347)。「法律」「同一」「平等」という用語は，「一般意思の表明としての法律」というフランス型公理を定式化した1789年宣言6条の文言と照応しているが，ジョームは，そのような言い方で，拡張的人権観が「普遍的なるものの危機」をもたらすことを憂慮するのである。この点につきなお参照，山元一「自由と主権」国際人権12号(2001)18頁以下。

己決定を,内容上の重要な要素とすることになるだろう。*Human* Rights という形容詞の表現は,この文脈――droits de *l'homme* が権利主体を意味したこととは対照的な脈絡――で,問題とするに値する。何を「ヒューマン」と考えるかは,個人差は別としても,文化圏のちがいによって,大いにちがってくるだろうからである(後出 11-2)。個人の自己決定と自己責任を基本にした生き方こそを「ヒューマン」と考えるか,反対に,「持ちつ持たれつ」「みんなと一緒」を大切にするのが「人間らしい」と考えるか,など。このことについては,のちにくわしく問題にすることにしよう。ここでは,その主体(=主語)と内容(=形容詞)の両方にかかわって,広く人権という場合と,狭義で「人」権という場合とがあることを,「コトバ」の問題として確認するにとどめておく[13]。

なお,狭義の「人」権というコトバを重視する立場は,実定法の取扱いの場面で,憲法上の権利一般と「人」権とを区別し,後者に対して,他の諸利益との比較衡量を拒否する切り札としての価値をあたえるべきだ,という主張をすることがある。その点についても,のちにあらためてとりあげることとする(24)。

2-4　近代憲法の自由は,何より,国家からの自由として説明される。それは,19世紀以降の西欧に成立する実定法に対応した法学にとっての共通認識として,今にひきつがれている。その認識それ自体は適切なのであるが,時として忘れられがちなのは,近代実定憲法体系の核心に国家からの自由が据えられるのに先行して,その前提として,身分制という社会的権力から,国家の手によって,自由の主体としての個人が引き剝がされることが必要だった,とい

---

[13]　狭義の「人」権理解は,普通にいわれている「前国家的権利」というとらえ方に疑問をさし出すであろう。それは,まさしく集権的国家の成立によってこそ身分制から個人が解放され,「人」権の主体となることができたのだ,と考えるからである。論理的にも歴史的にも,「前国家的権利」といえるものがあったとしたら,近代的「人」権ではなくて,中世の身分制的自由こそが,そういわれるべきだろう。つけ加えていえば,実定憲法上の存在になるや否や,それは,それぞれの実定法の定める「国家」機構のなかで,実効的に保障されるものとなるのであり,その意味でも,「前国家」的ではない。

う認識である。

　他国に先がけて自由を制度化することに成功しつつあった19世紀中葉のイギリスで、ジョン・スチュアート・ミル[14]は、今や「政府が国民と一体」となっているといえる条件のもとでなお、思想と意見発表の自由への強制がたとえ「最善の政府」に対しても「最悪の政府」に対してと同様に否定されなければならないことを、力をこめて論じた。その際彼は、多数者の専制が政府官憲の行為としてあらわれる「政治的圧制（political oppression）」だけでなく、「社会みずからが暴君となる」「社会的専制（social tyranny）」を問題とし、前者とちがって刑罰を伴わない後者こそが、精神の自由にとって抑圧効果をもたらすことを、するどく指摘していた。19世紀型実定法の枠組のもとで国家から「自由」な空間で「社会みずからが暴君」となるという状況は、まず、経済自由主義のもとでの独占・寡占の形成という、目に見えるかたちをとる。さらにすすんで、より一般的に憲法上の権利保障を国家と国民私人のあいだだけでなく、私人間の関係にまで拡げるための、「基本権の私人間効力」という対処が必要とされるような状態が生じてくる。

　政治的権力＝国家からの自由だけでなく社会的諸権力からの——国家によって確保されるべき——自由という現代型問題が、かような意味で、ミルによってすでに先どり的にとりあげられていたことになる。ミルの指摘はまた、さかのぼって前近代から近代への移行点で、自由が、何よりも、個人の——結社の、でなく——、また、社会という「暴君」からの自由として貫かれなければならなかったこと、そのような経過点を経てはじめて国家からの——個人の、また結社の——自由を語ることができるようになったのだということを、逆照射してくれる。

　そのミルにいちはやく反応した明治初期の日本であったが、肝腎のその点は十分に受けとめられていなかった。1859年出版の『自由論』は1872年に中村敬宇（正直）によって邦訳され、河野広中が馬上で一読、民権論に回心したというエピソードも知られている。ところがこの訳書は、せっかく、societyに「仲間連中」、individualに「各箇ノ人」という訳語をいったん当てながらも、

14）　J. S. Mill, On Liberty, 1859（塩尻公明＝木村健康訳・自由論［岩波文庫、1971］）。以下、本書での引用は原則としてこの訳書による。

最後段の文章では，この二者の間の関係を訳するのに，「政府ト人民ト」の「争」という用語で処理してしまっている。これでは，「社会」の専制と「個人」の解放というミルの主題は，うかびあがってこない。だからこそまた，個人の「人」権より政権奪取のための「民権」を第一義に置いた民権派の志士たち（後出 6-1）に，ミルは広く読まれたのだった[15]。

そのような傾向は，実は，近代日本の第二の解放期——1945 年以後——にも，かたちをかえてあらわれる。個人の主体性を問うよりも集団民主主義のかたちで，戦後民主化がはじまったからである。

明治の民権運動家たちにとっても，戦後民主主義の活動家たちにとっても，「政治的圧制」が苛酷だっただけに，それに立ちむかうために「まず運動」「まず団結」の必要もまた，大きかった。そのような事情があったにしても，世間＝社会からもいったん自立した「人」権主体を鍛えあげる本道をショート・カットする結果となったことは，「未完の市民革命」の課題をつねに先送りする

---

15) 中村敬宇『自由之理』の訳語にかかわる問題点を，それより 23 年後に出された高橋正次郎訳『自由之権利』（1895）と対照して明らかにし，埋もれていた高橋訳の意義を発掘したのが，岡田与好・自由経済の思想（東京大学出版会，1979）である。高橋訳では，society と individual は，「社会」および「箇人」と訳定され，中村訳の問題点が端的にあらわれていた最終項の訳にあえて訳者註が付されている。——「昔時ハ政府ト臣民間ノ問題ナリシガ故唯政府ノ権能限制ノミヲ事トセシケレドモ今日ハ多数党ト個人トノ問題ナルガ故 啻(ただに) 政府ノ権能ヲ限制スルノミナラズ又輿論ノ権能ヲ限制セザルベカラズトノ意ヲ暗示シ……」。

こととなる[16][17]。

そのことはまた，実定日本国憲法の解釈論の次元にもはね返りを見せる。判例は，社会的権力からの自由を確保すべき課題にこたえるべき「基本権の私人間効力」に積極的といえず，かえって，「部分社会論」によって，権利救済のための裁判所の出番を消極的に抑えこむ傾向にある。判例はまた，法人に対しても個人に対してと同様に「国家からの自由」の枠組によって憲法上の自由の保障をあたえ，学説の大勢も，「法人の人権」という観念でもってそのような

---

[16] 大石眞「自由の理念と憲法思想」佐藤幸治先生還暦記念・現代立憲主義と司法権（青林書院，1998）は，権力への参加を意味する「政治的自由」「参加としての自由」の問題の重要性を――正当に――指摘する。コンスタンのいう「古代人の自由」，ルソーの「市民の権利」に対応する自由（後出 12-1）の問題が，「圧倒的なドイツ国法学の影響下にあった明治憲法時代の日本憲法学の中で」，また，「広く『民主的要求』が充たされ，参政権が行き渡った政治制度を前提としつつ，偏に消極的自由を高唱しつづけた戦後憲法学において」も，重視されなかった（同上 45頁）ことについても，同意できる。但し，自由民権や戦後解放期の現実社会（政党や労働運動）の中では，むしろ「ポリチカルさえ自由なら」（権力獲得への関心）の問題性の方が大きかったのではないか，というのが本文の見方である。そしてまた，「偏に高唱」されたはずの「消極的自由」，「からの自由」の内容理解そのものが，社会からの「個」の解放を含む狭義の「人」権の観念を定着させるようなものではなかったことこそを，肝要と考えるのが本書の立場である。小畑清剛・レトリックの相剋――合意の強制から不合意の共生へ（昭和堂，1994）は，「『共通感覚（常識）』概念のもつ二面的性格」を承認したうえで，日本人としての「常識（共通感覚）」にもとづく「合意」を求めることの危険を指摘し，「パースペクティヴを固定化」させる「合意」ではなく「不合意の共生」を求める（特に 123～135 頁）。

[17] 「民法学の新たな理論動向」を検討し，「市民社会の構造変容」に直面する「民法学の課題」を論ずる吉田克己・現代市民社会と民法学（日本評論社，1999）は，民法理論の類型を「社会指向型」「国家指向型」「個人指向型」に整理する。これらのうちどの基本的立場をとるにしても，「これらの戦略は，必ずしも択一的なものではなく，問題が提示される『場』によって使い分けられるべきものである。それがどのように具体化されるかは，当該社会の構造をどのように理解するかにかかわる」という認識を前提として著者と共有したうえでいえば，本文でいう「人」権のとらえ方は，「個人指向型」にあたるであろう。

思考を後押ししてきた（これらについてはなお，後出 16, 17 での叙述を参照）[18)][19)]。

18) 八幡製鉄政治献金事件判決（最大判 1970・6・24 民集 24 巻 6 号 625 頁）は，おおむね学説からきびしい批判を受けたが，「憲法第 3 章に定める国民の権利および義務の各条項は，性質上可能なかぎり，内国の法人にも適用されるものと解すべき」とする前提部分については，ほとんど異論の対象とされなかった。そのうえ憲法学説の多くは，「法人の人権」という観念を是認するかたちで，問題を一般化させてきたのであって，法人の自由と法人からの個人の自由の対抗図式，という思考枠組が共有されることはなかった。そのことを批判して「法人の人権」否認論に理解を示しつつ，妥当な解決線を見出そうとするものとして参照，鳥居喜代和「法人の基本権能力に関する覚書――団体の憲法上の人権享有主体性研究序説」札幌学院法学 11 巻 1 号（1994）。なお，最高裁と反対の思考をのべた第一審判決を評価した批評として，三枝一雄「『会社のなす政治献金』論について――前提認識の妥当性の観点から」法律論叢 63 巻 2 = 3 号（1990）。また，「会社の基本権」という観念が商法解釈上持ちうる意味そのものを問い直す，安念潤司「会社の基本権」ジュリスト 1155 号（1999）をも参照。上村達男・会社法改革――公開株式会社法の構想（岩波書店，2002）は，「法人・会社を自然人並みのヒトとして扱う」「日本独特の法人観」（23～24 頁）のもとでの事態を批判的に点検しつつ，証券市場に対応する本来的な株式会社のあり方を問題にする。関連して参照，大久保史郎・人権主体としての個と集団――戦後日本の軌跡と課題（日本評論社，2003）第 6 章。
19) 以上の叙述で中心主題とした「社会（的権力）からの自由」という問題設定について，賛意とともに批判を提示したものとして参照，三並敏克・私人間における人権保障の理論（法律文化社，2005）334，340～343 頁。実定法上の取扱としての基本権の私人間効力に関しては，後出 16 を見よ。

3 人「権」とは

3-1 主体と内容の点で狭義の「人」権であれ、人権というコトバをより広く使う場合であれ、それらは、実定法の世界にとり入れられる前に、実践的な思想の主張として説かれていた。長い歴史過程を経るなかで、そのうちのいくつかのものがそれぞれの実定法上の存在として、法的意味での権利として扱われるようになったのである。そのような脈絡で、人権という観念を、「実定法の世界の外あるいはそれを超えたところで活発に生きており、まさにそうであることに格別の意義をも」つものとしてとらえ、「憲法が保障する権利」とのあいだで意識的に区別をする、という考え方がある。この考え方に従えば、人権は、「『権利』ではないことがら（あるいは不十分にしか『権利』とされていないことがら）を目掛けて、その『権利化』（あるいは十分なる『権利化』）を要求する脈絡で、……語られてきた場合が多い。……語弊があるがあえて言えば、『人権』というものは野性味ゆたかで生きのいいじゃじゃ馬みたいなものである。これをひとびとが憲法的秩序に適合するように飼い馴らすことによって、『人権』は『憲法が保障する権利』となる。このことによって、『人権』の本性が憲法制度上発揮できることになる」[1]。

前の項目では、人権という言葉が使われる際にその主体と内容の点で狭義の「人」権をとり出し、「憲法が保障する権利」のなかでも、狭義の「人」権にあたるものとそうでないものを区別する、という考え方をとりあげた。ここでは、いってみればそれとは逆むきに、人権として主張されてきたもののなかで実定制度のなかにとりこまれたものだけが、「憲法が保障する権利」とされることになる。

このような用語法は、人権の実定法化の歴史過程を反映したものといえるし、ほかならぬ現在でも、立憲主義を拒否している諸国や、その導入をはじめたばかりの諸国にむけてのメッセージとして人権シンボルが使われる場面に、ぴったりとあてはまる。そればかりではない。「じゃじゃ馬」として体制変革の破壊力を発揮した「思想としての人権」が、「憲法が保障する権利」となること

---

1) 奥平・憲法Ⅲ（前出 3 頁註 7）20〜21 頁。同書は、書名の副題を、「憲法が保障する権利」としている。

によって，——実定法上の権利としては当然のことだが——，それぞれの実定法の定める最終的な有権解釈を下す機関（違憲審査制のもとでは，憲法裁判所，あるいは最上級審の普通裁判所），つまるところ公権力のひとつにほかならぬものの判定に服する存在となる，ということの意義と問題性を，人びとに意識させるのに役立つ．

そのことの重要さを十二分にうけとめたうえで，しかし，本書の叙述としては，憲法上の権利一般のなかで特に狭義の「人」権を区別する用語法を，基本におくことにしたい．1946年制定にかかわる日本国憲法によって，かつては「じゃじゃ馬」としての存在だった人権——正確にいえば，そういう可能性を持つがゆえにきびしく禁圧されてきた人権——の多くのものが「憲法が保障する権利」としての地位を得ているのであり，憲法が不十分にしか権利化していないためその「権利化」が求められている局面がないではないにしても，むしろそのこと以前に，すでに憲法上の権利とされているもののなかでも特に意味を持つはずの「人」権に注目する必要があるのではないだろうか．もしそうだとしたら，日本国憲法を持つ社会での問題関心を座標軸として書かれている本書の記述が，前述のような用語法を基本におくことには，十分の理由があるはずである．

3-2 人権というコトバを広く使いながらも，人権の展開を，「背景的権利」→「法的権利」→「具体的権利」という方向で説明する見解（それは同時に，「実際の具体的展開としては，逆方向のものも考えられうる」とつけ加えることを忘れない）がある[2]．「背景的権利」とは「それぞれの時代の人間存在にかかわる要請に応じて種々主張されるもの」，「法的権利」とは「主として憲法規定上根拠をもつ権利」，「具体的権利」とは裁判上の救済を求めうる権利である．これは，人権というコトバを広くとりながらも，そのなかで，「じゃじゃ馬みたいな」ものを背景的権利と呼んで仕分けすることを意味する．

ところで，実定法上の「権利」性を持つものを人権と区別して「憲法によって保障された権利」とする立場からすると，同じ憲法上の権利でも，権利性の

[2) 佐藤幸治・憲法［第3版］（青林書院，1995）392〜394頁．]

度合がそれぞれについて問題とされることになるだろう。その点で，一方には，「ここで『権利』というのは，実定法の各分野で通常使われる『権利』とかならずしも同じ意味ではない……。……私法上の『権利』は，裁判によって保護され，実現されるのがふつうである。しかし，ここでいう『人権』は，かならずしもつねに，そういった裁判的救済を伴うとはかぎらない」[3]とするように，憲法については他の法領域とちがって，「権利」というコトバの意味をゆるく解する立場がある。他方では，裁判による救済を伴ってはじめて憲「法」上の権利といえるのだ，という用語法を採る論者も，少なくない[4]。定義の問題である限り，論者それぞれが語義を明確にしたうえで用語を使うことによって，議論の意識的・無意識的な混線を防げばよい。「権利」をごく限定して，それだけ強い意味を持つものにしようという選択は，十分に成り立つ。但し，実定憲法が「権利」と呼んでいるものを，あえて，裁判による実現を伴わないという理由で「権利でない」と言うことによってもたらされうる効果をも，考慮に入れる必要がある。そのように言うことによって，政治の場面で立法を通して「権利」性を高めようとする努力の足をひっぱるものになりうるからである。

---

[3] 宮沢・憲法Ⅱ（前出 7 頁註 1）97 頁。
[4] ここでは特殊に憲法という規範領域での「権利」性の問題を取り扱っているのであるが，法思考一般の基底を形づくる私法の領域を念頭においた「権利」という観念については，いうまでもなく，広く大きな思想史・論争史がある。西洋と日本の「権利」意識の対比について，川島武宜・日本人の法意識（岩波書店，1967）と大木雅夫・日本人の法観念（東京大学出版会，1983）が対照的な見地を示す。これら両者を批判する論評として，村上淳一・〈法〉の歴史（東京大学出版会，1997）。その文脈で提示されている，「一見するところ封建制的・身分制的特徴を備えているかに思える近世の日本社会は，実際には西洋の絶対主義以上に徹底して地方権力を無力化し，諸身分の自律性を否定した社会であった」，という認識（村上・上掲 17 頁）は，憲法の領域での人「権」という主題にとってきわめて重要である。

第2節　歴史のなかの人権

4　1989年——人権の復権と,それへの異議申立て

4-1　「ひとつの妖怪がヨーロッパを——地球を,ではないにしても——徘徊する。人権という妖怪が」——フランス革命と人権宣言の200周年にあたってさまざまの行事がおこなわれていた1989年7月,ある論壇誌の論説は,こう書き出していた(『レクスプレス』)。

その1カ月まえ,アジアの一角では,「民主の神」を掲げた若ものたちの声が,戦車でおしつぶされていた(6月4日,天安門事件)。他方,ヨーロッパでは,ハンガリーとポーランドに始まり,ベルリンの壁の開放(11月9日)をピークとし,チャウシェスク体制の崩壊におわる,この年の秋から冬への展開は,1991年のソ連邦の解体までおよび,大きな出来事をひきおこすことになる。

そのあと,これらの諸国では,経済の混乱,そのなかでの排他的な民族主義の高揚などによって,深刻な混迷がつづくこととなった。とりわけ,多民族帝国の解体によってパンドラの筐をあけられたあと,「民族」の自己主張が,「国民国家」ならぬ「民族国家」(両者の決定的なちがいについてくわしくは後出13〜15)の樹立を求める要求となると,いたるところで,悲劇的な状況をひきおこしている。「国民国家」は,諸個人のあいだの社会契約によってとりむすばれるという論理の擬制のうえに成り立つ人為の産物であり,そのようなものとして,身分制や宗教集団の拘束から個人を解放することによって,人一般としての個人を主体とする「人」権と表裏一体をなすものだった。そこでは,ほかならぬ「民族」に対する関係でも,「人」権主体としての個人を解放する役割を,国家がひきうけるべきこととなる。民族国家は,まったく反対に,実体化された「民族」に個人を従属させることによって「人」権主体の成立を妨げる。長い歴史のなかで入りくんだ諸民族の共存状況を前提にするかぎり,「民族自決」を文字どおり実現して一民族が一国家を持つことは不可能であり,それをあえて強行すれば「民族純化」という悲劇的な犯罪行為を国家として犯すこととなる(ボスニア,コソヴォの悲劇)。

多民族帝国の崩壊がかえって人権の破壊をまねくという,悲劇的な代償がそのようにして払われている。そのことの問題性を十二分に認識したうえで,それにしても,しかし,旧ソ連・東欧圏で,それまで,およそ人権という観念を,「ブルジョアジーによる搾取という実態を隠蔽する虚偽的イデオロギー」としてきた一党支配体制にかわって,人権の復権といってよい大変動が生じた(いちはやくロシアで,1991 年 9 月 5 日「人の権利および自由の宣言」が制定された)ことの意味は,いくら強調してもしすぎということはないであろう。まさしく,「ヨーロッパ=大西洋的伝統」「古典的な憲法諸要素」の東側世界への「継受」,「西と東のあいだでの,ひとつの憲法ゲマインシャフトないし価値ゲマインシャフトが論議可能」となったのである[1]。

4-2 1789 年宣言 200 周年に重ねあわせたような,人権の復権は,その母国でも,ただ人権の礼讃におわったわけではない。1991 年という段階で人権論を特集した『法と文化』誌で,「人権を裁く」と題した論説は,こう書いていた。──「"人権"を創造した文化は,さまざまの仕方でそれを裁く訴追をした文化でもあった。今日,現実での"人権"の勝利は,奇しくも,理論の場面でのその根拠の危機と同時にあらわれている」[2]。

「さまざまの仕方」として,かつては何よりも社会主義思想があったし,それとの関係で人権が復権[3]した今日でいえば,反植民地主義があり,フェミニズムがある。上の引用文の筆者は,法人類学の関心から議論を説きおこすことによって,文化相対主義ないし文化多元主義の立場から,人権という理念そのものの普遍性に疑念をさしむける。

---

1) Peter Häberle, Verfassungsentwicklungen in Osteuropa - aus der Sicht der Rechtsphilosophie und der Verfassungslehre, in *Archiv des öffentlichen Rechts*, 117. Band, Heft 2, 1992, S. 169 ff.
2) Gérard Courtois, Le procès des Droits de l'homme, in *Droit et Culture*, n°22, 1991, p. 153 et s.
3) 社会主義との関連では,人権は,「民主主義」「市場経済」とともに,復権し終った観がある。法思想・法理論の場面で,中島徹「市場と自己決定──憲法学における自覚なきリバタリアニズム(上)(下)」法律時報 72 巻 5 号,7 号(2000)の指摘する理論状況が生じているのは,いってみれば,事実の次元であまりに簡単にその復権が完了したこととかかわっている。中島論文は,自己所有・自己決定という憲法学

4 1989年——人権の復権と,それへの異議申立て

 これまで「さまざまの仕方」での人権批判は,まずもって,人権の美名にもかかわらず,プロレタリアートや植民地人民や女性にそれが及んでいないという,理念と現実の落差からくる虚偽性を,つくものであった。そして,人権理念の普遍性を主張する側も,そのような批判に応えることを強いられるなかで,自分自身の内容を多かれ少なかれ充填してきた(労働者の権利,植民地の法的独立,男女の平等の承認)。いま,それと同時に,それとは別に,「人」権という観念そのものを,それとちがう文化の名において批判対象とする議論が出されている。人権の側は,そのような批判からも,自分自身をゆたかにする契機をとり出すことができるだろうか。これらは,のちに第2章の主題としてとりあげ

の想定が市場主義と共通する要素を実は持ってきたことを,するどく摘出する。たしかに,表現の自由を論ずるときに思想の自由市場という比喩を簡単に使ってきたことを見れば,そこには,「自覚なき」ままに市場主義に連続してゆく思考がなされていたかもしれない。そして,「市場主義」や「新自由主義」というターミノロジーを意識したうえで鮮明に問題を提起した点で,中島論文の問題提起は適切であった。しかし,問題とされているような「連環」を「自覚し,あるいはそれを明確に拒否する憲法学説はこれまでのところ存在してこなかった」かとなると,事柄は単純でなく,戦後憲法学史の点検を必要とするだろう。

 「市場主義」という用語法の意味するところは,従来は,「資本主義」ということばによって,——但し,それを使う側によって積極的に用いられることは少なかった——かなりの程度に示されてきていた(「市場原理主義」として戯画化されるような主張の中には「資本主義」の想定を超えるようなものがあるとしても)。憲法現象を意識的に「資本主義」法という名称でとらえるアプローチは,憲法学界の主流ではなかったであろう。しかし,近代市民革命を近代法形成の要素としてとらえる考え方——それを近代「ブルジョワ」革命とは必ずしも呼ばないにしても——は,人権——経済的自由だけでなく精神的自由を含めて——を,近代資本主義=市場経済の成立と連関させて理解していたはずである。〈だからそれは乗りこえられるべきだ〉という見地から議論する(後出51頁註1を見よ)にせよ,近代資本主義の近代性を特徴づける反独占の性格に積極的に着目する(後出134頁註2)にせよ,である。資本主義=市場経済の成立との関連で理解される憲法が「社会権条項に体現される福祉国家体制」を定めているとき,それをどう理解するかは,大別して二様であった。ある論者は,それを資本主義=市場経済に対する闘争によってかちとられたという外からの入力の面を強調し,ある論者は,それを,資本主義=市場経済のある歴史的段階での必然のあらわれ——「国家独占資本主義」法と呼ぶかどうかは別として——としてとらえた。どちらにしても,そのような議論の場面では,憲法学が資本主義=市場経済という枠組の中での法——〈高尚な精神の自由〉(後

ることからである。

　　出 51 頁註 1）を含めて——を扱っているということは，「自覚」されていたはずである。なお，中島論文は，「想定しうる限り強力な論敵として再構成」して議論するという方法的自覚のうえで，「市場主義」を，市場が「うまく機能」するためのルールを排除しないものとしてえがき出している。それだけに，上述のことは，「リバタリアニズム」に限らず資本主義＝市場経済一般についても，あてはまるであろう。別の言葉でいえば，憲法学は，「ブルジョア革命」の所産としての近代憲法原理を前提とすることについて，「自覚」的だったはずである。「ブルジョア革命」の所産が「福祉国家」型の様相を示すか「市場原理主義」の様相を示すかは，憲法学を含めた実践にかかわる，という認識の点でもまた，「自覚」は，——少なくとも「護憲」憲法学にとっては——かなりに共有されていたはずである。
　　「戦後」を代表する知識人のひとりがそのことの重要さを摘出していたように，あの岩倉米欧使節団がすでに，「一九世紀末のヨーロッパ社会の背景に働いている巨大な原理として，社会契約説と資本主義的利潤の追求をみとめていた」（加藤周一「日本人の世界像」，加藤周一著作集 7 ［平凡社，1979（初出 1961）］376 頁）。二つのものの中から「よいとこどり」をしようとしたことでは，——正反対の向きにであるが——，明治の日本と戦後憲法学は，共通であった。

4-3 ところで,「1989 年」は,そのような意味で,「1789 年」にとっての 200 周年という時間の経過の節目というだけでなく,それ自体として人権の歴史にとってのひとつの画期となった。こうして,「四つの 89 年」という見方が成立する。1989 年に先んじた三つの 89 年をとり出すことによって,である。すなわち,ザ・「人」権宣言というべき 1789 年,それに先立ち中世立憲主義=身分的自由の伝統の確認という形式をとりながら近代憲法史の扉を開いた 1689 年(権利章典),そして,あとでとりあげるように,西欧文化圏の外部で近代化の課題に当面し,「臣民権利」という定式化のもとでではあるが立憲主義の要素を継受しようとした 1889 年の日本(大日本帝国憲法)である[4]。

---

4)「四つの 89 年」という定式は,1989 年のフランス革命 200 周年を記念する学際・総合的な国際学会「フランス革命のイマージュ」での報告 Y. Higuchi, Les quatre "Quatre-vingt-neuf" ou la signification profonde de la Révolution Française pour le développement du constitutionnalisme d'origine occidentale dans le monde, in *L'image de la Révolution française*, dirigé par Michel Vovelle, Pergamon Press, Paris/Oxford, 1989, vol. II, p. 989 et s. (Y. Higuchi, *Le constitutionnalisme entre l'Occident et le Japon*, Helbing & Lichtenhahn, Genève/Bâle/Munich, 2001,p.3-14 に再録)で提起したものである(この報告についての,歴史学者モーリス・アギュロンによる大会総括講演でのコメントとして,Maurice Aghulon, in vol. IV, p. 2394)。上掲フランス語論文に対応するものとして,拙著・近代国民国家の憲法構造(東京大学出版会,1994)35〜70 頁。

「西と東のあいだでの,ひとつの憲法ゲマインシャフトの成立」(前出 4-1)をいうヘーベルレは,その憲法価値のあらわれ方が多様であることにも注意をうながす。「立憲国家の歴史・現在・未来の一部としての 1789 年」を論じた論説は,立憲主義が「1789 年[宣言]と部分的には結びつき,部分的には相反して」展開してきたとし,「ヨーロッパ=北米類型の立憲国家」がその内容の点で,「1789 年に負い,それに反し,またはそれと無関係」(dank, gegen oder ohne 1789)という,「複雑でアンビヴァレント」な関係にある,としている(Peter Häberle, 1789 als Teil der Geschichte, Gegenwart und Zukunft des Verfassungsstaates, in *Jahrbuch des öffentlichen Rechts*, neue Folge 37, 1988, S. 35 ff.)。

1789 年宣言そのものについての研究は内外ともに厖大であるが,宣言 200 年を契機とした議論状況をふまえた考察として,辻村みよ子・フランス革命の憲法原理——近代憲法とジャコバン主義(日本評論社,1989),同・人権の普遍性と歴史性——フランス人権宣言と現代憲法(創文社,1992),深瀬忠一他編・人権宣言と日本——フランス革命 200 年記念(勁草書房,1990)がある。

5　歴史のなかのコトバ

5-1　ここでいう狭義の「人」権は，前述のように，1789 年の「人および市民の諸権利の宣言」にいう droits de l'homme の原義を，忠実にとらえることを意味する（「人」の権利と区別された「市民」の権利の意味をも含めて，前述 2)。「人」が人一般としての個人を指すという論理は，歴史のなかでは，中世身分制社会での身分的自由・特権をのりこえる近代性を意味した。フランスの 1789 年からちょうど 1 世紀さかのぼる 1689 年のイギリス権利章典は，「聖俗の貴族および庶民」の「古来の自由と権利」を確認したが，それは，1215 年マグナ・カルタにさかのぼる身分制的自由の伝統という古い皮袋に，イギリス近代のための新しい酒を盛ることにほかならなかった。

古色蒼然としたマグナ・カルタ→権利章典の定式化のなかに注がれた「新しい酒」の論理を示すのは，権利章典と同時期に公にされたロックの『国政二論』(1689～90) であった。その後篇『市民政府論』[1]は，貴族・庶民という身分ゆえの「古来の自由と権利」ではなく，諸個人が各自に固有の property を持つという想定を出発点としている。生命 (life)，自由 (liberty)，そして各人が自分に proper な労働力を使って手に入れたものとしての所有 (possessions, estate) が，一体として property の中身とされ，その property を保全するために，諸個人がみずからの意思にもとづいて契約をとりむすび，自然状態 (state of nature) から civil or political society に転換し，国家を成立させる，というのである。

ロックによるこのような論理化を媒介とすることによって，アメリカ革命とフランス革命は，「すべての人」の「奪うことのできない一定の権利」(1776 年独立宣言)，「人の，時効によって消滅することのない自然権」(1789 年人権宣言)，というふうに，身分的自由をこえた「人」権をうたうことができたと考えられる。

本元のイギリスでは，身分的自由の再確認という定式のもとで，権利保障の仕方の点でも，中世立憲主義の伝統をひく「法の支配」の原則が大きな役割を

---

[1]　加藤節訳・完訳統治二論（岩波文庫，2010）。

演じた。権力が多元的に並存する中世社会では，そもそも「法」が人間の意思によってつくられるものという観念はなかった。立法による法創造という考え方はなく，あるのは，裁判による既存の法の発見という考え方だった。国王といえども既存の法を破ることができないという「法の支配」の伝統の最大の確認書が，マグナ・カルタであった。イギリスの場合，やがて「国会における国王」の名のもとで，人間意思の所産としての国会制定法の最高性（＝国会主権）が掲げられるようになっても，この伝統は，建前としては万能なはずの国会制定法に対しても抑止力を働かせる権利保障機能をひきうけるのである[2]。

5-2 ドイツはどうだろうか。ここでは，öffentliche Rechte（公権）の観念がキーとなる。もともとドイツでは，神聖ローマ帝国と領邦諸君主の重層的権力構造という事情があったから，領邦君主の絶対主義支配がおこなわれていた時代でも，君主による臣民の私権侵害に対して帝国裁判所に救済を求めることができる，という原則があった。それは，臣民私人の既得権と領邦君主の私的権利とのあいだの衝突を帝国の司法裁判所が私法原理に従って裁定する，という論理構造にもとづくものだったから，帝国が解体し各領邦国家が主権主体として確立することによって，そのような論理はくずれる。こうして，「公権力による権利侵害に対する裁判的救済は18世紀末における方が，19世紀におけるよりも強かった」という事態が生ずる[3]。

そのような段階を経たのち，あらためて，1871年ドイツ帝国憲法のもとで，19世紀末にイエリネックによって集大成されることになる公権論は，「個人が公法法規を自己の利益のために援用しうる能力」として公権を定義することと

---

[2] そのような伝統のもとに Civil Liberties の保障をおこなってきたイギリスで，1998年に Human Rights Act（人権法）が制定された。伝統的な「イギリス型保障方式」から人権法への展開をとりあげたものとして，倉持孝司・イギリスにおける市民的自由の法構造（日本評論社，2001）。また参照，元山健・イギリス憲法の原理――サッチャーとブレアの時代の中で（法律文化社，1999）。1998年法については，なお，それと密接にかかわるヨーロッパ人権条約との関連で，後出 **29-2** でとりあげる。なお，本書で直接叙述の対象としていないイギリスの状況について，松井幸夫編・変化するイギリス憲法――ニュー・レイバーとイギリス「憲法改革」（敬文堂，2005）参照。

[3] 栗城壽夫・一九世紀ドイツ憲法理論（前出4頁註8）150頁。

なる。彼は，国家に対する個人の地位を消極的（negativ）・積極的（positiv）・能動的（activ）・受動的（passiv）の四つに分類し，最後の地位に対応して義務，前の三者に対応して(1)「自由を侵害するすべての国家行為の否定を求める請求権」，(2)「個人的利益のために国家の積極的給付を求める請求権」，(3)「それによって国家行為を行なう許可を求める請求権」の三つの類型を設定した（権利類型論の問題として，なお，後出 12-1）。そこでは，(2)が「公法上の請求権の中心にある」とされ，「自己の利益のために裁判官を動かしうる」ことが「人格の本質的要素」とされていたのである。当時は違憲審査権はなく，行政裁判所による権利保護が問題となっていた[4]。

　ドイツの実定憲法学は，Menschenrechte（人権）という定式化を，法的実質を伴わない空疎なものとして斥けたが，反面，そのことによって，人権という観念に伴う思想性を憲法学からしめ出すこととなった。ワイマール憲法のもとで憲法に権利条項が置かれるようになったのち，Grundrechte（基本権）という言葉が使われることが多くなるが，そこでも，人権の思想性に対する実証主義実定法学の距離意識が反映していた。人権観念の持つ思想性を拒否するという含意は，ソ連をはじめとする社会主義諸国で基本権という観念が用いられていたときには，いっそう明確であった。

　それに対し，第2次大戦後のドイツ連邦共和国基本法（ボン基本法）が「基本権」というときには，そのような含意はなく，それどころか，「人間の尊厳」を不可侵（1条1項）とする思想が正面にうち出されている。すぐあとで問題にするように，1970 年代に入ってから憲法上の権利が違憲審査によって裁判的方法で確保されるようになったフランスで，droits fondamentaux（基本権）という言葉がひんぱんに用いられるようになったが，そこでも，かつて Grundrechte という定式によって含意されていたのとは正反対に，違憲審査制という実効手段を伴った戦後（西）ドイツの用語法がふまえられている。ヨーロッパ連合としての権利章典が 2000 年合意に達しているが，その標題にも，

---

4)　イエリネク（芦部信喜他訳）・一般国家学［学陽書房，1974］336 頁。

「基本権」(Charte des *droits fondamentaux*) が使われている（後出 29-2)[5]。

5-3 さて、そのフランスであるが、この「人」権の母国で、第三共和制このかた実定法学が使ってきたのは、libertés publiques（公の諸自由）という観念であった。1789年の「人および市民の諸権利の宣言」は、この国でひんぱんに交代してきた憲法典の有為転変を超えた、思想としての重み——ある人びとには、近代フランスのアイデンティティをかたちづくる基本価値として、ある人びとには、反対に、現実の支配関係をおおいかくすイデオロギーとして——を持つものであっても、実定法上の存在ではなかった。実定法上は、「一般意思の表明としての法律」(loi, expression de la volonté générale) によってこそ権利・自由が確保されるべきものとされ、法律——ないしそれと同等の効力を持つ「法の一般原理」(principes généraux du droit)——を根拠として行政裁判所によって確保されるものが、「公の諸自由」と呼ばれていたのである。

---

[5]「現在、殆んどの論者が基本権と人権とを基本的に同一のものとしている」が、それでも、「ドイツでは、人権は原則として基本権によって媒介されて初めて法的効力をもつことができる」と考えられているという、用語の二元性に注意を喚起し、18世紀後半以来の語の使用法を跡づけたものとして、栗城壽夫「ドイツ法理論・憲法理論史における『人権』(Menschenrechte) という語の使用について」名城法学50巻別冊・法学部創立50周年記念論文集 (2000)。

なお、「実定法の保障する基本権」という本書の用語の意味につき、後出83頁。

1958年憲法で設けられた憲法院が1971年の一判決（前出2-2）以降，権利保障機関として活発な役割をひきうけるようになって，前述のように基本権という言葉がひんぱんに使われるようになっている[6]。その際，憲法院は，「1946年憲法前文によって確認され補完された1789年宣言」に前文で言及するだけで権利条項を持たない1958年憲法の解釈の場面で，「憲法ブロック」の拡大と論評されるように，憲法価値を持つ規範を認定してきている。

5-4 アメリカ合衆国は，連邦最高裁を頂点とする司法権による違憲審査を通して，立法権をも拘束する憲法上の権利保障を実現してきたが，実定法上の権利を指すときは，civil rights ないし civil liberties という言葉が使われることが多い。これらについては，「公民権」「市民権」という訳語も流布しているが，前者は参政権，後者は国籍という意味での citizenship とまぎらわしくなる。「市民的権利」ないし「市民的自由」という訳のほうがよいだろうが，その場合も，1789年宣言が「市民の権利」と呼ぶもの——より一般的にフランスでいう citoyen の訳としての「市民」——とはちがうということに，注意が必要である。これらの用語とは別の次元で，違憲審査の法技術として fundamental rights という用語が使われることがあるが，これまたドイツ語やフランス語の「基本権」と同じではない。ここでは，憲法上の権利とされたもののうちで，立法裁量を尊重してゆるやかな審査基準をあてはめるべきものと厳格審査の対象となるべきものをふり分け，後者をぬき出すために「根源的」権

---

[6]「基本権（droits fondamentaux）」という用語法を意識的に強調する教科書が，エクス・マルセイユ大学を拠点とする「憲法裁判学派」のリーダー，L・ファヴォルーを中心とする著者たちによって書かれている。Louis Favoreu (coordinateur), *Droit des libertés fondamentales*, Dalloz, 2000. それによれば，これまでの「公の諸自由」という科目がもっぱら行政法の問題だったのに対し，「基本権」——すなわち「立法，行政，司法の三権の諸権能，さらには超国家機関の諸権能に対抗できる『可能性』（permission）として，法律より上位のテクストないし規範によって承認された」権利——の取扱いは，これまで民法，労働法，刑法，商法等の諸領域の専門家たちに委ねられてきた仕事を含む。そうした「基本権」論は，これらの科目の交叉路あるいは「川下」に位置するのではなく，「川上」に場所を占めるべきであり，これらの科目が教えられる際にははじめに「基本権」論の「種子がまかれて」いなければならない（p. 13），というのである。

利かどうかという物差しが使われるのである。

5-5 英語圏でも，かように，human rights という言葉は，実定法上の観念というよりは，尊重されるべき理念を指していわれることが多い。国際関係の場面では，ことの性質上——そこでは実定法化，まして裁判規範化の点で国内法との違いが大きい——，いっそうそう言えるだろう。第 2 次大戦の連合国にとって，それは，苛烈な戦争を戦いぬく目的という意味を持つものでもあった。ポツダム宣言（7 月 26 日）が「基本的人権（fundamental human rights）ノ尊重ハ確立セラルベシ」（10 項）とうたい，国際連合憲章（同 6 月 26 日署名）が「人種，性，言語又は宗教による差別なくすべての者のために人権及び基本的自由を尊重するように助長奨励することについて，国際協力を達成すること」（1 条 3 項）を国際連合の目的として掲げたのは，そのあらわれであった。

もっとも，国際社会で人権というコトバが使われるときに，内容の重点のおかれ方は一様でない。世界人権宣言（1948 年 12 月 10 日，国連総会で採択）が「人権」を高らかに「宣言」したとき，表決の分かれ方を見ると，賛成 48 に対し，ソ連・東欧圏 6 カ国とサウジアラビア，南アフリカ連邦が棄権している。第三世界諸国が独立して加盟してくる 1960 年代に入ってから，国際人権規約という通称で呼ばれることの多い，二つの条約が成立する。A 規約と呼ばれる「経済的，社会的及び文化的権利に関する国際規約」と，B 規約と呼ばれる「市民的及び政治的権利に関する国際規約」が，1966 年 12 月 16 日に，国連総会で採択された。

世界人権宣言が，西欧流の「人権」の宣言だったとすれば，1966 年の二つの条約は，それぞれの第 1 条に共通の文言として「すべての人民は，自決の権利を有する」という規定を掲げ，people という集団を権利主体とする考え方をうち出している点で，第三世界の世界観を反映している。1981 年にアフリカ統一機構（OAU）の首脳会議で採択された「人および人民の権利に関するアフリカ憲章」（バンジュル憲章。1986 年発効）は，アフリカの独自性を強調する立場に立って，アフリカ文化の価値を保持・強化しアフリカ統一の促進のために貢献する個人の義務を定めている。

こうして，国際政治のうえでも，人権というシンボルは，錯綜した関係のな

かで多様な役割をひきうけている。第三世界の独裁ないし強権的統治に対し，西欧型先進世界の側からは「人権のためにする干渉」の正しさ，さらにはその義務性までが主張され，第三世界の側からは，人民の「自決の権利」をひき合いに出して，干渉が非難される。他方で，第三世界の側から人権を名として，たとえば「人民」の「発展の権利」が主張されるときは，西欧の側から，からかいのニュアンスをこめて，「国連的人権観念」（conception onusienne des droits de l'homme）などと評したりする。それに類する文脈で，＜droits-de-l'hommiste＞（人権屋さん）という言いまわしもある[7]。そうかとおもえば，二つの人権規約そのものに対して，第三世界の考え方をより反映するための改正を主張する声があがる（マハティール），といった具合である（「国際人権」の問題については，なお後出 28〜29）。

---

7) それに対し，「国民の生存を脅かす公の緊急事態において」も違反を許さないことによって強く保護されている権利（例えば国際人権B規約4条の定める，「デロゲートできない権利」）だけを人権という観念でとらえる見地が対立する。この論点につき参照，寺谷広司「国際人権の立憲性——国際人権条約におけるデロゲートできない権利を視角として」国際法外交雑誌100巻6号（2002）。

6　日本では——「自由民権」・「臣民権利」・「基本的人権」

6-1　「天賦人権」という言葉は、日本近代化のはじめから、知られていた。そうはいっても、しかし、すぐ問題とされなければならないのは、それと対照した場合の、「自由民権」の思想と運動である。

1881 (明治14) 年を頂点としてひろがった自由民権の思想と運動、そのなかでつくられていた数多くの民間憲法試案は、日本近代のなかで特筆してよい歴史的意味に満ちている。日本近代史の挫折としての敗戦をきっかけとして、「基本的人権」を掲げる憲法を持つことになった60数年後の日本人にとって、それは、「新憲法」が自分たちの精神史にとってまったく無縁の外来物でないことを、示唆してくれるものともなったのである。

まさしくそのような意味を担うものとして、「夫れ国家とは何ぞや、人民ありて然後に立つものに非ずや、……民権を保全するは国家を設くる目的也、制度憲法を立定するものは民権を保全するの方便也」との立場に立って、その「日本国国憲案」(1881年) に、「政府恣ニ国憲ニ背キ擅ニ人民ノ自由権利ヲ残害シ建国ノ旨趣ヲ妨クルトキハ日本国民ハ之ヲ覆滅シテ新政府ヲ建設スルコトヲ得」という抵抗権条項までを書きこんでいた植木枝盛や、多摩山中五日市で無名の農民たちのあいだの討論のなかからつくられていた「千葉卓三郎草」の憲法私案が、歴史家たちによって掘りおこされてきた[1]。

しかしまた、同時に、自由民権運動が民撰議院・国会開設の要求という政治課題へと関心を集中させていったことに伴う問題性にも、目をむける必要があ

---

1)　植木枝盛の国憲案については、家永三郎・革命思想の先駆者——植木枝盛の人と思想 (岩波新書、1955)、五日市憲法私案については、色川大吉＝江井秀雄＝新井勝紘・民衆憲法の創造 (評論社、1970)、これらを含めて「まさに憲法私案時代と呼ばれるべきほどの多くの憲法私案」に関連して、林茂・近代日本政党史研究 (みすず書房、1996)。この時期の民間憲法構想は、いったん欽定憲法の制定によって歴史の表通りから姿を消すこととなったが、はるか後になって、日本国憲法の内容につながる意味を持つことになる。政府のもとにつくられていた憲法問題調査委員会 (いわゆる松本委員会) の案に失望と焦慮を感じた連合国最高司令部が、みずからの案を日本政府に「おしつけ」るに際し、在野の7人のメンバーから成る「憲法研究会」が示していた案に特別の関心を示したが、その委員会に唯一の憲法専門家として参加していた鈴木安蔵は、明治憲法史の研究家でもあった。

る。それは,「民」権の「民」がどのようにとらえられたものだったか,という問題にほかならない。

　民権運動家たちが好んで高吟したという「よしや節」に,「よしやシビルは不自由にても,ポリチカルさえ自由なら……」という一節があった。1789 年宣言の用語に即していうと,それは,「人」(homme) の権利はどうでも「市民」(citoyen) の権利による政権獲得が第一義だ,ということになる。ルソーが古典古代の民主制を念頭に置いて主権者ひとりひとりの「市民の権利」を重視したのは,「われわれは市民となってはじめて人となる」(社会契約論ジュネーヴ草稿) という文脈でのことであった。「ポリチカル」重視という点では共通でも,そのことによって「人」となろうとする展望をえがくことの有無の違いは,決定的に大きい。権力からの自由,しかも「政府が完全に国民と一体」になったときすらもそれからの自由 (J・S・ミルの受容の仕方について,前出 2-4),を追求するという人権の課題は,ここでは,「民」権のうしろにかくれてしまっている。

　自由民権を論ずる者たちがみなそうだった,というわけではない。植木枝盛は,「天賦人権ト云ヘルコトヲ言フモノハ,必シモ国家法律ノ有無ニ関ハラス,直チニ其天ニ徴シテ之ヲ唱フルコトナリ」,「ソノ人ニシテ自ラ生活ヲ遂クヘキノ理アリ,更ニ其生活ヲ遂クルヲ妨害スルモノヲ防禦スヘキノ理アリ」と,権力からの自由の要点を解きほぐしていた。『近時評論』20 号 (1876 年) は,また,当時の一般の論調をこう的確に批判している。――「我輩人民カ議院ヲ創立シ,以テ政権ヲ得ント欲スルモノハ他ナシ,啻ニ身体ノ権利ノ如キ,私有ノ権利ノ如キ,人権（シビルライト）ヲシテ鞏固ナラシメ,以テ人生無前ノ幸福ヲ保全セントスルニ過ギザルナリ。然ルニ世間有志ノ士ガ論談スル所ヲ聞ケバ,其言ヤ慷慨,其弁ヤ激烈,頗ル人心ヲ感動スルニ足ルモノアリト雖モ,其主眼トスル所ハ独リ政権ノ一辺ニ偏倚シ,人権ノ損否ニ干渉スルモノ殊ニ僅少ナリ」。

　「民」権の名において,「人」権の保全よりは「政」権の獲得にむかうというこの大勢は,のちにようやく「基本的人権」の理念を実定法化する日本国憲法のもとでも,労働運動から判例の論理まで,それぞれの仕方でひきつがれるだ

ろう（前出 2-4）[2]。

　1881 年を境い目として，自由民権運動は，弾圧と内部崩壊で，潮が引くように後退してゆく。かつての進歩主義者・加藤弘之の『人権新説』（1882 年）は，天賦人権を「絶テ実存スルニアラス」と切りすて，スペンサー流の「進化主義」を「欣喜」「雀躍」して迎える。この間の様がわりのはげしさは，のちに，帝国憲法下の初期正統学派を担う穂積八束によって，「憲法制定ノ前後，世論ノ危激ナリシコトハ今ノ学生ノ想像ノ及フ所ニ非ス」[3]と回顧されるほどであった。

　6-2　1889 年の大日本帝国憲法は，「国家統治ノ大権……ヲ祖宗ニ承ケテ之ヲ子孫ニ伝フル」天皇が，「臣民ノ権利及財産ノ安全ヲ貴重シ及之ヲ保護シ此ノ憲法及法律ノ範囲内ニ於テ其ノ享有ヲ完全ナラシムヘキコトヲ宣言」するものであった（憲法発布勅語）。権利保障と権力分立を眼目とする立憲主義の要素が，こうしてともかくも日本社会に導入されたことの意味は，けっして，どうでもよいものではなかった。しかしそれにしても，そこでの権利保障は，あくまで「臣民権利」（第 2 章の標題）であり，権力分立は，天皇を統治権の「総攬」者（4 条）としたうえで，帝国議会が天皇の立法権行使に「協賛」（5 条）するという建前のものであった。

　憲法案を議していた枢密院の会議（1888 年 6 月 22 日）での，森有礼と伊藤博文のあいだでかわされた応酬は，二重の意味で興味深い。

　第一——「臣民権利」を「臣民ノ分際ト修正セン」と主張した森に対し，伊藤が，（森の主張は）「憲法学及国法学ニ退去ヲ命ジタルノ説ト云フベシ，抑憲法ヲ創設スルノ精神ハ第一君権ヲ制限シ第二臣民ノ権利ヲ保護スルニアリ，故ニ若シ憲法ニ於テ臣民ノ権利ヲ列記セズ，只責任ノミヲ記載セバ憲法ヲ設クルノ必要ナシ」と反撃したことは，よく知られている。そしてたしかに，「憲法ヲ創設」することの意味を，権利保障（＝「権利ヲ保護」）と権力分立（＝「君権

---

2)　「人」権と「民」権ないし「政」権の緊張関係を，明治思想の国家・政事への関心と自我意識の胎動との交錯のなかにえがき出すものとして，松本三之介・明治精神の構造（岩波書店，1993）。
3)　穂積・憲法提要・上（前出 1 頁註 2）小引 3 頁。

ヲ制限」)の二点に要約した伊藤の反論は，今日でも憲法論の常識とされてよいものであった。

　第二——しかしまた，森の再反論のなかにあった論理の意味にも，注目しなければならない。彼は，「臣民ノ財産及言論ノ自由等ハ人民ノ天然所持スル所ノモノニシテ，法律ノ範囲内ニ於テ之ヲ保護シ又之ヲ制限スル所ノモノタリ，故ニ憲法ニ於テ是等ノ権利始テ生ジタルモノノ如ク唱フルコトハ不可ナルガ如シ，依テ権利義務ノ文字ノ代リニ分際ノ字ヲ用イント欲ス……仮令イ爰ニ権利義務ノ字ヲ除クトモ，臣民ハ依然財産ノ権利言論ノ自由ハ所持スルモノナリ……」と説明するのだからである。「人民ノ天然所持スル」権利とは，人権の思想にほかならない。しかし，教科書どおりの伊藤の正論に対して，当時の日本の歴史的文脈をぬきにしてひと回り進んだ正論を説くことがどんな危険をもたらすかをも，このエピソードは示している[4]。

　ところで，憲法発布の2年前にあたる1887年に，中江兆民は，その『三酔人経綸問答』[5]のなかで，三酔人のうち多分に彼自身の分身ともいえる「南海先生」に，やがて欽定憲法としてつくられるはずの帝国憲法を迎えるための重要なメッセージを託していた。「下より進みて之を取りし」「恢復的の民権」と，「君主宰相」の「恵与」にかかる「恩賜的民権」を対置させ，「恩賜的民権」であってもそれを「恢復的の民権と肩を並ふるに至」らせる「進化の理」を説いていた。

　兆民は，「政権ヲ以テ全国人民ノ公有物ト為」す人民主権こそが「正則ノ理」であるとのべるとともに，さらに，その基礎には，人間個人の精神の自立，つまり「リベルテ・モラル（心神ノ自由）」がなければならないことを強調していた。その兆民にとって，帝国憲法は，「憲法の全文到達するに及んで先生通読一遍唯だ苦笑する耳」[6]というものでしかないであろう。しかしまた，兆民のこの反応を書きのこした同じ筆者は，「南海先生」の，一見あまりにプラグ

---

　[4]　伊藤博文と森有礼の応酬の意味について，日向康・林竹二——天の仕事（現代教養文庫，社会思想社，1992）は，「一見，伊藤博文の方が憲法の精神を踏まえているように感じられますが，私は森が権利という問題をいっそう深いところで捉えていると思いますね」という林竹二の言葉を伝えている。

　[5]　『三酔人経綸問答』は，桑原武夫＝島田虔次訳・校注（岩波文庫，1965）に従って引用した。

マティックにも見える議論にふれて,「先生は決して恩賜的民権を以て満足する者にあらざりし也,……我党宜しく恩賜的民権を変じて,進取的民権となさざる可からず」とのべている。この,「恩賜的民権」の「恢復的民権」へのくみかえに本気でとりくもうとしたいとなみのなかに,幸徳その人自身の刑死(1911年,大逆事件)が数え入れられるだろう。また,足尾鉱毒への抵抗をつづけるなかで何度となく牢獄とのあいだをゆき来し,衆議院議員の辞職から天皇への直訴まで,あらゆる力をふりしぼった田中正造(1913年没)が,その挫折のあゆみによって,われわれに示しているのも,「恢復的民権」への志であった。彼の最後の手もとに残されたものは,渡良瀬川の小石と聖書とともに帝国憲法の条文を入れた信玄袋だったという。

　大正デモクラシーもまた,「恩賜的民権」を「恢復的民権」に近づけてゆこうとする方向での,あゆみという意味のものであった。しかし,大正デモクラシーの成果をもってしても,「西洋の天賦人権,民賦国権」に対して「日本の国賦人権,天賦国権」,「西洋人の人格」に対して「日本人の国格」,として批判的に指摘[7]されたような近代日本の骨格は,ゆらがなかった。この骨格があらわになってゆくのが,1930年代後半にむけての暗転の過程であった。その過程でも,帝国議会の議場で,保守党議員によって,つぎのような文脈で「人権蹂躙」という言葉を使っての抗議が記録されていることは,たしかに,記憶に値する。——「今日の人権蹂躙の暴行脅迫の其動機原因を成すに至ったのは,主として此共産党員の検挙に関しまして,司法警察官が之を取調べるに当りまして,不当に勾留し,其自白を強要する手段に用ひられたのであります……さう云ふような人権蹂躙の事実は,全国至る処の警察官が之をやって居るのでありますから,此点に対しましては毎議会の是が問題になる……」(1936年5月

---

6)　幸徳秋水「兆民先生」幸徳秋水全集・第8巻(岩波書店,1972［初出1902］)。
7)　河上肇「日本独特の国家主義」河上肇全集・第6巻(岩波書店,1982［初出1911］)115頁以下。

19日，一松定吉議員)⁸⁾。

　それにしても，しかし，「日本国国民ノ間ニ於ケル民主主義的傾向ノ復活強化ニ対スル一切ノ障礙ヲ除去」(ポツダム宣言10項) するためには，「臣民権利」の体系から日本国憲法の「基本的人権」への飛躍が，どうしても必要とされることになる[9]。

---

8) 「天賦人権」から「自由民権」を経て「臣民権利」になった帝国憲法下でも，本文で見たように，「人権蹂躙」という言葉を使っての権力批判がなかったわけではない。1925年版の『広辞林』は，この語に，「官吏が国民の人権を無視し，職権を濫用して自由を束縛し無法の行動をなすこと」という説明を与えている。もっとも，同じ辞書の「人権」の項は，「(い) 債権」とのべて，民法上の物権に対する債権をこの言葉の第一の意味とし，「(ろ) 人格権」につづく第三の意味として，「(は) 人類の生れながらにして享有する自由平等の権利，即ち天賦人権」と解説している。ちなみに，1907年の『辞林』では，「(い) 債権の称。(ろ) 人格権の称」という説明でおわっている。なお，辞書に言及したついでに指摘しておくが，旧憲法から現憲法への転換をはさんで，1943年の『明解国語辞典』と1960年の『三省堂国語辞典』がともに，「人権」に「人民の権利」という説明をつけている。世上に流布する辞書の語義がその言葉についての一般の理解を反映しているとすれば，「人権」を個人でなく人民の権利としてうけとめる社会通念を，そこに見てとることができよう。

9) 広中俊雄「12年を振り返る——とくに"民法の体系"のこと」創価法学32巻1・2号［2002］および新版民法綱要・第1巻・総論 (創文社，2006) 108，120頁は，民法典の「私権ノ享有ハ出生ニ始マル」という定式 (制定当初1条，現3条1項) が，「権利ノ享有…」としたいという提案を意識的に斥けて採用されたものだったことに，注意を喚起する。「権利ノ享有ハ出生ニ始マルト書クト如何ニモ…人ハ生レ乍ラニシテ権利ヲ有スルト云フ即チ生得権ノ宣言ヲシタ様ニモ見ヘマス」(穂積陳重) という慎重な考慮があったのである。「民法ト云フモノハ一番基本法典デ人民ノ権利ヲ極メタモノジャトシテ居ル国モ少クナイ」(同上) なかで，そのような国との間の「径庭」(後出 9-2 のジュリオ・ド・ラ・モランディエールの議論をも参照) はやはり大きかった。

第2章 「人」権の可能性と困難性

第1節 「人」権——個人が解放されることの意味

7 「人」権——「強い個人」の「自己決定」

7-1 ここでいう狭義の「人」権は，身分制社会秩序から解放された人一般としての個人を主体とする。論理の説明としては，諸個人の意思をまず想定し，契約の所産として国家の成立を正統化し，その国家に対する関係で人権を語る，という構図がえがかれる。歴史過程の問題としては，国家による権力の一元化が進み身分制秩序が解体されることによって，「人」権主体としての個人が成立する（個人によって説明される国家と，国家によって解放される個人）[1]。

そのような意味で，身分制からの解放としての「国家化」による「個人」の

---

[1] ドイツ連邦共和国基本法1条の「人間の尊厳（Menschenwürde）」と，日本国憲法13条にいう「個人」の尊重が違うことを強調するのが，ホセ・ヨンパルトの見解である（最近の公刊物として，「再び，『個人の尊重』と『人間の尊厳』は同じか」法の理論19号［2000］）。そこでは，「人間の尊厳」を，「すべてのもののなかで，人間だけが『神の似姿』（imago Dei）として，またすべてのものを支配するものとして造られた」（113～114頁）ことと不可分に結びついたものとして理解する立場を前提として，議論がすすめられている。他方で，ヨンパルト・日本国憲法哲学（成文堂，1995）119頁は，「人間の尊厳は『個人の尊重』をも含む」と説明する。言葉の普通の使われ方からすれば，それぞれの社会の宗教的・精神的伝統がどうであるかにかかわらず「人間の尊厳」を正面から否定する文化を想定するのはむずかしいが，「個人の尊重」に対してはそれを公然と否定する文化が現に存在している。その意味で，「個人」の尊重の方こそ，キリスト教文化と深い結びつきがあると見る方が，狭義の「人」権の当面している困難性を，よりよく説明してくれるのではないだろうか。ヨンパルトの上掲論文への論評として，押久保倫夫「『個人の尊重』か『人間の尊厳』か——ヨンパルト氏の論文に応えて」（法の理論19号・前出）。また，「人間の尊厳」と「個人の尊重」の広狭について，根森健「人権の基本原理としての『個人の尊厳』——『人間の尊厳＋α』としての『個人の尊厳』について」（憲法理論研究会編・人権保障と現代国家［敬文堂，1995］）。この点につき，後出11をも参照せよ。

成立が,「近代」を特徴づける。ワイマール体制の廃墟のうえに成立した第三帝国がようやくその全貌を明らかにしようとする時期に, ドイツ公法に立ち入った関心を寄せていたフランスの法哲学＝公法学者が, ナチス法思想の最大の特徴を反・個人主義という点に見出し, それと対照させて, 一見相互に対立的に見える西欧思想が,「個人を社会の起源および目的」とする点で共通性を持つことを, するどく指摘した。しばらく, 若き日のルネ・カピタンの説くところを聴こう[2]。——

> もうひとつ別の文脈で,「人」権と「人間の尊厳」の関係が問題となる。すなわち,「人」権＝「強い個人」の自己決定という形式と,「人間の尊厳」という実質との間の緊張, という問題である（後出 10, 22）。本書の記述は, 身分制と宗教の拘束から解放された個人を論理的前提に置いた上で, その個人の意思にもとづく自己決定を可能にする法形式としての「人権」, 自己決定によって確保されるべき実質としての「人間の尊厳」, という用語の使い方をしている。近代法はもともと, これら形式と実質とが, 緊張をはらみながら両立すべき不可分の一体となっていることを, 想定していたはずであった。科学技術の発展と営利追求手段の高度化によってその均衡がやぶれ, 二つの方向が対立することとなる。後出 10 で言及するペリュシュ判決に対し, 批判の立場が「人間の尊厳」を援用し, 支持論が自己決定という枠組の持つ意味を強調する, という対立構図があらわれるのは, その典型である（本書初版刊行以後の拙稿として,「人間の尊厳 vs 人権？——ペリュシュ判決をきっかけとして」広中俊雄責任編集・民法研究 4 号［2004］）。この対立図式のもとで, 人間の尊厳という実質価値の個人の意思に対する優越性を正面から承認するのか, 自己決定が自己破滅の可能性をも意味することを承知しつつなお法形式と実質との相互両立を追求するのか。ペリュシュ判決に即して「人間の尊厳 vs 人権？」という論点に立ち入った機縁は, 広中俊雄・民法綱要・第 1 巻・総論上（創文社, 1989）1 頁が「市民社会」を定義する三つの要素のひとつとして「人間（人格）の尊厳」をあげていたこと（新版民法綱要・第 1 巻・総論［前出 42 頁註 9］も同じ）についての, 著者との意見の交換であった。この点につき, 広中「主題（個人の尊厳と人間の尊厳）に関するおぼえがき」（前出・民法研究 4 号）は,「個人の尊厳に反するような機能を営む「人間の尊厳」ルール（たとえば, 一般ルールによれば成立する人格権侵害に基づく損害賠償請求権を例外的に否定するために役立てられるような「人間の尊厳」ルール）の存立可能性はない」とした上で,「人間の尊厳」ルールが解釈論上ひきうけるべき役割を示唆し, あわせて,「人間の尊厳と死刑および戦争」について問題を提起する。

2) René Capitant, L'idéologie nationale-socialiste (1935) および Hobbes et l'Etat totalitaire (1936). どちらも, Capitant, *Ecrits d'entre-deux-guerres (1928-1940)*, Edition Panthéon-Assas, Paris, 2004 に再録されている。

「18世紀以来，近代国家は，本質的に，社会はそれを構成する諸個人の存在と別の固有の存在ではないという思想，したがって個人が社会の起源であり目的であって，国家は個人に奉仕するものだという思想のうえにきずかれてきた。……カントのことばに従えば，個人は，手段でなく目的である。人権宣言の深い意味はそこにあり，それが，近代公法の憲章である。ところが，ナチズムはその正反対の立場をとる。それは，人間からその自律性をとりあげ，人間を集団のなかに解消する」。「伝統的な社会主義は——フランス型のもとでは特にそうだし，マルクス主義あるいはボルシェヴィキ型のものですらそうなのだが——，依然として個人主義が深く浸みこんでいる。それは，フランス革命の否定というより継続である。……それは，手段においてはそうでないが，目的においては個人主義でありつづけている。おそらく実現できないだろうがみずから定めた目標は，個人に，より大きくより完全でより正しい生存を確保するということなのだ。……ヒトラーの社会主義は，それと反対に，完全に個人主義を追放した社会主義である。……」

「第三帝国の新・絶対主義の基礎となっているイデオロギーは，ホッブズの哲学とはまったく無縁である。それは本質的に有機体的で神秘的だが，かのイギリスの哲学は，根本的に個人主義的で合理主義的だった」。同じく個人を出発点としながら，ロックは「自由」を第一義的に追求して「自由主義」に，ルソーは，国家と，にもかかわらず「完全に自由」でありつづけるべき個人との両立を求めて「民主主義」に，バブーフは「平等によって正義を実現」するために「社会主義」に，そしてホッブズは「個人の安全」を最優先させることによって「権威主義」に，それぞれゆきついた……。

実際，ホッブズは，その『リヴァイアサン』を，第1部「人間について（Of Man）」，そしてその第1章「感覚について（Of Sense）」というふうに，人間——それも「感覚」でとらえることのできる人間諸個人——を起点に説きおこし，第2部「コモンウェルス（国家）について」へと議論を進めている（水田洋訳㈠㈡〔岩波文庫〕）。ロックがその『国政二論』前篇をあげて論破の対象としたのは，ロバート・フィルマーの家族国家論，すなわち，子が親に服従することの類推で人民が君主に服従すべきだという論理であった。ホッブズとロックの国家の様相は，外観において対照的であったが，個人の意思にさかのぼって

国家の成立を説く点で，共通であった。

7-2　そのことを大前提としたうえで，しかし，一方でホッブズとフィルマー，他方でロックという対比もまた，重要である。「自由」を最優先に置いたそのことゆえに，ロックが「自由」というとき，それは，な・ん・ら・か・の・規・範・的・な・自・己・定・義・を必要としたからである。

　戦後解放をむかえた日本社会を見すえる問題意識のうえに立って，丸山眞男は，17世紀イギリスの「強烈なイデオロギー的闘争」のなかで，「近代思想の中核をなす『自由』という観念がいかに思惟されていたか」を問いながら，まさしく，その対比の重要さを説いた[3]。

　一方に，「各人が好むことをなし，勝手に生活し，いかなる法にも拘束せられない」状態（フィルマー），「反対物（オポジション）の欠如，……運動を妨げる一切のものの欠如」（ホッブズ）として自由を定義する考え方がある。他方で，「行為者が精神の決定或は思考に従って特定の行為をし又は思い止まる事のいずれかを選択しうる能力」こそを「自由」の核心に置くのがロックである（傍点は丸山，以下同じ）。これら二つの自由観の対比は，つぎのように意味づけられる。

　「フィルマーやホッブスにおいては，自由とは第一義的に拘束の欠如であり，そ・れ・に・尽・き・て・い・る・のに対し，ロックにおいてはより積極的に理性的な自己決定の能力と考えられている。従って前者の様な自由概念は決して人間に本質的なものではありえず，ホッブスが明らかにしている様に，それは非理性的動物にも，いな植物にすら適用出来るのに対して，ロック的自由は本質的に理性的（存在）者のものである」。

　「やや粗放な一般化を許されるならば，ヨーロッパ近代思想史において，拘束の欠如としての自由が，理性的自己決定としてのそれへと自らを積極的に押進めたとき，はじめてそれは封建的反動との激しい抗争において新らしき秩序を形成する内面的エネルギーとして作用しえたといいうる」。

　一般に，ロックは「国家からの自由」の祖型としてとらえられてきた。それ

---

[3]　丸山眞男「日本における自由意識の形成と特質」丸山眞男集・第3巻（岩波書店，1995［初出1947］）。

はそれでその通りといってよいとして，そのことから，「ロック的リベラリズム」を「脱道徳的」なものとしてうけとり，「徳」に重点を置く「リパブリカニズム」と対置させる考え方がある（後出13）。

しかし，丸山が摘出した対比からすれば，「『人欲』の解放」「拘束の欠如としての感性的自由」に終始する自由観に対し，「理性的な自己決定の能力」に支えられるべき「規範創造的な自由」こそがロックの本領であった。だからこそ，ロックの自由は，「近代国家を主体的に担う精神」の系譜のなかでうけとめられることが可能だったのである[4)][5)]。

7-3　「国家から自由」な空間を規範的価値で充填すること，その場面で「理性的個人の自己決定」――したがって自己責任――の原則が登場すること，これが，近代的「人」権を支える。そしてまた，まさしくそのことこそが，「人」権のありとあらゆる困難さの源ともなる。

「自己決定権」については，実定憲法解釈論の次元では，日本国憲法に即していうと13条の理解をめぐる議論を主な場面として，さまざまの考え方がある。それはそれとして，ここでは，「諸自由の前提ないし上位概念」としての

---

4)　そのように，「自由」の内容の持つ歴史性を重視する見解が，実定憲法の解釈論上持つ意味について，後出24-2を参照。
5)　丸山の指摘するとおり，日本では，江戸期の町人層も，「人欲の解放」としての自由を部分的に享受することは可能だった。明治維新はそれをさらに一般化し，大正デモクラシー下では「モボ・モガ」（「モダンボーイ」「モダンガール」をそう呼んだ）や「エロ・グロ・ナンセンス」の「自由」も浮上してきた。戦後民主主義のもとでそれはさらに拡大化され，「自由」は何より，そのようなものとしてもてはやされ，そのようなものとして攻撃されてきた。そこでは，「人欲の解放」自体が，集団主義的な風土のうえでなされ，それだけに，「小集団的社会構造が優勢な条件の下で個が確立しないままに自由への要求がなされ」つづけたときに「行きつく先」の問題性（長谷川晃・権利・価値・共同体［弘文堂, 1991］225頁）を深刻にしてきた。

それ[6]が，問題である[7]。

ところで，人間理性への信頼を前提として自己決定・自己責任を語ろうとするとき，ただちに予想されるのは，"自己決定・自己責任の前提であるべきはずの環境が不均等に配分されている事態をどうするのか"という反問であろう。

そのような脈絡での環境是正の要求は，まず"同じ環境をよこせ"という「分配」闘争[8]となってあらわれ，プロレタリアート，植民地，女性の側から，社会主義，反帝国主義，フェミニズムの旗が掲げられる（後出8）。それは多かれ少なかれ，個人でなく集合を社会の主体として位置づけなおすことの要求を含むだろう。「階級」であれ「民族」であれ「ジェンダー」であれ，そのような集合として意味づけられる（後出9, 18）。その場合，それらの「分配」闘争は，どんな「激烈」なものであれ，個人の自己決定の前提としての環境獲得闘争にとどまるのか，それとも，それを越えて個人の自己決定の原則そのものの

[6) 山田卓生・私事と自己決定（日本評論社，1987）34頁。

[7) 直接には憲法13条解釈の問題としての自己決定権論議を扱いつつ，それが「基本的人権をどのようにとらえるかの問題……と連動している」という問題意識に立って，憲法13条前段にいう「個人」像としての「具体的人間像」の内実を，「いわば『自己総合希求的個人像』ないし『自律希求的個人像』とでも称しうるものではないか」，と提唱するのが，竹中勲「自己決定権と自己統合希求的利益説」産大法学32巻1号（1998）である。

[8) 上野千鶴子「『雇用の危機』と『分配公正』」世界・臨時増刊『技術爆発と地球社会』（1995年1月）。関連して，同「市民権とジェンダー」社会正義21号（上智大学，2002）17〜33頁，のち，同・生き延びるための思想——ジェンダー平等の罠（岩波書店，2006）3頁以下に改稿のうえ収録。

否定（後出 10）へとむかうのかが，大きく分かれることになるだろう[9)][10)]。

---

9) 「人が集団的アイデンティティに囚われず，端的に『個』として自己を意識することができるのは，その『個』の属する集団が，支配集団として自己の生活様式，価値観，言語体系等を標準として妥当させることに成功しているからである」（小泉良幸「自己決定と，その環境」山形大学法政論叢 10 号［1997］100 頁。この論点を含めて，同・リベラルな共同体──ドゥオーキンの政治・道徳理論［後出 94 頁註 3］参照）。西欧社会に生きる個人主義者の心理の一場面の説明として，この指摘はあたっている。「人権が無意味な『抽象』」となったことを非難したハンナ・アレントの，引用されることの多い一節──「無国籍者，絶滅収容所の生き残り，強制収容所や難民収容所にいた人」びとにとって，『『人間以外の何ものでもない』という抽象的な赤裸な事実」こそが「最大の危険」だった，という一節──は，その文脈でうけとめることができるだろう。他方でしかし，ほかならぬ日本社会についていえば，「『個』の属する集団」に対し「異邦人」であることを自覚したときにはじめて，「『個』として自己を意識することができ」た（「大逆事件」に直面した永井荷風から「大東亜戦争」下の石橋湛山まで）ことの方が重要であった。

10) この項を含めた本章全体の主題に関し，1998〜2002 年にかけて『法学協会雑誌』に長期連載された論考の集大成，小林直樹・法の人間学的考察（岩波書店，2003）が，詳細な考察を試みる（なお，後出 80 頁註 15 参照）。あわせて，同・憲法学の基本問題（有斐閣，2002）第 5 章。

8 「人」権の虚偽性への批判

8-1 およそ人権の観念は，賞賛されるのと同じくらい，非難され，批判され，場合によってはシニカルな扱いをうけてきた。そのうち，人権の観念を勝手にふくらませたうえで，それを標的に仕立てて向けられる攻撃は，ここでは，まっとうにとりあげる必要はあるまい。それに対し，狭義の「人」権にあたるものの問題性を――かならずしも自覚的にではなくそうすることが多いとしても――とりあげている批判は，それぞれ，重要な論点を指摘している。

「人」権がおよそ人一般を想定しているはずなのに現実はそうではないではないか，という虚偽性を暴露する批判が，まず，とりあげられなければならない。とりわけ三つのものが重要である。

第一――「人」権を掲げながら，多数の大衆，プロレタリアートにはその恩恵は及んでいないではないか。自由とは，彼らにとっては橋の下に寝る自由にすぎない（アナトール・フランス）ではないか。――この問題を，正面から提起したのは，いうまでもなく，何より社会主義の思想であり，運動であった。その多様な流れのなかで，資本主義の枠のなかでも有意味な改良を獲得することが可能でもあり重要でもある，とする立場と，そのような試みはブルジョアジーのプロレタリアートに対する本質的な抑圧の体制を延命させるだけだとする立場が，しばしば非和解的に対立した。1917年ロシア革命以後，さらに第2次大戦以後，少なくない国で成立した社会主義体制は，「人」権を，ブルジョ

ア独裁の実態をおおいかくす虚偽表象だと非難した[1]。

　第二——「人」権尊重をうたう欧米先進国にとって，保障されている権利は，その実，国内の奴隷や先住民には及んでいなかったではないか。何よりも，国内での権利保障，もっと一般化して近代立憲主義を支えていたのは，世界じゅうに張りめぐらした植民地を収奪することによって可能となっていた本国の繁栄ではなかったのか。出おくれた帝国主義の側からの卓抜な警句は，本質をついていた。「植民地は，国法上は外国で（staatsrechtlich Ausland），国際法上は国内だ（völkerrechtlich Inland）」。まことに，そこには憲法が及ばないから権利保障も権力分立も無く，しかし国際法上は自国内だから他からの干渉はゆる

---

1) 普遍の名において主張される人権と社会主義との関係をどうとらえるかという関心は，日本の学界でかなりの程度に共有されていた。そういう中で，東京大学社会科学研究所での 1960 年代の共同研究が，注目される（同研究所編・基本的人権[全5巻]［東京大学出版会，1968～69]）。そこでは，支配のための虚偽表象として人権をとらえるマルクス主義の見方の存在を前提としたうえで，そのような見地と人権の普遍性という問題意識をどう交錯させるかの対話が試みられていた。高柳信一「近代国家における基本的人権」（第1巻所収）は，「卑俗な営利のための自由」の歴史的被規定性という認識から出発して，「高尚な精神の自由」の普遍性を考えようとする。石田雄「日本における法的思考の発展と基本的人権」（第2巻所収）は，「私のいう『基本的人権』の視点のなかには，すぐれて歴史的被規定性をもった所有権の絶対はふくまれていない」として，「歴史的所産から抽象されたいわば近代民主主義の公理としての『基本的人権』の観念」を採る。かように，社会主義への移行を歴史的ではないにしても論理的な可能性として想定する，という文脈で人権価値をどう位置づけるかが，1970 年代までの議論であった。現実の社会主義体制が崩壊する段階になって，社会主義法研究者のなかからは，「原子論的な自律的諸個人＝商品生産者の集積」としての資本主義という経済的要因とのかかわりではなく，「むしろ団体的構造をもつがゆえに自律性を獲得した社会」としての「市民社会」という要素のうえに，立憲主義への展望を託そうという構図が示される（大江泰一郎・ロシア＝社会主義＝法文化——反立憲的秩序の比較国制史的研究［日本評論社，1992]）。他方では，「社会主義国は……社会主義が本来もつべき原理・原則を徹底して無視することによって崩壊した」のだとし，「社会の多数者と権力のあいだで矛盾が原則として消滅し，権力のあり方自体が人権保障としての意味を持つ」ことの意味を，あらためて強調する主張が出されている（杉原泰雄・人権の歴史［岩波書店，1992]）。狭義の「人」権に対して向けられていた社会主義の側からの批判をひきつぐこれら二つの見地のうち，前者は旧ヨーロッパ型中間諸集団の伝統の持ちうべき意味の再発見を，後者はいわば「真の」社会主義の探求を，それぞれ課題として位置づけている。

さない，というわけであった。植民地争奪・世界分割抗争を背景とした第1次大戦の結着をつけたヴェルサイユ会議は，日本の提出した人種平等をうたう決議案を拒否した。その日本が先発列強の割拠に割りこもうとして，一連のアジア侵略を推進することとなる。

　第三——人権を語りながら，その「人」（man, homme）とは，実は，女性を排除した男性でしかなかったではないか。——フランス革命期にすでに，「人（homme）および市民（citoyen）の諸権利の宣言」の偽瞞性をついて，「女性（femme）および女性市民（citoyenne）の諸権利の宣言」を草していた同時代人がいた。そのオランプ・ド・グージュ（Olympe de Gouge, 1748-1793）[2]は，自分自身，その宣言10条に「女性は演壇にのぼる権利と処刑台にのぼる権利を持つ」と書きこんでいたとおりの最期を，とげなければならなかった。そのような告発は，今日，hommeの権利から排除されてきたfemmeの権利主張，すなわちフェミニズムのさまざまな潮流によってひきつがれつづけている。

8-2　ブルジョアジーの支配に対する社会主義の闘争，帝国主義に対する反植民地主義・第三世界主義の抵抗，男性支配に対するフェミニズムの要求。これらは，一方では永年におよぶ地道な運動の持続，他方では流血の犠牲をともなうはげしい闘争を経ながら，労働基本権の承認，植民地支配からの独立，男女の平等の宣言を，それぞれ成果として獲得してきた。その過程はまた同時に，法によって承認されたものの放っておけばたえず空洞化するおそれのある権利の回復闘争をくり返す過程であり，法的独立の背後で温存され，さらにはいっそう深化しさえする経済的従属への異議申立てをくり返さなければならない過程だったとしても，である。

　ところで，「人」権の虚偽性批判の闘争は，それがどれだけ激烈だとしても，「分配」闘争であるかぎり，共通の理念を前提とすることができた。しかし，個人による自己決定という建前のうえにきずかれる「人」権の考え方そのもの

---

[2]　オランプ・ド・グージュについては，辻村みよ子・人権の普遍性と歴史性——フランス人権宣言と現代憲法（前出29頁註4）123〜154頁，オリヴィエ・ブラン（辻村みよ子訳）・女の人権宣言——フランス革命とオランプ・ドゥ・グージュの生涯（岩波書店，1995）を参照。

に対する異議となると，問題は別の次元に移行する。(1)「人」権主体として想定されている「強い個人」に本当になれるのか，さらには，(2)いったい「強い個人」の自己決定でよいのか，という論点がそれである。

(1)は「人」権という考え方を生み出した「近代」に対する懐疑の念だとすれば，(2)は，もう一歩立ち入って，多かれ少なかれ反「近代」の立場につながってゆくだろう（それぞれ，後出9, 10の主題となる）。他方で，そのような懐疑や弾劾は，実定法運用という法実務の場面では，個人を主体とする「人」権に対して，なんらかの集合を主体とする権利，少なくとも，集合への帰属を理由として個人に承認される権利の重要性を，強調することになるだろう（後出20）。

第2節 「人」権——個人が放出されることの意味

9 「強い個人」になれるか——近代への懐疑

9-1 Human Rights は，必ずしも「温かくてやすらぎのある」という意味で human な生き方をもたらしてくれない。個人の自立と自律を前提とし，自己決定の結果に責任を負いつつ公共社会をとりむすぶ，という人間像は，人によっては inhuman と思われるような生き方を要求する。そして，実在する生身の人間たちは，もとより，それほど「強い個人」ではない。身分制共同体と宗教の拘束から解放された個人は，そのことによって，あてにすべき共同体の保護からも放り出されてしまっている（「二重に自由（doppelfrei）」な個人）。

だからこそ，「人」権が高らかに宣言されたその直後から，立ちもどるべき帰属集団を失った「人」一般の観念への批判が提出されていた。フランス革命後の復古的ロマン主義がそうである。「私はフランス人やイタリア人やロシア人には会ったことがある。だが，人（l'homme）なるものには出くわしたことがない」（ド・メストル），というふうに。

強くなれない個人の空虚を補う代償として，「階級」や「民族」や「宗教集団」などにアイデンティティを求める主張，さまざまの形態のコミュニタリアニズムが，「人」権宣言以後の2世紀のあいだ，かたちを変えては反復してあらわれている。それは，ほんとうに「強い個人」になれるか，という近代への懐疑が，底流にながされているからである。

いったん放り出されてしまった個人の「人」権主体性を回復する展望をめぐって，いろいろな議論が交錯する。近代的「個人」の原型を鋳造してきたはずの西欧文化圏のなか自体で，「個人主義」という言葉で，「強い個人」，つまり，自立し自律する個人の理念を想定する論者と，反対に，私的領域に逃避し非政治的で無気力な個人の実在を問題とする論者がある。前者の非現実性を強調する議論は，その度合におうじて，近代への懐疑を深めることにならざるをえない。

9-2 「強い個人」になれるか,という問題設定の文脈で,特別に重要なのが,家族の問題である。

近代法が「個人」をつくり出すために中間集団の解体をめざしたとき,家族という例外があった。フランス民法学の泰斗が,外国の聴衆にむけて,大革命の嫡出子ともいうべき 1804 年民法典(いわゆるナポレオン法典)の特徴を説明したその仕方が,ここで引用されるに値するだろう。ジュリオ・ド・ラ・モランディエールが戦前の日本での講演で,民法典の「根幹をなして居るところの基本思想」を説明し,「経済法乃至は財産法の領域に於て,自由主義及び個人主義の色彩が濃厚な点」を「第二の特徴」としてあげるのに先立って,まず第一に,「家族制度を重視し,これに強大な権威を認めた点」をとりあげていたのである[1]。その際彼は,当時の日本の家族制度との間に「相当の径庭」があり「仏国の家族関係はその範囲が遥かに狭小で,僅に正式の婚姻をなせる夫婦とその間に生れた未婚且つ未成年の子女を,包含するに止まる」としながらも,自国の家族について,「家長に妻や子に対する殆んど絶対的な権限を付与して居」る,と強調している。

日本の旧・家族制度の強度に家父長的な性格とヨーロッパの近代家族との「径庭」はやはり大きいと見るべきであろう。その点はそれとして,近代個人主義が家長個人主義として出発し,だからこそ,そのような背景を持つ強い「個人」が「人」権主体となることができたのだ,という認識は,人権論にとって重大な論点を提出する。

「19 世紀中葉に至るまでは,家支配権こそが市民的自由の砦とされていたのであり,そのためにこそ,小家族においてもなお夫が家長としての権威を保つべきものとされた」[2]のだとすれば,近代個人主義が家族からの解放までを含んではいなかったことに,いまどう向き合うか。

近代憲法の想定する個人主義の典型像としてあげられるロックの自由主義は,家父長制の論理を統治の領域にもちこんで権威的支配を正統化することを拒否する,という構造のものであった。『国政二論』の前篇でロバート・フィルマ

---

1) ジュリオ・ド・ラ・モランディエール(福井勇二郎訳)「現代仏国民事法の精神」日本仏語法曹会・現代法の諸問題(日仏会館,1938)。
2) 村上淳一・ドイツ市民法史(東京大学出版会,1985) 86 頁。

ーの家父長国家観を批判し，後篇『市民政府論』で，諸個人の契約にもとづく統治の正統性を説く，という構成である。そこでは，親が子を従属させるのと同じ論理で君主が臣民を支配するという論理が論駁されたのであって，親の子に対する権威，夫の妻に対する権威そのものが疑問に付されたのではなかった。

ロックの個人主義がそうであったように，「個人」とはいっても家族からの解放までを意味するものでなかったということは，のちに，フェミニズムの側から「近代」を弾劾する標的となる。それならば，家族からも「解放」され，放り出されてしまった個人は，強い個人であることに耐えられるのか。

日本国憲法 24 条の解読が，ここで問題とされなければならない。この条文は，普通，第一に，日本の旧・家族制度——いわゆる「家」制度——を否定して近代家族のあり方を公序として設定するとともに，第二に，家族への関心という現代型憲法の共通性格を示すもの，として読まれてきた。

第一点は，そのとおりである。旧憲法下の「家」の制度は，民法上の制度であると同時に，「忠孝一本」の言葉どおり，臣民の私生活と公的生活を貫通する支配秩序の基底をかたちづくっていた。西洋の「家」よりさらに強くその構成員に対し抑圧的でありながら，それは西洋とちがって，政治権力に対する「自由の砦」となるよりは，いわばその下請けとなる要素が強かった[3]。憲法 24 条は，そのような「家」の制度を解体し，近代家族の理念を提示した。結婚退職制を女性の労働者の「結婚の自由」を著しく制約するものだとした判決は，「両性の合意のみに基いて成立」(24 条 1 項) する婚姻によってつくられる家庭を「国家社会の重要な一単位」(東京地判 1966・12・20 労民 17 巻 6 号 1407 頁) とすることによって，日本国憲法下にふさわしい公序を強制したことになる。

第二点についていえば，第 24 条が置かれている条文編成上の地位からして

---

3) ヨーロッパの近代個人主義が家長個人主義として出発し，そのことによって自由を維持する楯となったのに対し，日本の「家」制度が日常的な自由抑圧の最大の要因となった——日本の近代文学の主題が「家」でありつづけてきたことを思いおこすべきである——ことの対照を，一元的図式で説明することはむずかしい。ひとつの示唆として，親からの自立と自律を神の要求とするキリスト教思想があるだろう。P・クローデルの『クリストフ・コロン』の台詞は，「父を去れ，母を去れ」(Quitte ton père, quitte ta mère) と叫ばせている。

も，そこに現代型憲法条項としての意味を読みとることは，まちがいではない。但し，「現代型」という形容が憲法史で使われるときにまず念頭に置かれるワイマール憲法の家族条項とくらべるとき，そのちがいは重大である。

ワイマール憲法119条1項は，婚姻を，「家族生活及び民族の維持・増殖の基礎」として位置づけ，それゆえに「憲法の特別の保護を受ける」としていた。日本国憲法24条は，「婚姻及び家族に関する……事項」について，法律が「個人の尊厳……に立脚して，制定されなければならない」（2項）としている。近代憲法の窮極の理念としての「個人」にいわば総論的に言及した第13条のほかにはここでだけ1カ所，あえて「個人の尊厳」が強調されていることを重視するならば，近代西欧家族の「個人」が実は家長個人主義というべきものだったことへの批判的見地を，読みとることができるだろう。

家族の問題について「個人の尊厳」をつきつめてゆくと，憲法24条は，家長個人主義のうえに成立していた近代家族にとって，——ワイマール憲法の家族保護条項とは正反対に——家族解体の論理をも含意したものとして意味づけられるだろう。もっとも，「婚姻は，両性の合意のみに基いて成立し……」「両性の本質的平等に立脚し……」という条文をすなおに読むかぎりでは，同性間の婚姻の承認を憲法原則とするほどには，近代家族にとって破壊的ではない。

それはそれとして，憲法24条の解読として，近代家族の保護という方向と，反対に，それからも個人を解放するという方向のあいだで，具体的論点についての態度決定が分かれるだろう。嫡出子と非嫡出子の法定相続分のちがい（民法900条4号但書）を，出生につき責任のない非嫡出子を差別するものだとした最高裁5裁判官の反対意見と，それを平等違反でないとした多数意見との対立（最大決1995・7・5民集49巻7号1789頁）は，個人の尊重と近代家族を構成する法律婚の尊重とのあいだでどちらに重点を置くかの家族観を，それぞれに反映する。古典的な家族像が動揺する局面のなかで，家族を構成する個人の保護のための公権力の介入を積極的にみとめるのか，それを「国親思想」の現代版（後出22）として警戒の目で見るのか，というちがいについても同様である。

家族という帰属集団もが多かれ少なかれ動揺するなかで，「近代」への懐疑は，多かれ少なかれ深刻化する（この項全体につき，なお，後出18を参照）。

10 「強い個人」でよいか——反・近代？

10-1　「強い個人」になれるか，という自問が近代への懐疑だとすれば，「人」権主体としての「個人」への疑問が，ほんとうに「強い個人」でよいのか，というかたちで出されるとき，それは，より強烈な反・近代の主張としての意味を持つことになる。

問題は二つに分かれる。まず，「強い個人」の自己決定に従ってよいのか。つぎに，自己決定できない弱者を置き去りにして「強い個人」を想定すること自体が，問題なのではないか。

第一の問題は，近年の科学技術の発達によって，あらためて，劇的にまで強烈に意識されるようになってきている。ひろい意味で「生命倫理」の名で呼ばれる，一連のことがらがそうである。「強い個人」の意思は，自分自身のものだとしても生命までを否定できるのか。本人の意思があらかじめ明示されているときの尊厳死の問題は，その問いに答えることを求める。「生命」の定義をどうするかによって，妊娠中絶や，臓器移植のための脳死への態度決定が分かれ，その「生命」の定義それ自身が，「強い個人」の意思決定をどこまで貫かせるかという判断と，むすびつく。人工生殖技術の発達によって，「ひとは人間を製造できるのか？」という問いまでが，まったく現実性を帯びたものとしてつきつけられている。

1970年代以来，米欧で共通に，妊娠中絶に対する法の対応をめぐって，それぞれの法廷で憲法問題が争われた。その際，それぞれの社会の歴史背景と現状を反映した，態度決定のちがいがあった[1]。

アメリカ合衆国で，1973年最高裁判決が，妊娠中絶をするかどうかの決定をする女性の権利を，憲法修正14条の due process 条項によって保護される「自由」のなかに読みこむことにより，憲法上のプライヴァシー権としてみとめた（Roe v. Wade, 410 U. S. 113, 1973, 百選82頁）。その後，この争点が重要な選挙の際に一種のリトマス試験紙としてきわどい役割をひきうけさせられ，保守派——さらには直接行動にもうったえる超・保守派——の強烈なまきかえ

---

[1]　ドゥオーキン（水谷英夫＝小島妙子訳）・ライフズ・ドミニオン——中絶，尊厳死そして個人の自由（信山社，1998）の包括的考察を参照。

しがあるなかで、判例は動揺し、1973年判決そのものの先例変更まではゆかないまでも、後退をつづけてきた（その中で、州法についての連邦最高裁判例では違憲とされていたのと同種の内容の妊娠中絶処罰立法が大統領の署名を得て2003年11月成立したが、連邦控訴審で違憲とされ、現在最高裁に係属中である）。

ナチスの優生操作という歴史体験を背景に持つ旧・西ドイツでは、受胎12週以内の妊娠中絶を許容することとした1974年の刑法改正法律が、憲法裁判所によって、違憲とされた。生命への権利を定めた基本法2条2項は、「母胎内で生成中の生命も、独立の法益として保護する」と解釈されたからである（39 BVerfGE 1, 1975, ド判67頁）。ドイツ再統一の時点で、この問題について旧・東ドイツは旧・西ドイツと対照的に、人工妊娠中絶を大幅にみとめる法制度をとっていた。統一後、西・東のシステムを調整するための立法再改正が1992年におこなわれたが、それも、憲法裁判所によって違憲とされた（88 BVerfGE 203, 1993, ド判II 61頁）。

フランスは1974年法によって人工妊娠中絶を容認したが、その前提のもとで、新しい論点が関心をあつめた。風疹にかかっていた母親への誤診のため、妊娠中絶を受ける機会を妨げられ、障害を持った子を出産したという事実をめぐる訴訟が、その子を原告、医師を被告として提起されたからである（母親に対する医師の損害賠償の問題は、古典的な不法行為法の問題である）。破毀院は、母の風疹を診断できなかったことと障害を持った子の出生との因果関係を認定して、子への損害賠償をみとめた（Perruche訴訟、2000年11月17日）。先行判例の枠組を維持しながらも、別の理由をきめ手として結論的に損害賠償をみとめなかった判決（2001年7月13日）もあったが、さらにその後、三染色体（トリゾミー21）の障害を持って生まれた子にかかわる事件で、破毀院はペリュシュ判決と同じような判断を下した（2001年11月28日）。このような判例の立場を「生まれない権利の承認」「優生思想（eugénisme）の再生」[2]を意味するものだ、

---

2) そのような受けとり方は、判決の論理に即したものではない。その点の分析を含めて、Perruche訴訟にかかわる問題につき参照、*Esprit*, janv. 2002の特集。かつて日本の「優生保護法」は、1996年まで、「不良な子孫の出生を防止」という目的を掲げていた。それがようやく、母体保護法によってとって代わられた今、かえって、「不良な子孫の出生を防止」し、優良な「子孫」を得るさまざまの手段が、

とする一部世論の反発を背景として，破毀院判決の効果を否定する条項が，「患者の諸権利及び健康医療制度の質に関する法律」案の審議の中で，議員提案にもとづいて成立した（2002年3月）。それは，何人も出生のみを理由とする損害を主張することはできないとするとともに，親への賠償は子の生涯を通じての障害による特別の負担を含むことができないことを定める一方で，「国民総体の連帯を求める」「すべての障害者の権利」に言及して，必要な立法その他の措置をとるべきことをのべている[2 bis]。

　生命倫理に関する最初の包括的立法だったといえる1994年のフランスの立法は，(1)人体の尊重について，(2)人体の要素および産出物の贈与および利用，人工生殖（「医療による生殖補助」）および出生前診断について，および(3)健康についての調査を目的とした個人情報について，それぞれ定めた三つの法律から成っている[3]。憲法院は，上記(1)(2)を定めた法律に対する違憲審査で，1946年憲法前文を援用し，「あらゆる形態の隷属と堕落に抗しての，人間の尊厳の擁護」を「憲法価値を有する原則」と認定したうえで，問題とされた法律が，「人間の至高性，生命の始期にはじまる人間存在の尊重，人体の一体性とその財産性の欠如……」を定めているから合憲と判断した（94-343-344 DC du 27-7-1994）。のちに，1994年法の改正という形式で，クローン禁止が立法化されることとなる（後出65頁註10）。

　　日進月歩で開発されている（出生前診断から始まって，遺伝子解読の技術と結びついた諸手段）。
2 bis）　本書初版の刊行後の拙稿として，「人間の尊厳 vs 人権？——ペリュシュ判決をきっかけとして」（前出43頁註1）を参照。内外の文献は多いが，それらを概観しつつ論点を提示するものとして，大村敦志「障害児の出生をめぐる法的言説」岩村正彦＝大村編・個を支えるもの（東京大学出版会，2005）所収。
3）　フランスの1994年立法に先立って，首相に提出された報告書の詳細な記述が，論点を提示している。Noëlle Lenoir, *Aux frontières de la vie,* tome I- *Une éthique biomédicale à la française,* tome II - *Paroles d'éthique,* La Documentation Française, Paris, 1991. なお見よ，ノエル・ルノワール／北村一郎＝大村敦志「フランス生命倫理立法の背景——ルノワール氏に聞く」ジュリスト1092号（1996）74頁以下。公法・私法それぞれの代表的学者によるものとして，ジャック・ロベール（野村豊弘訳）「生命倫理と法」，フランソワ・テレ（大村敦志訳）「生と死の間で」日仏法学21号（1998）。

憲法典としては，1999年スイス連邦憲法（2000年1月1日施行）が，人間についての生殖医療および遺伝技術，移植医療，人間以外についての遺伝技術それぞれについて，条項を設けた（119条，119条の2，120条）[4]。

10-2 かように，生命の「製造」という場面までが視野に入ることによって，問われる問題は尖鋭化してきている。しかし，問題そのものは，実は，「人」権を支える「近代」の論理のなかに，はじめから，二つの要素の緊張関係として内在していたのだった。「人」権の形式（contenant, container）と内容（contenu, contents）とのあいだの，緊張である。

個人の自己決定とは，形式の問題である。その個人の尊厳の至高性は，実質内容にかかわる。「人」権は，この両者の，緊張にみちた複合にほかならない。自己決定という系列を支える「近代」の論理は，主知主義・合理主義・世俗化——マックス・ウェーバーとともにいえば，「魔術からの解放」（Entzauberung）——である。近代法は，それに対応して，諸個人の意思の自立と自律，すなわち意思主義（voluntarism）をその根本に置く。ところがまた近代法は，人間の意思によって左右されてはならない個人の尊厳という客観的価値の存在をその倫理的前提とし，そのかぎりで，客観主義（objectivism）の要素を捨ててはいない。1789年宣言が，まさしく人権を「宣言」——客観的な存在を前提するからこそ，それを「宣言」することとなる——し，しかし，「一般意思」の表明としての「法律」にその実現をゆだねているのは，内容＝客観主義と形式＝意思主義との，緊張にみちた共存を，象徴的にえがき出すも

---

[4] ドイツ憲法判例研究会編・未来志向の憲法論（信山社，2001）は，生と死にかかわる憲法論を，ドイツを主な素材として検討する論説を収める。「未出生の生命の憲法上の地位と人工生殖・生命操作技術」（嶋﨑健太郎），「ヒト・クローン技術の法的規制とその根拠」（光田督良），「脳死移植」（柏﨑敏義），「ドイツにおける安楽死」（山本悦夫），「死者の取扱いに関する若干の考察」（工藤達朗）。

のとなっている[5]。

　近代が個人と国家の二極構造をデザインする以前には，客観的な価値の存在が，建前として想定されていた。中世封建制社会では，その価値シンボルの争奪をめぐって，実は力と力の激突が展開するにしても，である。また，絶対君主といえども，「何人の下にあるべきでもないが，神と法の下にある」とされていた，という建前上のことだとしても，である。近代は，権力構造の面では身分制にもとづく多元的構造を解体し，思想の面では神からの解放を一段階すすめたことによって，自己決定という形式が独走する危険をあえて冒しながら，個人の尊厳という実質価値内容を追求するという，綱渡りを自分に課したのだった。

　つきつめればバランスをなくして墜落するかもしれない，そうした綱渡りを，その手前のほどほどの所で賢明に処理する仕事が，いみじくも"juris prudentia"（法の賢慮）と呼ばれてきた人知の領域であり，実定法学には，そのような任務が課されている（第Ⅱ部の主題）。それにしてもしかし，そこのところをあえて問いつめる思想のいとなみに裏づけられてこそ，深淵を見すえたうえでの「賢慮」が可能となるはずである[6]。

　そうしたなかで，「人」権の母国というべきフランスの思想界でも，デカルト以来の徹底した主知主義にもとづく自己決定への懐疑が，論ぜられることが多い。政治思想史家で現実政治の課題にも活発な発言をつづけるブランディー

---

[5]　星野英一・民法論集・第7巻（有斐閣，1989）161～162頁の表現に従えば，「voluntasとratioの関係」が問題なのである。
　　意思主義＝個人の意思と普遍的価値＝個人の尊厳との対立という緊張関係を，「意思自律そのものによって克服」しようとする立場を支持しつつ，「『無限の自由を行使する個人』を外的規範によってではなく，当人の自律によって制御する，という選択肢の可能性」を探究するために，「68年5月」以後のフランス思想を検討するものとして，石川裕一郎「〈自律〉〈主体性〉〈法ユマニスム〉――アラン・ルノーにおける個人主義の再定位」早稲田法学会誌49巻（1999）49頁以下。
[6]　「性業の自由」として売春を法的に肯定するのか，「性業からの自由」によって個人の尊厳という実質価値を擁護しようとするのか。――若尾典子「女性の身体と自己決定――性業労働をめぐって」講座・現代の法11・ジェンダーと法（岩波書店，1998）は，前者を「権利派」，後者を「人権派」と呼ぶ。売春への法的対処として，スウェーデンが買春の刑事罰を定める（1998年法）一方で，ドイツで性労働は「良俗に反する活動」とされないこととなった（2002年法）。

ヌ・クリエジェル[7]も、そのひとりである。彼女は、意思主義（volontarisme）と自然法則＝自然法規範（lois naturelles）のあいだの緊張を問題にして、デカルトの系譜にかえてサラマンカ学派の自然法理論を再読することの意味を強調する。彼女はまた、今日的状況にむけての提言としても、espace（空間）という観念を前面におし出し、「人類（humanité）の一員としての人間（homme）」を掲げる。かように、「人」権にもともと内在していたはずの緊張を意識的につかみ出し、「強い個人の自己決定」を相対化しようとする立場が、主張されている。

　考えてみれば、しかし、「強い個人」が、なんらかの基本価値の前で立ちどまって自己抑制をする、という行為こそ、それ自体、最高度に強い意思のいとなみではないだろうか。悪魔に魂を売っても「この世の奥を統べているものを知りたい」というファウスト的衝動にそのまま身を委ねることを「強い個人」の意思による自己決定と呼ぶのは、言葉の誤用というべきである。「知りすぎる」ことへの禁欲の要求との葛藤に耐えることこそが、「強い個人」の自己決定としての「知る自由」と呼ぶにふさわしい[8]。

　「知る自由」一般に対して「知りすぎない自由」、「生殖技術の自由」一般に対して「生殖技術からの自由」を対置するとき、後者をも包みこんだ自由が、「人」権の本来のすがたというべきなのである。丸山眞男が「『人欲』の解放としての自由」と対照させて「規範創造的自由」と呼んだもの（前出7-2）こそ、ここでいう、「人」権にほかならない。

　「知りすぎる知の統制」という主題は、近代憲法の体系のなかに新しい課題をみちびき入れる。これまで、「知」の世界を権力の介入から護ること、すなわち学問の自由は、——表現の自由一般の中に含まれるものとしてであれ、特に学問の自由として取り出された形（かつてのドイツでの、検閲免除の特権を得ていた「大学の自由」は、歴史上の典型例である）としてであれ——さまざまの自由

---

7) Blandine Kriegel, *Les Droits de l'homme et le droit naturel*, Paris, PUF, 1989.
8) 知る自由とその自己統制という主題について、公法学の見地から日本語で書かれたいちばん包括的な研究として、保木本一郎・遺伝子操作と法——知りすぎる知の統制（日本評論社、1994）、同・核と遺伝子技術の法的統制——先端科学技術と法（日本評論社、2001）、同・ヒトゲノム解析計画と法——優生学からの訣別（日本評論社、2003）。

の中でも別格に,いわば善玉として扱われてきた。知の領域を広げ深めることは社会の物質的・精神的な発展条件をそれだけ豊かにすることであり,また,権力に対する批判的・懐疑的精神を育てることであると考えられてきた(「知は力なり」)。知の探究は自由であればあるほど予定調和的にすべてはうまくゆく,という構図が想定されていた。その時その時の既成観念に対し道徳破壊的であればあるほど,そのことは,学問の自由の正統性を裏づけさえするものと考えられてきた(地動説や進化論はその典型であろう)。思想とその表現の自由一般についてあてはまる,「真理は必ず勝つ」という信頼は,ここでは,学問という共和国への参入者たちが特にそれを充たす有資格者だという想定と結びついて,いっそう強固となっていた[9]。そのような楽観的な考え方は,人知の領域が想像を超えて拡大してゆくなかで,「新しい知」が巨大な利潤をもたらす

---

9) 参照,高柳信一・学問の自由(岩波書店,1983)。

経済活動と結びつくことによって，裏切られてくる[10]。

このようにして,「知る」自由としての学問の自由の絶対性が疑われ，さらに，それだけでなく,「知」そのものが権力性を強くしてくるという状況のもとで，そのような権力からの自由を国家の介入によって確保するという構図が問題となってくる。ドイツで国家の基本権保護義務（grundrechtliche Schutzpflicht des Staates）という観念のもとに議論されているのが,

---

[10] 大小無数のさまざまの例があるなかで，ひとつの事件が，あらためて，科学技術とりわけ医療技術の「知る自由」と「知りすぎない自由」の緊張を，意識させている。1998 年 12 月 17 日，アイスランド議会は，39 時間にわたる激論のすえ，遺伝学研究の目的のため 27 万住民の医学上の集積データを 12 年間アメリカの一企業に独占的に利用させる法律を採択した。1000 年にわたって外界と遮蔽されていたこの島の住民は，高度に同質的であり，9 世紀の入植者らの家系図，教会帳簿の保全状態などからしても，遺伝学研究の素材として好条件を備えている。そのことに着目してのこの計画は,「知」の独占と企業利益への奉仕とむすびついた形での「知りすぎる」研究それ自体への危惧を，呼びおこした。Science, vol. 282 (30 Oct. 1998), p. 859 は,「世界の殆んどどこでも容認されないようなプライヴァシー侵犯，それどころか人権侵害」という専門家たちの訴えを紹介している。

ドイツとフランスで，同じ頃（2001 年 6〜7 月）に，生命倫理の領域への法的対処が世論の関心をひいた。ナチスによる優生技術の悪用という生々しい歴史体験を持つドイツで，シュレーダー首相が生命技術産業を発展させるための法制度づくりを提唱し，他方でラウ大統領が,「優生主義，安楽死，選別——これらの観念は，おぞましい記憶をドイツで思い出させる」と警告した（Spiegel, 20 Juni 2001）。フランスでは，コンセイユ・デタの見解（6 月 14 日）に従って，政府は，クローン技術による治療の合法化を断念した。ジョスパン政権の積極姿勢に対しては，さきにシラク大統領が反対の見解を示していた。1994 年生命倫理法（前出 60 頁）の改正の形で成立した 2004 年立法は，原則禁止を定めるとともに，クローンによる人間複製を,「人道に対する罪」とした。かように，先端技術の開発競争への対応の必要と倫理意識との緊張関係のなかで，ドイツのように同一政治勢力のあいだで見解が対立し，あるいは，フランスを含めて保守派より社会民主主義勢力が競争の論理により敏感さを示すという，簡単でない構図があらわれている。通常の政治上の対立図式と一致しない賛否の分布があらためて映し出された例として，アメリカ合衆国で，共和党の一部が賛成の側にまわって可決された法案に対して，ブッシュ大統領が，就任後はじめて拒否権を行使した（2006 年 7 月）。法案はヒトの胚性幹細胞研究への連邦助成の制限を撤廃する内容のもので，上院では 19 人の共和党議員を含む 63 対 37 の賛成多数で可決されたものだった。

日本では，2000 年 12 月,「ヒトに関するクローン技術等の規制に関する法律」が成立している。

それである（後出 15-2）。

10-3　第二の批判は,「強い個人」——正確には,そうされているもの——が決めることの中身ではなく,「人」権を思想的に根拠づける人間像として「強い個人」が想定されること自体を, 疑問とする立場から出される[11]。「近代」批判として, この立場からの主張は, これまでとりあげてきた第一の論点にくらべて, より超越的な外からの批判としての意味を持つ。もっとも, それに対する答えは, 第一の論点の吟味のなかに, すでに用意されている。「強い個人」が決めたとされることの中身が批判にさらされるとき, 実は, 行為者たる彼または彼女は,「強い個人」ならばすべきはずの決定をせず, また, してはならないはずの決定をしているのだ, といえるなら,「強い個人」そのものについての特定の像が語られていたからである。

さて,「強い個人」像を「人」権の思想的根拠とすること自体への疑問は,「弱者の人権こそ大切ではないか」「自己決定のできない幼児や, そういう状態に置かれた病人や老人の人権こそ重要ではないか」というかたちで, 出される。

すすんで, およそ意思主体でない動物や植物, さらには鉱物まで含めた生態系そのものにも「権利」があるはずだ, として人権の意味を相対化する主張が

---

11) 最近の日本での議論の例として, 石埼学「近代国民国家の『人権』概念批判・試論」亜細亜法学 34 巻 1 号（1999）, など。

「強い」個人でよいか, そもそも「個人」でよいか, という議論と共通点を持つ問題の建て方のひとつとして, 人権の論理的・合理主義的な基礎づけそのものを批判し,「私たち自身と私たちとはかなり異なる人たちとの類似性のほうがさまざまな相違よりも大切だということに気づく能力」を高める「感情教育」と「長い, 悲しい, 感情を揺さぶる種類の物語」の意義を強調する主張がある。リチャード・ローティ「人権, 理性, 感情」ジョン・ロールズ他（中島吉弘＝松田まゆみ訳）・人権について——オックスフォード・アムネスティ・レクチャーズ（みすず書房, 1998）が, そうである。これは, ボスニア・ヘルツェゴヴィナでの内戦の惨状に直面した 1993 年春, アムネスティ・インターナショナルの講演会での論述である。「民族浄化」までを煽る「感情」に, それを静めなければならない「感情」を対置する仕事は, それとして必要であり重要である。しかし,「感情」の噴出の前の無力を思い知らされながらも, 論理の組み立てを考えつづけるのが, ここでの仕事である。

ある[12]。人間，まして個人の自己決定でなく，それにかえて「共生」をキーワードとするこの主張は，人間だけを権利の主体と考えるのは思いあがった「近代」の迷妄ではないか，という根源的な「近代」批判の声を代弁する。

　正義論への懐疑を論ずる文脈での表現であるが，法哲学者のアイロニーを借りていえば，「『科学的宇宙観』の側からすれば，人間の生命が，例えばパンダやゴキブリの生命より尊重されるべきか否かも，そもそも問題である。ゴキブリの哲学者は，ゴキブリの尊厳，ゴキブリの生存と繁栄を至上価値とする哲学を説くであろう」[13]，ということになる。人間中心主義に対する抗議ならば，ゴキブリにとどまるという論理必然はない。エイズ・ウイルスの「生命」からも声があがるだろう。それに対しては，つまるところ回帰するのは，つぎの立場であろう。——「われわれは人間と同じように植物の生命や昆虫の生命を尊重するわけではないのだ」「ウイルスの生命や病原菌の生命にいたっては，逆に，攻撃を仕掛けさえする。生命尊重は，人間の名に値する生命について適用されるのであり，これは，事実上，一つの価値判断にほかならない」[14]。

　「人間の名に値する生命」。——この，危険に充ちた定式は，たしかに，人間中心主義の論理にひそんでいる問題点を，鮮明にあぶり出すものとなっている。この定式が「人間に値する」人間とそうでない人間をふり分ける前提として使われるとき，それは，優生思想への坂道をころがりはじめるだろうからである。だが，そのような坂道への転落を拒否するために，人間中心主義そのものを否定しなければならないわけではない。

　「人間の名に値する生命」という定式を，人間のあいだでの仕分けではなく，自然界の他の存在に対しての人間の優位を説明するものとしてそのとおりに受

---

[12]　それに対し，「権利がないからといって殺していいことにはならないことが忘れられて，動物それ自体価値あるものとして殺されないためには，権利があるといわねばならないように考えられてきた」のではないかと指摘して，「動物や自然物の利益主体性とその権利主体性は別のもの」であることに注意を喚起するのが，中山茂樹「基本権を持つ法的主体と持たない法的主体(2)」法学論叢143巻4号（1998）64頁である。

[13]　長尾龍一・思想史斜断（木鐸社，1987）54頁。

[14]　F・サルダ（森岡恭彦訳）・生きる権利と死ぬ権利（みすず書房，1988）109頁。

けとめればよい。「自然界において，人間がとりわけ優れているという不平等主義を宣言」する「哲学的ヒューマニズム」と，「すべての人間が人格性をもつものとして平等に尊厳を有するという人間界の内部での平等主義を表明したもの」としての「法的ヒューマニズム」を区別すること[15]が，ここでの文脈で引照されてよいだろう。「人間の名に値する生命」という定式を「法的ヒューマニズム」を否定するものとしてでなく，「哲学的ヒューマニズム」を根拠づけるものとして理解することができるからである。

「哲学的ヒューマニズム」も，「法的ヒューマニズム」も，事実ではなく建前＝フィクションのうえに成立している。「人間界の内部」で人びとは決して同じでないように，「自然界において」も，特定の領域で人間よりすぐれた能力を発揮する犬や馬は沢山いるだろうからである。自然界の存在にひろく権利主体性をみとめようとする主張は，意思主体としての人間という考え方のフィクション性を批判し，意思の主体という観念にかえて苦痛の主体という見方を唱える。それならば，もう「苦痛」すら感じない症状になった患者は，権利主体でなくなるのか。フィクション性は，どこまでもついてまわるのである。社会契約というフィクションについて，「俺はそんな契約をしたおぼえはない」という人びとが多数だとしても，そうした建前で権力制限の論理を基礎づけることが重要であるのと同じように。

「哲学的ヒューマニズム」＝人間中心主義という前提を外すと，どういうことになるか。王様や貴族の犬や馬が権利主体としての名誉ある地位にたてまつられ，犬小舎や馬小舎を掃除する人間がそう扱われなくともなんら突飛でないことになる，という警告があてはまるような状況が生まれるだろう[16]。

「法的ヒューマニズム」と「強い個人」の自己決定は，矛盾しないか。ここでも，擬制＝フィクションの持つ意味が重要である。ほんとうに強い者は，権力を持っている。私人相互間であれ，まして公権力との関係で権利を主張する必要にせまられるのは，弱者である。しかし，弱者が弱者のままでは，それによって担われる「権利」は，恩恵的，慈恵的な性格にとどまる。「『自由』が弱者の側の願望」だということを前提として，しかしなお，つぎのことが決定的

---

15) 佐々木允臣・もう一つの人権論［増補新版］（信山社，2001）107頁以下。
16) 「生類憐みの令」を思い出してもよいだろう。

であろう。——「弱者が弱者のままでは『自由』にはならない。『自由』は，単に弱者ではなく，強者になった弱者……でなければならない」[17]。

「権利のための闘争」[18]を担おうとする弱者，その意味で，「強者であろうとする弱者」，という擬制のうえにはじめて，「人」権主体は成り立つのである[19][20]。

---

17) 加藤周一「自由の女神」同・絵のなかの女たち（平凡社，1988）112頁。——これは，ドラクロワ「人民を導く自由の女神」に寄せた言葉の一節である。
18) イェーリング・権利のための闘争（村上淳一訳［岩波文庫］）。
19) 新村とわ「精神障害者の憲法問題」東北法学17号（1999）は，自己決定できない主体と家族と「強い個人」という擬制との間の論理的連関を問い，「憲法学における自律的個人の再考察」（副題）を試みる。
20) 「強い個人でよいか」という問題について，西谷敏・規制が支える自己決定（法律文化社，2004）が，実定法諸領域での議論を批判的に整理しつつ，「法における人間像と自己決定」（第Ⅱ篇の標題）を論じ，自己決定と規制との相互のあるべき関連を示唆する。かねて労働法の領域における集団主義・生存権偏重の考え方の弊害を指摘し，個人の自己決定の要素を適切に組みこんだ法体系のあるべき方向を示唆してきた著者は，90年代以降「自己決定・自己責任」を援用する議論が使用者側の単独決定を形式的に正当化するものとなっていることを批判しつつ，その上でなお，「自己決定論につきまとうあらゆる危険性や困難にもかかわらず，なお自己決定の理念に固執する」ことの意義を説く。

第3節 「人」権と文化の多元性

11 批判的普遍主義の可能性

11-1　1989年以降，西と東のあいだでの「憲法ゲマインシャフト」の成立可能性によって人権の理念が復権したが，その一方で，「人権を裁く」批判的論調もまた，あらためて登場してきている（前出 4-2）。人権に向けられたこれまでの批判が，社会主義，反植民地主義，フェミニズムそれぞれの立場から発せられるとき，それはまず，人権を掲げる社会が実はプロレタリアートや植民地人民や女性に対してその保障をひろげることを拒否してきたではないか，という場面でのものであった。この次元での問題が現実にはまだ解決ずみにはほど遠いといわなければならないとしても，これら人権の虚偽性にむけられた批判に応えることを通して，人権の普遍性という理念が追求されつづけてきた。

それにくわえて今日では，人権の普遍性そのものを批判の標的とする言説が，問題を提出している。人権は普遍性を自称しているが，実は，西洋近代の男性中心主義社会という，時間的にも空間的にも限られた特定の文化の所産でしかないはずだ，という主張である。フェミニズムからの人権批判については，家族（後出 18-1）およびマイノリティと個人（後出 20-2）という観点からのちに再言及することとして，ここでは，第三世界の側からの批判，西洋近代社会の文化を世界じゅうに押しつけるのは「文化帝国主義」だという批判を，問題とする。第三世界の側から，というとき，かならずしも地理的な意味でのことではない。「西」の知的文化圏の内部での，文化多元主義の潮流が，問題を提出しているからである。

第三世界の強権的統治者や将軍たちが，もっぱら自分たちの権力支配を正当化するために発する居直りの主張として，「われわれにはわれわれの文化がある」と強弁する言説は，ここでとりあげなくともよいだろう。ひところ「アジアの経済力」を背景とした，「繁栄の分け前」にあずかりたいなら人権を名とする干渉はやめよ，という種類の主張が公然と説かれたが，それについても，ここではとりあげるまでもないだろう[1]。

　正面からとりあげなければならないのは，そのようなこととは別次元にある。「人」権が個人の自立と自律とを基礎にしているかぎり，「普遍」を標榜したとしてもさまざまの現存する文化の類型にとって，あまねく受け入れられるものではない，というところから出てくる問題。――それが肝腎の論点である。

---

[1]　1997年にアジアの経済危機が顕在化する前に，「商売をしたいなら人権についての干渉をやめろ」という種類の議論がしばしば見られた。アジア10カ国とEU 15カ国による初の首脳会議がバンコクで開かれるのを前にして，シンガポールのある新聞の社説は，「欧州はアジアの急速な繁栄の分け前にあずかりたいのだ」として，こう書いていた。――
　「……だが，一部の欧州の国々の特定のグループは，自分たちの狭量な関心事のために，各国の国益，さらには全体としての成功さえ犠牲にしようとしているかのようだ。／スカンジナビアのあるグループは，中国の孤児院の子供虐待をはじめとする人権問題を取り上げるよう自国政府に圧力をかけているといわれる。また，昨年［1995］12月マドリードで開かれたEU首脳会議では一部のグループのロビー活動に屈して，東ティモール問題を取り上げたし，労働者の権利や環境問題を論議させたがっているグループもある。／バンコクの首脳会議を『世界経済における対等な協力関係』の幕開けとしたいなら，欧州側参加国はアジアのメンバーを守勢に立たせない配慮が必要だ。さもないと，欧州はアジアにおける自身の利益を損ねるだろう」（『朝日新聞』1996年2月10日付による，シンガポールの『ビジネス・タイムズ』6日付社説）。
　上の引用文のなかに素直に披瀝されている苛立ちは事実として，実際には，欧米は，「自分たちの狭量な関心事」のために「アジアにおける自身の利益」を決定的に損ねるほどまでにつねに人権にコミットしてきたわけではない。それはそれとして，上記の1996年バンコク会議以降，Asia-Europe Meeting（ASEM）が定期化するが，その枠組のもとで，97年12月に，フランスとスウェーデンの提唱で第1回の「非公式人権セミナー」が開かれ，その後も持ち廻りで開催されている。「非公式」性を前面に出すことによって，アジア側の文化多元主義の公式的主張の枠をゆるめさせるのに役立つものとして，また，「内政干渉」の非難を避けたいヨーロッパにとっても，自由な対話のフォーラムには，期待が寄せられている。

「人間の尊厳」というゆるやかなキーワードから出発すれば，おそらくすべての文化が，それに同意するだろう。動植物や生態系との「共生」を重視する文化も，人間という価値自体を正面から否定するわけではない（前出10）からである。しかし，何をもって「人間らしい」生き方と考えるかを問えば，ふたたび態度が分かれるだろう。神の命ずるところ──とされるもの──や共同体の利益──とされるもの──に身をささげることこそが，「人間らしさ」の完成と考える文化があるだろう。日常生活の仕方として，自分自身の考えや信条（思想の自由）にこだわって生きるより，「まわりと溶けあって」「持ちつ持たれつ」「言挙げせず」に送るくらしの方が「人間らしい」と考える文化が，あるだろう。そうした文化からするならば，個人の自己決定を基本に置く「人」権という文化は，自分たちの文化の伝統，文化的アイデンティティをこわすものと目されることとなる。端的にいえば，人権は，「エスニシティ殺し」(ethnocide) のローラーだとして非難されることとなる。

　文化一般について，その多元性を承認しないことは，もはや不可能だろう。たとえば，モリエールやシェイクスピアの劇と能とのあいだ，西洋古典派の音楽と日本の三弦とのあいだに，文化としての価値の優劣を論ずることは無意味である。そのなかで，人権という文化についてそれを普遍的といえるとしたら，それはなぜか[2]。

11-2　文化一般がそれぞれ等価で並び立つことをみとめながら，人権についてはその普遍性を主張しようとするとき，その論理は，ひとまず，狭義の「人」権を相対化することによって広義の──ゆるくとらえられた──人権を

---

[2]　文化の多元性一般について，すぐれた日本学者ルネ・シフェールが50番の能と狂言40とを春夏秋冬にふり分けて訳した労作（René Shiffert, *Nô et Kyôgen*, I, II, Presses Orientalistes de France, Paris, 1979) の序文が，引用に値するだろう。それは，自分が能について「伝統芸術」でなく「古典芸術」という言葉を使っていることを説明して，「伝統○○」というのは，ヨーロッパ中心の文化観に立って周辺の文化を見るときの語感を伴っており，モリエールの芝居やバッハの音楽を「伝統芸術」とは言わぬ，と指摘する。そのような意味で，彼にとって，「世阿弥の能や光琳の絵は，ヨーロッパの同時代人たちの作品と同じ意味で古典的」なのである。

救い出す，というところから出発する。

その相対化は，まず，人権として何を念頭に置くか，という場面で問題となる。「自由権中心主義」を「相対化」し，「個人中心主義」を「克服」するという方向で，「欧米中心主義」に対し，「文際的人権観」を模索すべきだという提唱は，そのような意味を持つだろう[3]。

ほかならぬ近代日本が，この点について，恰好の思考素材を提供するはずである。幕末の開国以来，外界との接触によって人権という自覚的な思考に接することとなった近代日本では，人権が，外来の，この国の土壌と無縁なものではないのだ，という説明がいろいろと試みられてきた。

各領域で西洋法をモデルとした法典編纂がひと段落ついたころ，『国民新聞』は，「日本の歴史に於ける人権発達の痕跡」と題する山路愛山の論説をのせている[4]。

——「曰ふ，是れ欧州の産物のみ。人権と曰ひ，共和と云ひ，民政と云ふが如きは，日本人民に取りては到底外国的の者のみ。日本の歴史は特種の歴史なり，日本の人民は特種の文明を有す。固より世界に類例なき者なりと。……然れども事実は明かに之に反せり。日本の歴史は明白に人権発達の歴史なることを示せり」。

「酋長の残虐」と「貴族の専横」と外敵の脅威を抑えて「人民の必要を充たす」ことを肝要とする山路愛山の論法は，期せずして，近代的「人」権の論理構造に対応するものを持つ。国民国家の形成によって外に対する集合的自己決定の単位を確保し，「酋長」や「貴族」からの解放を重要とするものだからである。しかし，この論者が「此に知る日本の皇室は建国の当初に於て既に人権発達史の権化なるを。其徳沢の深く良心に入りて牢乎抜くべからざる者，固より深く怪しむに足らざる也」というときには，再転して，没歴史的な人権観に立ちもどってしまっている。

ここでの「歴史」や伝統の援用の仕方には，日本社会に特徴的なひとつの思考様式を見てとることができる。「外国的の者」と「特種の文明」のまっとう

---

3) そのような提唱として，大沼保昭・人権，国家，文明——普遍主義的人権観から文際的人権観へ（筑摩書房，1998）。
4) 1897年1月9, 16, 23日付。

な対決・対話のなかで伝統を生かすのでなく，何でもはじめから伝統のなかにあったことにして，外来のものとの折り合いをつけ，なしくずしに歴史がつながってゆく，という見方である。ここでは，「かくして『伝統』もまた，過去の尊重ではなく，過去の現在化に他ならない」5)という指摘があてはまる。

　ほぼ1世紀あとの今，思想的系譜の脈絡はまったく別でありながら，しかし，「人権は西洋以外にももともとあったはずだ」と自問することによって，人権という文化の外来性からくる制約をのりこえようとする試みは，ひきつがれている。そのなかで，あえて「日本人の民族的自覚」を問い直し，そのうえで，「自律的な個人」にこだわる立場からの批評と「すれちがいにならない議論をしなければ」という地点で思考を展開する提唱が，重要である。

　「『人権と民主主義』にもとづく秩序をめざすことと西欧化＝近代化を目標とする自由主義イデオロギーとを区別し，前者を実現する道の，地域的，民族的，システム的多様性を探究することが重要で，諸社会，諸民族の伝統と文化に内在する普遍的な要素＝契機を相互に照合しあうような共生の倫理を獲得しなければならない。人権とか民主主義とかは人が人としてちゃんと生きようとしているところにはかならず息づいていて，発現をもとめているのだから」6)。

　法人類学の研究をふまえて文化の多元性を前提にしながらもなお，人権を「人類普遍の原理」として位置づけ，「人権の概念ないし観念にただ一種でなく大別二種を認め，両者が文化的には異なるところがあるとしても同時に調和して並存する可能性」を探ろうとする見解7)も，人権をゆるやかに解することによってその普遍性を救出しようとする。そのようにして，「人権概念には，核心を占める普遍的部分とその周辺に可変的な特殊的部分がある」とされ，「人

---

5) 加藤周一「日本の伝統における空間と時間の概念」同・山中人閒話［増補］（朝日新聞社，1987）152頁。
6) 花崎皋平「エスニシティとしての日本人——共同性からの解放と獲得と」世界1993年9月号。なお参照，同・個人／個人を超えるもの（岩波書店，1996），増補＝アイデンティティと共生の哲学（平凡社，2001）。
7) 千葉正士・アジア法の環境——非西欧法の法社会学（成文堂，1994）。それと重なり合う問題意識に立ちつつ，「ハイブリッドな法」というキー・コンセプトを提唱するのが，長谷川晃・公正の法哲学（信山社，2001）278頁以下の「アジア社会における普遍的法の形成」である。

権の媒介変数」という概念が提唱される。

多様な諸文化に内在する「普遍的な要素」を「相互に照合しあう」「調和」へともたらす展望を持つことができるようにするためには，どんな条件が必要だろうか。

「共同性からの解放と獲得と」を言う論者の定式化[8]には，そのような問いへの答えとなるべき示唆が含まれている。文化の多元性というとき，自然の所与としての文化と，人為の所産としての文化が，区別される必要がある。人種，民族，集団としてとらえられた言語や宗教は，自然としての文化であり，その「共同性」からいったん個人が解放されなければならない。解放されたその個人が，みずからの意思で選びなおすことを通してとりむすぶ「共同性」によって形づくられる文化が，多元的な単位として擁護されるに値するのである。

ここには，個人に対する抑圧要因ともなる自然としての文化が，それを「一人一人の個人」が「選びなおす」ことによって，人為としての文化単位に組みかえられる，という論理が浮かびあがってくる。人種や民族についてならば，それへの帰属の意味についての「選びなおし」——帰属の意味を否定することまでを含めて——であろうし，宗教や言語ならば，文字どおりの選びなおしの場合をも含むだろう。

そのように考えてくると，「一人一人の個人」による「選びなおし」を許容するという意味での開かれた文化と，そうでない文化とは，文化「多元」主義といっても，等価ではありえない。そして，「一人一人の個人」の「選びなおし」を可能にする文化のあり方というそのことこそが，実はとりもなおさず，人権理念の普遍性ということだったはずである。それはとりもなおさず，「人」権——厳格な意味での人権——の核心が問題なのだ，ということを意味する。そうなると，しかし，「共同性からの解放」という要素を含む以上，「諸社会，諸民族の伝統と文化」にとって，そのような条件をうけ入れることは，実は，

---

8) 前出註6論文（1993）の副題である。同論文は「一人一人の個人のアイデンティティ問題」と「エスニシティの問題」が「むすびつきだしている」といい，「それぞれの人が特定の民族的出自，言語，文化のなかに生まれるという過去による規定性としてのエスニシティとは区別されるあたらしいあり方」「各人が自覚して自分の帰属とか愛着の関係を選びなおすあり方」が「現代には登場してきている」，という。

けっして容易ではない。

　単純な人権普遍主義は，狭量な西洋中心主義として斥けられなければならない。そうかといって，「相違への権利」を単純にみとめてしまうと，どういうことが起こるか。

　単純な相対主義は，あらゆる文化を等価として扱うことによって，かえって，対話交通の途を閉ざしてしまうだろう。その誘惑は，両極の側それぞれにある。西欧型の「人」権を拒否しようとする側は，西洋中心主義に対して，多様な「ヒューマン」な生き方につき「相違への権利」を主張するが，自分たち自身の文化圏では，「相違への権利」を選びとろうとする「一人一人の個人」をみとめない[9]。他方で，実は西洋中心主義の立場に立ちながら，1980年代以降の人種差別論者は，「人種」にかえて「エスニシティ」や「文化」を論じ，「差別」を公然というかわりに「相違」という言葉を使い，「異種嫌い」(ヘテロフォビー)にかえて「異種ごのみ」(ヘテロフィール)をその言説として用いている。単純な普遍主義と単純な相対主義の双方を拒否し，批判的普遍主義によって[10]人権の普遍性と文化の多元性を

---

[9] その問題を，アメリカ合衆国での「批判的人種理論」を紹介しつつ指摘するものとして，植木淳「人種平等と批判的人種理論（Critical Race Theory）」六甲台論集・法学政治学篇44巻3号（1998）。また，大沢秀介「批判的人種理論に関する一考察」法学研究69巻12号（1996），木下智史「批判的人種理論（C. R. T.）に関する覚書」神戸学院法学26巻1号（1996）。

両立させようとする途は，容易ではない。
　実際，「主権」や「人権」といった，画一的に設定された近代立憲主義の言語そのものが，近代ヨーロッパ圏外の社会体制の豊かな多面性を画一的にぬりつぶしてきた，という趣旨の非難は，くり返し提出されている。そのような議

---

10)　文化の多元性と「相違への権利」の主張が持つ意味を受けとめたうえで，「もう一度普遍を考える」という主張に，聴くところが多い Dominique Schnapper, Penser à nouveau l'universel, in *Revue française de science politique*, avril 1991, p. 264 et s. は，数冊の本の書評という形で，問題を的確に整理している。一方で「伝統的・共同体的価値」と集団のアイデンティティとの尊重という名目で諸個人間の対話を断ち切ってしまう傾向に抗し，他方で，「普遍」の名のもとに「相違」を地均ししてしまうことを拒否しなければならないとしたら，とるべき態度は「普遍を，どんな具体的な歴史的実在とも混同しない」こと，それを「ひとつの引照基準，ひとつの願望，ひとつの分析道具，ひとつの指導理念」として位置づけることだ，というのである。こうして，「にせの普遍主義」に対して，「批判的ユマニスム」が対置される。
　「これまでの合理主義的・普遍主義的人権論の落丁・偏倚に気づかせてくれる『発見的装置』として，とことん活用すればよい」という見地から，これまでの人権論に対する批判的言説を受けとめようとする，川本隆史「人間の権利の再定義——三つの道具を使いこなして」新・哲学講義別巻・哲学に何ができるか（岩波書店，1999）も，同じ趣旨であろう。なお参照，山元一「もうひとつの《批判的普遍主義》憲法学の可能性？」法律時報71巻8号（1999）。
　「9月11日」（2001年）の衝撃もなまなましい時期にユネスコ本部（パリ）で開催された『21世紀の対話』シリーズの第2回シンポジウム（12月8日）では，特に地中海をはさんだ「北」と「南」の間での対話が，示唆を与えてくれる。そこでは，「北」からの参加者（Jean Baudrillard や Michel Maffesoli など）が，「普遍」の消失を語る一方，「南」からの発言の中に，それと逆交錯する見解が主張されていたからである。例えばチュニジアの知識人 Hélé Beji がそうであり，彼女は，植民地独立以後の状況が，文化の多様性を掲げることによってそれぞれの「伝統」を強制する方向に向かい，「多元性，多様性，相違が，人種差別イデオロギーと同じほど毒のある不寛容な差別の芽となった」ことを指摘し，「反人種差別主義は人種差別主義と同じほど不寛容で，反コロニアリズムはコロニアリズムと同じほどファシストだ」と弾劾する。セネガルの哲学者 Bachir Diagne は，「普遍的文明（civilisation universelle）でなく普遍なるものの文明（civilisation de l'universel）を」という自国の文人政治家サンゴールの言を引きながら，「真の対話の条件」すなわち「自己を批判する力」が西欧の特徴であることの意味を，強調する（未公刊の会議記録による——Dialogues du XXIe siècle:«Où vont les valeurs?»）。この逆クロスこそ，文明間の対話の可能性を示唆している。

論に対しては，あらためて，「相違への権利」の主張をめぐる非対称的な状況を，問題にしなければならないだろう。近代立憲主義の文化圏に対して「相違への権利」の承認を求める側が，それぞれの文化単位の内側での「相違への権利」を承認しない場面が，あまりに多いからである。「相違への権利」を「一人一人の個人」にみとめるという前提を否定する思想に対して，近代立憲主義は，それを禁圧しないという意味で寛容ではあっても，思想的に同調することはありえないが，そのことをもって近代立憲主義を「画一的」と難ずる非難は当たらない，というべきである[11]。個人を前提とする人権の文化は，論理上，人びとが自己の属するカテゴリー集団自身を批判し，場合によってそこから離脱する可能性をみとめる文化であり，実際上も，常にではないがいくつかの重要な場面でそうでありえた。集団のアイデンティティの維持を優先させるのか，個人が自分自身で価値を選択することを究極のところでみとめるのかは，最後は非和解的な分かれ目とならざるをえないであろう。文化一般の多元性を承認した上でなお，その一点において，人権という文化は，「批判的」にであれ「普遍」から離れることができないのである[12]。

　西欧の代表的な憲法概論書のひとつは，「個人の尊重の政治的組織化」とし

---

[11]　長谷部恭男・比較不能な価値の迷絡──リベラル＝デモクラシーの憲法理論（東京大学出版会，2000）の第4章「文化の多様性と立憲主義の未来」（49頁以下）は，近代ヨーロッパ圏外の社会体制の豊かな多面性と近代立憲主義の画一的・統一的な狭隘さを対照的に指摘するJames Tullyの議論を紹介したうえで，主としてリベラリズムの観点から，「主権」「人権」「公共の福祉」といった憲法学上の諸概念をあらためて統一的に説明しようとする。著者が他ならぬ現在の日本を例にあげて言及する（68頁註61）ように，「近代ヨーロッパ圏外」のそれぞれの内部で，「豊かな多面性」よりも「画一的な狭隘さ」がひろがっていることこそが，問題なのである。

[12]　濱真一郎「品位ある社会の人権論」同志社法学54巻6号（2003）は，人権価値の普遍性と価値の多元性との緊張関係の上に成立する「品位ある社会」の実現を目ざす論者として，マイケル・イグナティエフをとりあげる。それによれば，人権が個人主義的であることについて譲歩する理由はないが，その際，人権は，多様な生活様式と両立することが可能なほどに「自覚的に最小限主義（minimalist）」に了解されるべきなのであり，そのようなものとして，〈thin theory〉なのだ，という。ここで〈thin〉は，水っぽい「薄さ」でなく，鋼鉄のするどい「薄さ」として理解されるべきであろう。

ての憲法が非西欧世界でどううけとめられているか，という論点のために，総論部分の「エピローグ」の章をあてている13)。そこでは，「アフリカでの失敗」「イスラームによる拒否」とならべて，「日本における伝統との総合 (synthèse)」という節が置かれていた。それでは，テーゼに対するアンチテーゼが十分にふまえられたジンテーゼが，ほんとうに成立したといえるか。日本国憲法施行60年の歴史は，まだ明確な答を出していない。伝統との「折り合い」をつける状態がともかくも成立していることは，市体育館の神式地鎮祭への公金支出は政教分離に反しない（最大判1977・7・13民集31巻4号533頁）としながらも，その判例を変更することなしに，靖国神社例大祭の玉串料を県知事が公金支出することを違憲とした（最大判1997・4・2民集51巻4号1673頁）最高裁大法廷の二つの判決にも，示されている。「折り合い」と「総合」は同じではない。しかし，「折り合い」にしても，日本の戦後憲法史は，人権の文化と伝統とのせめぎ合いの中にある非ヨーロッパ世界に，ひとつのメッセージ

---

13) Bernard Chantebout, *Droit constitutionnel et science politique*, A. Colin, Paris, 14 éd., 1997, p. 367 et s. 同書の第19版 (2002) では，本文の記述はそのままであるが，項目の標題がsynthèseからconciliation（協調，折り合い）へと変えられている。このことにつき参照，Yoïchi Higuchi, L'idée de 1789 entre la modernité et les traditions（初出2001), in Higuchi, *Constitution-idée universelle-expressions diversifiées*, Société de Législation Comparée, Paris, 2006, p. 20-21によるシャントブー見解へのコメント。さらにその後の版ではconciliationからsuperposition（重なり合い）へと標題が変えられ，2005年9月総選挙への言及も加えられている（23 éd., 2006, p. 353-356)。

を発していることは，承認されてよいだろう14) 15) 15 bis)。

---

14) 西欧起源の個人主義——とりもなおさず「人」権——と日本の精神風土とのあいだを架橋しようとする提言として，山崎正和・柔らかい個人主義の誕生（中央公論社，1985）がある。それによれば，デカルトからサルトルまで，近代思想の多数派が信じてきたのは「剛直で硬質の自我の自己主張」という意味での個人主義だったが，今日の成熟した大衆消費社会では，「消費する自我」は本質的に他人をうちに含んで成立」し「他人との調和的な関係を含んで成立する」。こうして，「最初から他人と共存し，その賛同を得てはじめて自分自身を知りうる存在」としての自我が，「極端な集団主義の傾向」（西洋から見たときの日本評価）と「とめどない無秩序の徴候」（日本から見たときの西洋評価）の中間の，「健全な個人主義」を可能にするはずだ，というのである。

ソフィスティケートされた議論である。しかし，「本質的に他人をうちに含んで」成立するということの意味が問題となる。「他人との調和的な関係を含む」ことによってはじめて成立する「個人」というのなら，この「柔らかい個人主義」は，つまるところ個人主義ではないだろう。「他人との調和的関係」を意識的に展望する——「調和」の含意が問題となるが，ここでは公共社会 res publica をとりむすぶ社会契約論の論理を念頭に置く——，ということならば，そのためにこそ「剛直で硬質の自我の自己主張」をする個人が不可欠だ，とするのが西洋近代思想の主流だったはずである。日本の伝統風土を基準にすれば，前者のコメントがあてはまるだろう。「柔らかい個人主義」の提唱者自身については，後者の論及があてはまるはずではないだろうか。この劇作家が若き日の野心作『世阿弥』(1963) のなかで，主人公に言わせた台詞が，その推定を裏づける。——「怖いか元雅，怖いだらうな。底なしの沼の中に立ってゐるのだからな。誰しもが最初に縋り最後に縋る，おのれといふ杖がない」。「誰しも」なのかは別として，「おのれといふ杖」に最後のところで縋れないことへの怖れこそ，「剛直で硬質な自我」を理念として持つ個人に特有のものだからである。

「従来の人権論は人権の主体の面にもっぱら重きを置きすぎている」として，「主体間の関係性の方が大事」と説く議論（佐々木允臣・自律的社会と人権［文理閣，1998］168 頁以下）があり，一見，「柔らかい個人主義」との親近性を思わせる。しかし，この論者があくまで「主体間の関係性」を問題にしているのである以上，そこで主張されているのは脱近代ではなく，近代の論理を前提とした公共社会の再編成の必要，ということであろう。そうだとすれば，もう一度，「関係性」をとり結ぶ「主体」の確立，それを支えるものとしてここでいう狭義の「人」権をいかに確保するかという関心に，たち戻ることとなろう。

15) 小林直樹・法の人間学的考察（前出 49 頁註 10）第 8 章は，伝統的な法系論の考え方もふまえた上で，「法文明論」の観点から，現下の「世界問題」への対処を展望する。

15 bis) この項で扱った問題全般に関連して，2005 年ユネスコで採択された，文化の多様性を保護するための条約がある。

第Ⅱ部

実定法の保障する基本権

ここで「実定法の保障する基本権」とは，国の立法権に上位する規範として定められた権利を指す。その際「実定法」として問題になるのは，何よりも，最高法規という法形式を与えられた憲法規範であり，場合によっては，それに加えて国内での法的効果を持つ国際規範（とりわけ，ヨーロッパ連合構成国やヨーロッパ人権条約加盟国の場合）でもありうる。第Ⅱ部では，第1～4章で，もっぱら憲法を念頭に置いて，基本権保障の比較考察をおこない，国際的保障については，基本権の保障方式を主題とする第5章で，基本権保障にとって国民国家システムが持ってきた意義とその限界を問題にする文脈で，それをとりあげる。

第1章　権利の諸類型

12　分類の基準とその意味

12-1　人権という日本語で普通に人びとの念頭に置かれてきたもの，それらに対応する西欧諸言語，それと反対に，意訳すれば人権という日本語があてられることになる西欧諸言語は，それぞれ，さきに見たように，（特に前出2,3,5），かなりに広い範囲にわたっている。そのなかで，狭義の「人」権が持っていた論理上・歴史上の意味を特に重く見るべきだというのが，本書の基本的な立場であり，そのことは，実定憲法の条項の解釈・運用の理解という場面にも，さまざまにはねかえってくることとなる（後出第3,4章）。そのことをくり返し確認しながらも，第Ⅱ部で「実定法の保障する基本権」に即した考察をするにあたっては，ひろく人権という名で括られることの多い憲法上の諸権利について，その類型論を問題とすることからはじめよう。

　日本の概説書の多くによって定番的に言及されるのが，ゲオルク・イエリネ

ックの類型論（前出 5-2）である[1]。その類型論は，国家に対する個人の地位を消極・積極・能動・受動の四つに分類する。それに対し，その思考枠組を引きつぎながら，国法秩序に対する個人の関係として公権類型論を整理したのが，ハンス・ケルゼンであった。彼の法段階理論は，一般的規範たる国法の定立（＝立法）と個別的規範の定立（＝判決）の違いを相対化するから，立法の形式での国法定立への参加の場面と，判決の形式での国法定立への参加の場面の違いも相対化される。こうして，イエリネックにあっては判然と区別されていた裁判請求権（積極的地位に対応）と参政権（能動的地位に対応）は，ケルゼンにあっては，国法秩序に対する個人の能動的関係という場面に包括されることになる[2]。

イエリネックにせよ，それを補正しようとするケルゼンにせよ，その類型論は，19 世紀後半から 20 世紀はじめにかけての実定諸憲法が定める諸権利に対応する説明であった。イエリネックのいう四つの地位に対応させて，自由権・受益権・参政権・義務の四項目を立てるにしても，やがて社会権と呼ばれる権利類型が実定化されてくると，それを，裁判請求権と一緒に単純に受益権という分類のなかにひとくくりにしてしまうわけにはゆかなくなる。

戦後日本の人権概論書の古典というべき宮沢俊義『憲法Ⅱ』[3]は，上述したケルゼンによるイエリネック類型論への補正を受容すると同時に，その点での

---

1) 「中世における特権の体系が，近代国家の成立を経由して，公権の体系に構造転換した事態を，ローマ法における身分の類型論（家の身分 [status familiae]，自由人の身分 [status libertatis]，市民の身分 [status civitatis]）を借用して印象的に理論構成し」たものとしてとらえ，「近代国家が『家の身分』を破壊して実力を集中することによって，『自由人の身分』の（国内における）普遍化がもたらされるとともに，それが，『市民の身分』（国民一般の身分および能動的国民の身分）に属することによって担保される，という図式」をそこに読みとるものとして，石川健治・自由と特権の距離（日本評論社，1999）103 頁以下。こうして，この指摘は，普通には平板な教科書の紹介の対象となるイエリネックの「消極的地位」「積極的地位」「能動的地位」の類型論が持つ，「身分論的構成としての起爆力」が「一般に見落とされている」ことに，注意をうながす。そのような認識に立っての提言として，同「人権論の視座転換――あるいは『身分』の構造転換」ジュリスト 1222 号（2002）。
2) ケルゼン・一般国家学（前出 4 頁註 8）249 頁以下。
3) 宮沢・憲法Ⅱ（前出 7 頁註 1）88 頁以下。

考慮をもとり入れた提唱をした。消極的地位に対応させて「国法に対する無関係な関係」を想定したうえで,「国法に対する消極的な受益関係」として自由権を[4],「国法に対する積極的な受益関係」として社会権を位置づける一方,「国法に対する能動的な関係」として,国民が国家機関の行動を要求する「積極的な関係」に見合う国務請求権と,国民が国家機関の選任などをおこなう「能動的(狭義)な関係」における参政権とを包括する[5]。

　イエリネックやケルゼンの類型論は,それぞれの権利の論理的性格を分類基準にしようとするものだった。権利の歴史的生成によるそれぞれの権利の性格規定に関心を持つ立場からは,諸権利を網羅的に整理する分類を示すという関心とは別に,これまでもすでに,さまざまの提唱があった。思想史上知られた例として,「古代人の自由」(libertés des anciens) と「近代人の自由」(libertés des modernes) の区別 (コンスタン) がある。前者はポリスという公共社会の運営に参加する「自由」であり,後者は,国家からの自由であった(「への自由」

---

[4] したがって,「自由」と「自由権」とが区別され,前者は「国法の禁止の不存在の反射」にとどまるのに対し,後者は,「人間の尊重の要請」(宮沢・憲法Ⅱ 96頁)から導かれる「権利」だと考える。

[5] そのほか,「国法によって義務づけられる関係」として義務を考える。

と「からの自由」）6)。1789 年宣言にいう「人」の権利と「市民」の権利の区別（前出 2-2）は，そのような意味での「からの自由」と「への自由」に対応する。civil rights（自由権）・political rights（参政権）・social rights（社会権），あるいは，自由権・社会権・新しい人権（「第三世代の人権」7)）という図式も広く使われているが，もともと，歴史的な登場の順序を反映しているものとして，ここであげておいてよいだろう。

---

6) 「への自由」という定式については，注意が必要である。法形式の問題として，「自由」という語は，介入・干渉の排除，妨害排除，すなわち「からの自由」の意味で使うのが，一般の慣用であり，参政権を「への自由」と呼ぶのは，混線を招きやすいからである。関連していえば，社会権の類型に入る諸権利を「国家による自由」と呼ぶ用法が，日本の学界でかなり広くゆきわたっている。しかし，給付請求権をも「自由」のなかに含めるのは，実定法上の権利の類型論としては，これまた不適切である。本書で「国家による自由」という用語を使うときは，社会権に属する権利ではなく，社会的権力からの自由を国家介入によって確保しようとすることを指すことに注意されたい。この点に関し，「国家の関与」という上位概念を立て，社会権の問題と「自由権への国家の関与」を区別したうえで両者を検討するのが，大須賀明・社会国家と憲法（弘文堂，1992）である。

　実定法上の権利の類型論という次元から離れて，「自由」の内実を問題にする区別があり，それらは，意識的にそのような性質の観念として位置づけられたうえで用いられれば，有意味である。「国家からの自由」という形式枠組を充たす実質価値の問題として，国家干渉を免れた私的空間での自由（前出 7-2 でとりあげた「『人欲』の解放」としての「感性的自由」）にとどまらず，公共社会の運用にかかわる態度決定を可能にする自由（「規範創造的自由」）を，実質の意味での「への自由」と理解する，というのはその一例である。また，アルマティア・センが「行為主体的自由（agency freedom）」に対して「福祉的自由（well-being freedom）」という概念を語るとき，外部から妨害されないことにとどまらず，「からの自由」の枠組のもとで諸個人に提供されている選択の実質的機会の豊かさを問題にしている（このことに関連して参照，鈴村興太郎＝後藤玲子・アルマティア＝セン経済学と倫理学［実教出版，2001］特に 222～224 頁）。

7) 「第三世代の人権」という観念は，ユネスコの人権・平和部の部長（当時）Karel Vasak によって，1960 年代以降の旧植民地独立に伴う国際社会の構造変化を反映した「人権」のありようを示すものとして提唱されたものである。そのことに留意すべきだとした上で，それを参照しつつ「国内における人権の観念やカタログについて検討することもあながち誤ったアプローチとはいえない」，として検討を加えるものとして，岡田信弘「第三世代の人権論——その提起するもの」高見勝利編・人権論の新展開（北海道大学図書刊行会，1999）157 頁以下。

12-2 類型論は，そもそもどういう役割を期待されているのか。

ひとつは，記述の便宜のためであり，典型的にいえば，講学上，あるいは概論書の編成に役立つ，ということがある。権利の類型論の意味をもっぱらそういう有用性の次元のものとして受けとめ，「伝統的な類型論・分類論は，静態的・固定的に捉えた権利の法律学的性質に執着しすぎている」と批判する観点からは，「ただ単に説明のための便利のための見取図」としての分類論が示されることとなる[8]。この立場は，そのようにして，例えば，国家「からの自由」の中心をなすものとして説明されてきた表現の自由が，今日では，国家による積極的な情報開示や表現の多元性を確保するための国家介入と少なくとも無関係に論ずることができなくなっている状況に，対応しようとする。

他方で，権利類型論は，諸権利のあいだになんらかの価値序列を設ける意図のもとに，提示される。そうであるだけにまた，論者自身にそうしたいという意図がなくとも，価値序列化という効果をもたらすことが少なくない。

「シビルは不自由」でも「ポリチカルさえ自由なら」と叫んだ明治の民権運動家（前出 6-1）や，「国家からの自由（＝自由権）より国家による生存確保（＝社会権）を」というスローガンは，一定の権利類型の意味を強調することによって，他の権利類型の意味を相対化——さらには軽視——する効果をもたらす

---

[8] 奥平・憲法Ⅲ（前出3頁註7）33～34頁。同書は，「理論的な意味をもつ分類では全くない。ただ，憲法にはなにが書いてあるかの概略を便利のために示す意図で並べてみただけである」とことわりながら，その「見取図の試み」に従って記述を進める。

ものだった9)。違憲審査制が設けられている実定法システムのもとで10)，権利類型論は，それに基づいて審査基準をふり分けることによって，裁判手続を通しての権利保障の度合の強弱を導く役割をひきうける。典型例をあげれば，表現の自由を中心とする精神的自由を「優越的自由」(preferred freedom) として位置づけ，「二重の基準」(double standard) のうち厳格な審査の基準を適用す

---

9) 日本国憲法施行後まもない時点で，「十九世紀の憲法における基本的人権の保障は，専ら国家権力を制限することであった」のに対し，「二十世紀の憲法における基本的人権の保障にあっては，国家権力の積極的な配慮・関与がなければその目的を達し得ないものが多くなった」として，「自由権的基本権」と「生存権的基本権」の二類型を対比させたのが，我妻栄であった（新憲法と基本的人権［国立書院，1948］28～29頁）。当時，美濃部達吉によって公にされた概論書『日本国憲法原論』（有斐閣，1948）は，イエリネックの公権体系論をそのままひきついで，憲法25～27条の諸権利を，請願権や損害賠償請求権とともに「受益権」のなかにひとくくりにしていた（28条は「自由権」に分類されていた）のだったから，我妻の提唱はのちにみずから「当時いささか創見を誇った」（民法研究・Ⅷ［有斐閣，1970］はしがき）ということのできるものだった。実際，それは，宮沢憲法学による「自由権」と「社会権」，「自由国家的人権」と「社会国家的人権」という枠組にひきつがれて（宮沢・憲法Ⅱ［前出7頁註1］101～102頁），憲法学の共有財産となる。

ところで，上述の我妻の議論は，「生存権的基本権は，自由権的基本権のように，個人をもって国家に対立するものとは考えない。個人と国家とが有機的に結合した個と全の関係に立つものと考える。……私は，この推移を，個人主義から協同体主義への推移として説明することができると考える」（前出・同119～120頁）とのべていた。この点を重く見て，戦後はやい時期の我妻と宮沢の違いの面に注意を向けるのが，渡辺康行「人権理論の変容」（前出8頁註2）である。そこでいう「協同体理念」は，ナチス・ドイツによって「全体主義」の意味で「濫用」された「協同体」思想と違うことが，指摘されてはいた（前出・我妻118～119頁）。それにしても，しかし，この作品をのちに収録した『民法研究・Ⅷ』の序文では，その後20年あまりの情勢の変化に関連して，「自由権的基本権の調整を説き，協同体理念の高揚を主張することには，大きな危険をはらむであろう」（はしがき），と戒めるようになっている。なお，我妻法理論については，1937年時点で，学生・丸山眞男（筆名・山野冬男）によってなされている指摘がある（「法学部三教授批評」丸山眞男集・第1巻［岩波書店，1996］所収）。それは，我妻教授の「双葉に於て現われていた」「俊敏」さと「煉瓦作業の様な根気と確実さ」でもってとりくむ研究を評しつつ，「聡明な我妻教授がかかる簡単な誤謬と危険に陥るとは思われない」としながらも，「『個人主義より団体主義へ』という陳腐にして空漠たる標語」にその「精緻な法律構成」が「還元」されてしまう問題性を，摘出していた。

るというふうに（後出 13-1）。

それに対し，むしろそのような振り分け効果を好ましくないとする立場からは，とりわけ，自由権・社会権の二元分類が批判される。ヨーロッパ連合（EU）で合意に達した基本権憲章（Charte des droits fondamentaux）は，自由権・社会権の領域二分法にかえて，「尊厳」,「自由」(「市民的・政治的」か「経済的・社会的」かを問わず),「平等」(すべての領域に適用される),「連帯」(社会的諸権利すべてを包括),「市民であること」(EU 運営への参加にかかわる),「公正」(すべての領域に適用される手続上の権利を指す), という項目分けをしている[11]。

---

10) 他方で，違憲審査制が設けられていない実定法のもとで公権論を展開した G・イェリネックは，彼の公権類型論を公法上の請求権の体系的分類という見地から示した際,「公法的請求権の中心」に,「個人的利益のために国家の積極的給付を求める請求権」を置いていた。その際，彼は,「自己の利益のために裁判官を動かしうる」ということを「人格の本質的要素」としていた点に，注意しておきたい（一般国家学［前出 32 頁註 4］336 頁）。なお，裁判請求権の意味を重視する立場から書かれた研究として，笹田栄司・実効的基本権保障論（信山社，1993）。

11) 2000 年 12 月ニースの EU 首脳会議で採択され，のちに EU 憲法条約案の中に組み入れられたこの憲章については，なお，後出 29-2。採択までの経緯に関し参照，伊藤洋一「EU 基本権憲章の背景と意義」法律時報 74 巻 4 号（2002）。

第2章　基本権論の言説空間

　それぞれの実定法のもとで基本権の保障が——今日では違憲審査という手段を伴うものとして——論ぜられるとき，法技術上の論議の背景には，権利論についての，より広い範囲で社会的に前提とされるような，それぞれの言説空間ともいうべきものがある。違憲審査の歴史を他国よりはるかにさきがけて経験してきたアメリカ合衆国，裁判——さらには権利宣言——の役割について合衆国と対照的な観念のもとにあって，最近その伝統の動揺が見られるフランス，第2次大戦後アメリカと並ぶ強力な違憲審査制を現に運用してきたドイツについて，概観をこころみることにしよう。

13　アメリカ
　　　——liberal v. libertarian/republican/communitarian

　13-1　アメリカの場合，1930年代の大きな転期（後出27）以降，この国の議論を基本のところで主導してきたのは，liberal という名で呼ばれる立場であり，それを座標軸として，いくつかの対抗言説が，言説空間をかたちづくってきた。

　そこで「リベラル」と呼ばれてきたのは，政治勢力としては民主党主流を中心とした「ニューディール連合」であり，そのスポークスマンは東部アメリカの言論・法曹界エスタブリッシュメントである。それは，政治的自由主義と，経済領域での連邦権力の介入とをあわせ説く点で，ヨーロッパ流にいえば，広い意味での社会民主主義の潮流に属する。違憲審査の場面では，表現の自由を中心とする合衆国憲法修正1条の諸自由を「優越的自由」（preferred freedom）としてとらえると同時に，経済活動の領域では立法府の裁量を広くみとめると

いう,「二重の基準」(double standard) を採用することになる[1]。もっとも,1990 年代になって,それまでの「リベラル」の内部で,差別的言論や,人種や民族などへの憎悪を煽る言論 (hate speech) の価値を否定し,「政治的に適正」(politically correct, 略して PC) な言論でなければならぬ,という主張が論点となる。それに反対に,反「リベラル」が,場合によっては国家干渉からの言論の自由を主張するという,クロス現象が生ずることもある (後出 23-3)。

それに対して,反「リベラル」の側で,経済領域では古典的な国家不介入を主張する一方で,精神活動の領域では伝統的価値の復権を強く唱える立場がある。いわば逆・二重の基準論ともいうべきこの立場は,経済の規制撤廃を要求すると同時に,妊娠中絶の自由化に反対し,教室での祈りの復活を主張し,進化論の授業の禁止をせまる勢力によって代表される。「保守革命」を掲げたレーガン政権,少なくとも,それを支持した政治勢力の有力な要素として,そのような勢力があった。

---

1) 本文でいう「リベラル」の代表的論客が,John Rawls である(代表作の邦訳として,田中成明編訳・公正としての正義 [木鐸社, 1979],矢島鈞次監訳・正義論 [紀伊國屋書店, 1979])。彼の議論は,1970 年代以降の法・政治哲学で英語圏の範囲を超えて正義論の復権をリードしたが,1971 年公刊のその主著が *A Theory of Justice*(上掲訳書『正義論』)と題されていたことが示すように,ひろく論壇・思想界でのさまざまの「正義」観との論争・対話を触発するものとなった。そのような「場」のひろがりの中で,自由と公正の均衡をめざす社会の像をさぐろうとする試みとして,井上達夫・共生の作法(創文社,1986),同・他者への自由——公共性の哲学としてのリベラリズム(創文社,1999)。また,川本隆史・現代倫理学の冒険——社会理論のネットワーキングへ(創文社,1995)。同じ著者による,ロールズ——正義の原理(講談社,1997)は,評伝の形をとりつつ,「自由で平等な人間同士がまともにつきあえる居場所」の「ルール」を探るという意味での「正義」を論ずる際の「助走路」「補助線」を提示する。

権利を実現しようとする場面での司法の役割とその限界についての議論(それ自体については後出 26, 27)として重要なのが,Ronald Dworkin である(1977 年公刊の代表作の部分訳として,木下毅＝小林公＝野坂泰司訳・権利論 [木鐸社,増補版 2003])。制定法をあるがままに解釈するのが裁判だという見方をしりぞけながら,しかし裁判官は「正解」(right answer) を発見しなければならず,またそうすることができるのだ,という彼の主張は,「権利をまじめにあつかおう」(*Taking Rights Seriously*) という主著の卓抜なネーミングとともに拡げられ,「リベラル」たちの権利論を支えた。

他方で，およそあらゆる領域を通じて，徹底的な国家不干渉をつらぬくべきことを主張するのが，libertarian と称される論者である[2]。この「リバタリアニズム」は，経済領域について市場への徹底的な自由放任を掲げる点で，「レーガン革命」の新保守主義と一致する。しかし，精神的・政治的領域の問題についても国家不干渉を要求する点で，麻薬・妊娠中絶・学校での宗教教育等々をめぐる争点について，「保守革命」の主張とするどく対立する。

「リバタリアン」が「リベラル」の一面をラディカルにおしつめることによってそれを批判しようとする主張だとすれば，同じく「リベラル」の他の一面，pluralism の要素を拡大するところに，communitarianism の主張があらわれ

---

[2] 「リバタリアン」の立場を鮮烈に表明した代表格は Robert Nozick のアナーキー＝国家＝ユートピア（嶋津格訳，木鐸社，1985）である。「極小国家」（ultra minimal State），すなわち「正当防衛をのぞいて強制力の行使を独占し，私的報復をすべて禁止するが，保護，および侵された権利の原状回復というサーヴィスを，それを買った者にしか提供しない」ところのものを想定する彼は，その際，サーヴィスを買わなかった「部外者」は，自分の権利を自分自身で実現することを「極小国家」の独占によって妨げられることに対する補償を要求できる，という論理を考える。こうして，「極小国家」の側からみれば，「権利侵害への保護をあたえないままにしておき，しかるのち，生じた損害を賠償する」ことになるよりも，はじめから「保護のサーヴィスを部外者にも提供する」ことの方が安くつくのであり，そのようにして，「領域内のすべての人々にその保護をあたえるということがらによって特徴づけられる最小限国家」が成立する，というのが彼の論理である。

る[3]。これは，文化多元主義の潮流を背景にして，文化単位としてのコミュニティのいわば並存によって成立する社会を想定する。そのようにして，この立場は，「リベラル」が前提とする，「人」権主体としての個人によって構成される社会像と，つまるところ衝突することになる。

「リベラル」を主流としながらそれと絡みあう諸潮流のなかで，もうひとつ，「リパブリカニズム」の名で呼ばれる流れがある。もっとも，republicanism という言葉は，アメリカ革命の時期にさかのぼって，それ以来，状況に応じて同じでない含意をもり込む容れ物となってきたこともあって，言説空間の座標の混線を整理することは，必ずしも容易でない。

アメリカ革命の時期に，「リパブリカニズム」は，人民の権力の優越を主張する「デモクラシー」に対抗して，「いかなる権力も制限されるべきだ」とする立場を指していた。他方でそれは，「リベラリズム」との対抗の場面では，「からの自由」を本質とする私的利益擁護の立場としてリベラリズムをとらえたうえで，それを批判する立場から，公共社会への討議による参加と，そのた

---

[3] 「コミュニタリアン」の想定する「コミュニティ」は，エスニシティ，宗教集団，言語集団，性別，性的結合の仕方，などを基準とした多様な単位でありうる。これらの単位への帰属がそれを理由とする個人の権利の根拠と考える，いわばやわらかなコミュニタリアニズムと，個人でなくそれらの単位それ自身が権利の主体だと主張するコミュニタリアン原理主義とでもいうべき立場とは，区別される必要がある。後者は，文化多元主義によって「人」権という思考そのものを否定するものだからである。そのことを強く警告するのが，A・シュレージンガー（都留重人監訳）・アメリカの分裂──多元文化社会についての所見（岩波書店，1992）である。

なお，いずれにしても，ここでの意味での communitarianism を「共同体主義」という日本語に訳すことは，不適切である。日本で共同体主義という言葉が使われるとき，もっぱらその共同体の内部での同質性が強調される（ムラ共同体，カイシャ共同体，そして民族共同体としての日本国家）。それと反対に，コミュニタリアニズムにおいては，それぞれの共同体が「相違への権利」を主張し合う。後者は，共同体の自律と，共同体間で成り立つ多元主義の組合せを特徴とする。国民国家という単位の共同体を特権化し，国家を「生きる意味」の「独占的供給体」とする「愛国的ナショナリズム」は，「共同体論として見たときに，特異なそれ」（小泉良幸・リベラルな共同体──ドゥオーキンの政治・道徳理論［勁草書房，2002］8頁）である。青柳幸一・人権＝社会＝国家（尚学社，2002）第Ⅴ章は，日本の共同体主義が持つ「包括的イデオロギー」性を批判する。なお，フランス語の communautarisme については，後出 107 頁註 9。

めに不可欠な「徳」の重要性を強調する[4]。ニューディール以後,「リベラル」の流れが,福祉のための公権力介入と利益集団デモクラシー[5]の方向をおし進めてくるに従って,それに対する批判の文脈での「リパブリカニズム」の側面が強く意識されてくるようになる。

13-2 もともと,アメリカ合衆国憲法がフィラデルフィア憲法制定会議で1787年9月17日に採択され,所定の手続が要求する9邦の承認を得て1788

---

[4] 「リパブリカニズム」と呼ばれるものは,本文でのべたとおり,きわめて多様である。小泉良幸・リベラルな共同体(前出註3)は,「共和主義」を「アメリカにおける共同体論の自己理解」として位置づける。その観点からすると,それは,「利益集団プルーラリズム」に対する意味で,ひとつの伝統プルーラリズムといえる。「リベラル」に対抗する意味でのそれが,ニューディール期以後の議論の主要な文脈をつくってきた。一方,さかのぼって独立革命・建国期の「リパブリカン」は,何より「pure democracyよりrepublic」という文脈で自己主張をしていた。そのpure democracyの今日版ともいうべき立場から,最近,あらためて問題が提起されている(後出99頁註13を参照)。

[5] セオドア・ローウィ(村松岐夫監訳)・自由主義の終焉——現代政府の問題性(木鐸社,1981)は,ニュー・ディールにはじまる福祉のための公権力の介入と利益集団自由主義への流れが,建国の当初に想定されていた統治のあり方と対照的な「第二共和制」をつくり出していた,と指摘する(特に第3章)。レーガン「保守革命」は,そのような流れを逆転させようというものであった。

2000年代に入り,政権の一部と結びつくことによってにわかに脚光を浴びた,Neoconservatives(いわゆるネオ・コン)と呼ばれる傾向がある。結びついている政権の依存基盤はたしかに右派,さらには極右の勢力であるが,「ネオ」の含意のひとつは,もともとそういう勢力と対立してきた側(民主党系)からの新しい参入者だというところにある。そのような系譜を反映して,「ネオ・コン」の主張は,一方で「ニューディール連合」≒民主党によって代弁されてきた思想からの離反を内容とする。「利益集団デモクラシー」への傾向と,とりわけ,文化多元主義への親縁性(PC)が,標的とされる。他方でしかし,共和党の主流を占めてきた伝統的conservativesの現実主義外交に対する強烈なアンチテーゼとして,「デモクラシー」の理想を軍事力をもってしてでも貫徹することを主張する。このような主張傾向に人脈的な影響を及ぼした存在として指摘されるLeo Strauss(1973年没)は,ワイマール共和制が力に訴えることを怠ったとし,また,20世紀民主制がギリシャ民主制の「徳」の価値を懐疑に曝したことを,強く批判していたが,彼の強烈な「近代」批判の精神のひき継がれる仕方が,問題となろう。邦訳として,レオ・シュトラウス(塚崎智=石崎嘉彦訳)・自然権と歴史(昭和堂,1988),および,同(添谷育志=谷喬夫=飯島昇蔵訳)・ホッブズの政治学(みすず書房,1990)。

年6月に成立した[6]ときには，まとまった権利条項を持っていなかった。憲法案を支持する連邦派（Federalists）と，連邦の権力の強化を危惧して各Stateの分権を主張する反対派とのはげしい論戦のなかで[7]，権利章典の不存在が問題とされた。それに対し，連邦憲法擁護派は，こう答えていた。──「権利の章典を，憲法案の中に入れることは不必要であるのみならず，かえって危険ですらあることを明らかにしたい。というのは，もし権利の章典を入れるとなると，それは元来連邦政府に付与されていない権限に対する各種の例外を含むことになり，その結果，連邦政府に付与されている権限以上のものを，連邦政府が主張する，恰好の口実を提供することになるからである。元来それをなす権限のない事項について，あらためて，それをしてはならないという必要がなぜあろうか。たとえば，そもそも出版に制限を加える何らの権限も与えられていないときに，出版の自由はこれを制限してはならないなどと，なぜいわなければならないのか」（ザ・フェデラリスト 84篇）[8]。

結局は，1788年に憲法が発効してすぐ，修正1条から修正10条までの10カ条を追加することとなり，所定の手続に従って1791年に確定された。これがアメリカで「権利章典」（Bill of Rights）と呼ばれるものである。

その際，不要論者が主張していた論点にこたえる意味を持つものとして，修正9条が「この憲法に一定の権利を列挙したことをもって，人民の保有する他の諸権利を否定しまたは軽視したものと解釈してはならない」，修正10条が「この憲法によって合衆国（United States）に授権されず，また州（State）に対

---

6) 合衆国憲法に先立つヴァージニア権利宣言や独立宣言（1776年成立）をはじめとするアメリカの権利宣言の背景として，近代自然法思想の影響と信教の自由，およびとりわけこの両者の関連をとりあげて，詳細な点検を施したのが，種谷春洋の一連の体系的研究である。見よ，アメリカ人権宣言史論（有斐閣，1971），近代自然法学と権利宣言の成立（有斐閣，1980），近代寛容思想と信教自由の成立（成文堂，1986）。

7) 「200年もの長い生命」を保つことになる憲法なのであるが，その生誕は，「何ゆえかくも難産であったか」（齋藤眞「国家創設としての憲法制定──アメリカ憲法制定の文脈」同・アメリカとは何か［平凡社，1995］155頁）といわれるほどのものであった。より立入っての，かつ，広い歴史文脈についての記述として，同・アメリカ革命史研究──自由と統合（東京大学出版会，1992）。

8) 齋藤眞＝武則忠見訳・ザ＝フェデラリスト（前出13頁）。

して禁止されていない権限は，それぞれの州または人民（people）に留保される」，と定めた。

ところで，1689年イギリスの権利章典は，「聖俗の貴族および庶民」の「古来の権利と自由」を国王とのあいだで確認するという形式で定められていた。アメリカ合衆国で権利章典を定めようというとき，イギリスのそれをまず念頭に置く人びとがいるのは，自然のことであろう。しかし，「主権」という言葉自体は使わないにしても，「われら合衆国の人民は……この憲法を確定する」（憲法前文）として，人民主権の実質をうたった以上，諸身分と君主とのあいだの約束としての権利章典という観念は，もはや維持できないはずであった[9]。

人民主権を前提にするといっても，二通りの考え方が出てくる。ひとつは，主権者としての人民を制限することではなく，権力を制限することが問題なのだ，という考え方である。権力分立こそが自由の保障なのだという主張は，その文脈で唱えられる。「羊皮紙に書かれた制約」でなく，「憲法それ自身がBill of Rightsなのだ」というわけである。この主張は，政府と人民の対立を基本としてものを考え，政府機構の内部での権力分立が自由を保障すると説く。

他方で，主権者である人民をも制約することこそが問題なのだという考え方からすれば，憲法は，権力分立だけでなく，人民の意思をもってしても容易に改変できない権利章典を，含まなければならない。そして「羊皮紙に書かれた」だけで終わらないための裏づけとして，権利章典の実効性を確保する司法権の役割が強調されることになる（この歴史段階では，司法権が法を解釈することによって実は法を創造するという問題［後出27］は，まだ一般には意識化されていない）。アメリカ合衆国の憲法が実際にあゆんでゆくのは，まさしくこの方向であった。

---

9) 当のイギリスでも，19世紀末にA・V・ダイシー（憲法研究序説［伊藤正己＝田島裕訳］学陽書房，1983）が，「国会主権」（Sovereignty of Parliament）を憲法の第一原則として説明するようになると，権利章典のもともとの論理とは不整合の関係になる。「国会における国王（King［又はQueen］in Parliament）」の主権という言い方が維持されているかぎりで，その場合は，国王と貴族および庶民の共同意思がイギリスの最高の国家意思だというわけであるから，不整合さは緩和される。しかしその反面，こんどは，本来の「主権」の観念——最高意思の担い手の排他性——とのずれが生ずる。

アメリカの権利章典をめぐる議論は，必要論者であれ不要論者であれ，権力を制限することを共通の前提としていた。修正条項の追加として成立した権利章典は，こうしてまさに権力制限をねらいとするものとなる[10]。くわえて，権力制限という志向は，より一般的に，多元主義的傾向となってあらわれる。19世紀なかばの新大陸をみずから見聞したアレクシス・ド・トクヴィルは，『アメリカのデモクラシー』(1835〜40) で，アメリカの社会の特徴をとり出してみせた[11]。とりわけ，(1) 連邦制とコミュニティ・タウンの自治，(2) 裁判官の権威が援用されないような政治的出来事はなく，裁判官が第一級の政治権力のひとつだということ，そして (3) 自由な結社への嗜好，という三点は，彼の母国フランスのありようとくらべてまさに好対照をなすのであり，権利宣言を掲げた新・旧両大陸の二つの国の対照として，フランスの項であらためてとりあげる (後出 14-1)[12]。

---

10) 権利章典を憲法条項のなかに書きこむことは，憲法改正の対象となりうる性格のものとなったことを意味する。自然権としての性格をもつがゆえにその権利を「宣言」するのだという思考に立つ人びとにとっては，そのこと自体がひとつの難問を意味する。合衆国憲法の修正条項の場合は，その定式化が具体的である (兵士の舎営に関する制限，habeas corpus, など) ことから，憲法化されているのは――従って，人びとの意思によって改正可能とされているのは――権利それ自体ではなく，それを具体化する規定なのだ，として矛盾をきりぬけようとする論法がある。今日では，憲法改正限界論によって憲法改正の対象からはずすという論法の方が，より説明しやすいであろう。

   権利章典を憲法に編入することによってそれが改正可能になってしまうのを心配する議論とは正反対に，硬性憲法という方式自体を，人民主権への重たすぎる制約と見る立場も，あらためて主張されている。これらの議論について，阪口正二郎・立憲主義と民主主義 (日本評論社，2000) 特に 221 頁以下を見よ。

11) 松本礼二訳・アメリカのデモクラシー (第 1 巻上・下) (岩波文庫，2006)。

12) もっとも，連邦制についてだけここで触れておけば，"We, the people of the United States" という表現 (people が単数形で示されている) は，連邦形式をとりながらも，一体としての「合衆国人民」なのだということを示唆している。この点に関連して，カール・シュミット (尾吹善人訳)・憲法理論 [創文社，1972] 478 頁が，注意を喚起している。彼のいう「連邦」概念――連邦とその構成国の両方が「政治的実存」(458 頁) であり，「連邦と個々の，もしくは複数の構成国の間の実際上の抗争の可能性」(460 頁) が残っていなければならない――に照らすと，合衆国 (ワイマール憲法のライヒも同様) は，「もはや連邦」ではない，というのである。

権利宣言そのものにもどっていえば，アメリカの1791年権利条項が権力の制限を眼目とするということは，フランスと対照するときより明瞭になる。フランスの1789年宣言は，権力を根拠づけ，「一般意思の表明としての法律」に権利の実現をゆだねる，という構成をとるからである。制限規範としての権利宣言と授権規範としてのそれという対照は，「生命・自由および幸福追求の権利」(1776年独立宣言) を個人権とするアメリカと，「憲法の維持と万人の幸福」をいうフランス (1789年宣言前文) の対比としてもあらわれる。

　ところで，権力への制限すなわち「国家からの自由」でもって立憲主義を説明し尽くそうとも見られるのが，典型的なアメリカ的観点であるが，そのような一般的傾向に対して異論を唱えるのが，最近の「積極的立憲主義」(positive constitutionalism) の提唱である。この主張は，アメリカで一般的な考え方を「消極的立憲主義」(negative constitutionalism) と呼んで，それを批判する。それによれば，立憲主義をもっぱら権力抑制としてとらえる理解は，封建的＝身分的社会秩序から個人を解放するものとしての主権国家の役割をアメリカが必要としなかったという事情があったからこそ，成立できたものだった。新大陸にはアンシァン・レジームは存在しなかったし，アメリカ革命が相手として戦ったイギリス本国は，17世紀の革命からすでに1世紀以上を経ていた。そういうアメリカの経験を一般化することができないとすれば，立憲主義にとって，個人の解放者としての主権国家こそ，人権主体としての個人を創出するという肝要な役割を担ったはずだといわなければならない[13]——，というのである。

---

13) 「積極的立憲主義」の主張としては，Stephen Holmes, *Passions and Constraint: On the Theory of Liberal Democracy*, University of Chicago Press, 1995 がある。それにつき，阪口・前出98頁註10) 224〜246頁を見よ。なお，ドイツからの同様な見方として，「基本権保護義務論」に関連して，後出15-2註9をも参照。
　「積極的」であれ「消極的」であれ「立憲主義」に対し，それと対極に位置する主張についても，触れておくべきであろう。「通常政治」と区別された「憲法政治」を，「われら合衆国人民」の主権の発動の場としてとらえ，改正手続によって拘束されない形式での憲法変更までを可能と考える議論がそうである。このことにつき，阪口・前出72〜129頁による Bruce Ackerman の見解の検討を参照。

14　フランス──républicain v. démocrate

14-1　19世紀なかばアメリカ合衆国についてトクヴィルが着目した三つの要素（前出13-2）は，今日なお基本的に，アメリカ社会の特質となっているということができる。そして，それと対比するとき，大革命以来のフランス社会については，それに対してまさに対照的な三つの特徴をとり出すことができる。

　まず，連邦制とコミュニティタウンの自治，すなわち地方分権に対して，フランスでいわれる，「一にして不可分の共和国」の観念である（1958年憲法1条自身の表現によれば，une République indivisible）。フランス革命期に分権派の主張を「連邦主義者」として弾劾した伝統は今におよんでおり，コルシカの地方公共団体の自治権を拡大する法律の違憲審査の際に，憲法院が，「コルシカ人民」（le peuple corse）という条文中の表現を違憲としたほどである（91-290 DC du 9-5-1991，フ判336頁）。単一の「フランス人民」しか存在しないのだ，というわけである。

　つぎに，アメリカでの司法権の役割との対照である。もともとjudge-made lawの伝統を持つ英米法の伝統と対照的に，フランスでは，裁判の法創造性は建前として否定され（民法典5条は，判決［arrêt］の形で一般的規範［règlement］をつくることを明示的に禁止した。いわゆる法規的判決［arrêt de règlement］の禁止である），裁判官の政治・行政への介入はきびしく斥けられてきた（「自由な人民は判例なるものを持ってはならぬ」というロベスピエールの言は象徴的である）。第三共和制に入って，行政の法律適合性を確保し行政による権利侵害から人びとを保護する制度が形成されるが，そのしごとは，民刑事をあつかう司法権でなく，それとは別の行政裁判所にゆだねられた。立法の憲法適合性を裁判の方法によって確保し立法による権利侵害から人びとを保護する制度は，1958年憲法によって設けられた憲法院が1971年以降みずから積極的にそのような権能を行使するようになるまでは，否定されてきた。

　最後に，身分封建制を知らず，はじめから自由な諸個人の存在を想定できた新大陸とは対照的に，フランスでは，「人」権主体となるべき個人を身分制から解放することこそが，革命の主題となった（1789年宣言の列挙のなかに結社の自由が欠けていることの意味を含めて，前出2-1，2-2）。中間団体否認の思想は，

「人」権主体としての個人と，正統な権力を独占する「主権」の担い手としての国家の二極構造として，ひきつがれる。

以上のような対照をえがき出す二つの国家像を，トクヴィル＝多元主義モデルとルソー＝一般意思＝統合モデルと呼ぶことができるだろう[1]。

前者にあっては，社会的諸権力も正統性をもちうるという多元的権力並存モデルのもとで，社会の法が，訴訟当事者（特に法律家）を担い手として形成される判例というかたちであらわれ，立法の際にも，ロビイングというかたちでの諸利害の調整が，公然とおこなわれる[2]。

ルソー＝一般意思モデルの国家像のもとにあっては，国家権力だけが正統とされ，そのような集権モデルのもとで，立法府のつくる一般意思の表明としての法律（loi）が，法（droit）のあり方を独占し，判例の法源性は建前として否定されて，法律を執行する行政官僚が，優位に立つ。権利宣言は高く掲げられたが，それを実現するのはもっぱら，一般意思の表明としての法律を通してであり，そのようなシステムのもとで，権利は，実際上は，「法律（loi）によって統治される権利」に帰着する。フランスの憲法構造について stato-centrisme（国家中心主義），légicentrisme（法律中心主義）という言葉で表現さ

---

1) もともとこの二つの類型対比は，「トクヴィル＝アメリカ型」と「ルソー＝ジャコバン型」という定式化で，提示されたものであった。それに対し，ルソー＝ジャコバン型という呼び名，とりわけ「ジャコバン」の形容詞については，内外から批判がよせられてきた。「1789 年」が「1793 年」の段階を経ることによってこそ，フランス近代国家の型が定礎された，という歴史認識を前提にした呼び名であるから，そのような歴史認識が大いに論議を呼ぶ性質のものである以上，批判がむけられるのは，当然であろう（別の文脈で，鳴子博子「ルソー型国家とジャコバン型国家の不連続」池庄司敬信編・体制擁護と変革の思想［中央大学出版部，2001，171〜192 頁］は，「ルソー＝ジャコバン＝全体主義という定式に強い疑念」を提示する）。論争点の内容に立ち入ることをしない概説書のなかで，コントロヴァーシャルな表記を避けて，「トクヴィル＝多元主義」「ルソー＝一般意思」という表現にした（憲法［創文社，初版 1992］36 頁以下）が，実質の理解を変えたわけではない（近代国民国家の憲法構造［前出 29 頁註 4］39 頁註 1，81 頁以下）。
2) 『ザ・フェデラリスト』（前出 96 頁註 8）は，その第 10 篇で，「派閥（faction）の弊害とその匡正策」を論ずる文脈でのことであるが，「土地所有者の利益，製造業者の利益，商業利益，それに金融業者の利益はその他多くの群小利益群とともに，文明諸国に必然的に生ずる」としたうえで，「これら種々の相反する諸利益群を調整することこそ，近代立法の主要任務を構成する」と説いていた。

れてきたのは、そのような事態なのであった。

　もとより、二つのモデルは、M・ウェーバー流の意味での理念型であり、現実は、はるかに複雑に入りくんでいる。何より、1970～80年代以降のフランスでは、上にあげた三つの標識そのものが、目に見えて動揺してきている。

　「一にして不可分の共和国」という旗印は健在だが、80年代になって、一連の地方分権改革がすすめられており、ながらく拒否してきた「地域語・少数民族言語に関するヨーロッパ憲章」に署名する（99年5月）という変化もおこってきている（憲法院は違憲判断［99-412 DC du 15-6-1999, フ判54頁］を下し、批准と国内法の整備をめぐって、賛否両論が争いつづけている）。2003年におこなわれた憲法改正では、立法による分権化を促進するための規定（とりわけ72条の1および2、37条の1）が導入されると同時に、第1条の末尾に「そ［共和国］の組織は分権化（décentralisée）される」という文言が追加された。憲法院による違憲審査の活性化は、裁判作用の重要さを格段に高めたし、それとは別に、民刑事を担当する司法裁判所の役割も、より多くの注目をひくようになってきている。国家に対する「市民社会」のイニシャティヴの重要さ（前出11頁註6を見よ）についても、多くのことがいわれるようになってきた。

　ひろく論壇・思想界レヴェルでも、ルソー＝一般意思モデルによってえがかれるような近代フランス像から、意識的な離脱をおこなうべきだという論調が、有力になってきつつある。その典型が、フランス型政教分離厳格主義の維持の是非をめぐってたたかわされた論争である（なお、後出19-1を参照）。

　ここでいうルソー＝一般意思モデルに自己を同定する論考が[3]、ここでいうトクヴィル＝多元主義モデルとの対比を、Républicain 対 Démocrate という構図でえがき出してみせた[4][5]。その対比は、結局のところ、国家によって社会的諸権力からの自由を確保することの意味を重視するか、それとも、国家からの自由をもっぱら追求しようとするのか、の選択を問うことを意味する。いいかえれば、権利宣言によって国家権力を基礎づけ、「市民の要求によって万人の幸福に向う」ことを確保しようとするのか、それとも、権利宣言によって国家権力を制限し、「すべての人」がみずから「幸福の追求」の権利を行使で

きるようにするのか，の選択である[6]。

3) Républicain（以下 R）か Démocrate（以下 D）かの議論を，前者の立場を鮮明にしつつ提起したのが，レジス・ドブレであった。かつてゲバラの盟友として第三世界での反植民地闘争に加わり，ミッテラン政権初期にその補佐役をも務めたこの論客の説くところは，明快そのものであった。すなわち──：

D にあっては，「社会が国家を支配」し，R にあっては，「国家が社会の上に張り出している」「R は，利害の対立と条件の不均等を法律の優位によって抑制する。D は，契約というプラグマティックな方法でひとつごとに当事者の考えに従って利害を調整する」。学校の役割についての態度のちがいも，きわ立ってくる。──「R では，社会が学校に似るのであって，学校の任務は，自分たち自身の理性で判断できる市民を育てるところにある。D では，学校が社会に似るのであって，その第一の任務は，労働力市場に適応する生産者を育てるところにある……」。

なぜいま，ことさらに R を強調しなければならないのか。──「昨日，良心の自由・表現の自由のような個人の自律を脅やかすのは，国家とその機関だった。今日，最大の危険は，『市民社会』──貪欲さと仮面をかぶった不寛容との混沌──から来ているのだ」。Régis Debray, Etes-vous démocrate ou républicain?, Nouvel Observateur, 30 nov. -6 dec. 1989, p. 115 et s.（この論文の訳を含めて，ドブレ＝樋口＝三浦信孝＝水林章・思想としての「共和国」［みすず書房, 2006］）。近年では，「R から D へ」の移行がフランス社会の傾向といえること，「共和主義伝統」（ここでいう R）の中核をなしてきた政教分離の適用の仕方にもそれがあらわれていることについては，後出 19。

フランスで特に，19 世紀前半の一群の思想について「自由主義」が問題とされる。近年ではリュシアン・ジョーム（石埼学訳）・徳の共和国か，個人の自由か──ジャコバン派と国家 1793 年・94 年（勁草書房, 1998）がその代表である。ここで自由主義の対立物とされている「徳の共和国」とは，上述の Républicain の主張にあたる。それに対置して「個人の自由」といわれているのは，とりあえず上述の Démocrate に対応する。「とりあえず」と限定するのは，──この点がまさしく肝要なのであるが──19 世紀前半に語られていた「自由」は，厳格な意味での個人を主体とするものではなかったはずだからである。あるいは，すでに「個人」が独立していたと考えること自体，大革命によってルソー＝ジャコバン型の基線が敷かれたからこそであった。厳格な意味での個人は，Républicain の構図がいったん貫徹することによって，はじめて創出されるはずのものだからである。

ドブレによって論争的に強調された République の観念は，その 50 年前に，公法学・公法思想の側から，1939 年 2 月の講演でルネ・カピタンによって明快に提示されていた。──「république とは何か。ひとつの政府形態か？…そうではない」と発問し，自然と社会の力によって自由が侵害されることに対する国家の役割を強調して，こうつづける。──「国家は，自由を万人にひとしく保障することを任務とし，そのために，諸個人の自由を秩序立て，自由の相互保障を確保し，それらの確保に必要な秩序と公正を支配させるのである」（René Capitant, *Ecrits*

14-2 ルソー＝一般意思モデルにあっても，トクヴィル＝多元主義モデルにあっても，国家は，権利宣言によって根拠づけられるにせよ，制約されるにせよ，自然の存在ではなく，人為の構成物である。そこで想定されている近代国民国家 (Nation State, Etat-nation) は，「民族国家」と同義ではなく，それどころか，それと正反対の要素を含む。

ここでいう国民国家の nation とは，民族という自然の所与（エトノス ethnos）をまるごと前提としたものではなく，その反対に，自然の帰属集合体か

---

  d'entre-deux-guerres (1928-1940)［前出 44 頁註 2］)。

4) 論争提起は Républicain の論客によっておこなわれたが，論争に舞台を提供した論壇誌（前註参照）の編集委員のひとりは，標的とされた Démocrate に属し，かねて，『ルソーの誤り』という本を出していた (Jacques Julliard, *La faute à Rousseau*, Seuil, Paris, 1985)。それに対し，もう一方のアメリカで，連邦政府（中央権力）が解放者として果たす役割を過小に見てはならないとして「トクヴィルの誤り」を指摘する論説が公にされている (Henry S. Commager, Tocqueville's Mistake: A Defense of Strong Central Government, *Harper's*, vol. 269, no. 1611, August 1984, p. 70-74)。ルソー＝一般意思型とトクヴィル＝多元主義型のお膝元からそれぞれ，自国の属する類型への見直しが主張されたわけである。しかし，実は，ルソーを単純に権力集中，トクヴィルをもっぱら分権ととらえる常識が「誤り」なのである。関連して，ルソーとトクヴィルを対置する類型論を前提とした上でのことであるが，一方で前者における権力分立の要素（一般意思の表明としての立法と，その執行の峻別)，他方で後者における「統治の集権」の承認（「行政の分権」の強調との組合わせ）という面にも，注意を向ける必要がある（試論にとどまるが，拙稿「憲法学にとっての丸山眞男」丸山眞男手帖 35, 2005.10)。

5) 本文でのべた R と D の対置図式に対応する対比を，多様なエスニシティの「共生」という課題への「新共和主義」の対応と「ポスト共和主義」の対抗という形でとりあげるものとして，中野裕二・フランス国家とマイノリティ——共生の「共和制モデル」（国際書院, 1996) を参照。「共和主義」＝R という普遍的価値をフランス社会の成員に共有させることによってこそ「共生」を可能にするのだ，という伝統的な立場がなぜ今日批判に当面しているのかを問う著者が，「ポスト共和主義」に共感を示しつつも，「どのようにすれば共和制が『共和制モデル』の意義を取り戻せるか」，と課題を設定する。

6) 権利宣言を国家権力の根拠規範と見る立場と，国家権力の制限規範と考える見方を対置し，1789 年宣言（フランス）と 1791 年権利章典（アメリカ合衆国）とをそれぞれに対応させるものとして，Michel Troper, Jefferson et l'interprétation de la Déclaration des droits de l'homme de 1789, *Revue Française d'Histoire des Idées Politiques*, n° 9-1er sept. 1999, p. 3-23.

らいったん解放された諸個人がとりむすぶ社会契約という人為のフィクションによって，説明されるようなもの（デモスdemos）である。

フランスとドイツを対比し，一方に，demos -Staatsnation（国家構成員としてのネーション）－contract（契約），他方に，ethnos -Kulturnation（文化単位としてのネーション）－blood（血）という二つの系譜を対照させるのは，ドイツからフランスを見た公法学者の見解である。彼は，そのような類型化を前提として，「第三身分による憲法制定権の行使によってフランスというnationがつくられる以前には，それは存在しなかった。ドイツの場合とは反対に，革命前には，nationの構成要素となるべきだった共通のフランス語さえ，なかった」，と言う[7]。

実際，デモスとしての国民を創出する執拗な政策努力――まさにnation *builing* という言葉どおりの意識的な営為――が，フランス近代史を特徴づける。人為性を意識したうえでのフランス語の貫徹（地方語への抑圧），そして何よりも，国籍法制における出生地主義の承認と，宗教的出自を問わないかわり

---

[7] Ulrich K. Preuß, Constitutional Powermaking for New Polity : Some Deliberations on the Relation between Constitutuent Power and the Constitution, M. Rosenfeld (Ed), *Constitutionalism, Identity, Difference, and Legitimacy*, Duke University Press, Durham and London, 1994, p. 143. 厳密にいえば，ここでの対照が正確にあてはまるのは，1889年法によって国籍出生地主義が法制化されて以後のフランス（1993年法によって制限的な修正が加えられたが，出生地主義の要素そのものは維持されている）と，1999年法によって出生地主義の要素を導入することになる以前のドイツである。

用語法との関連でいえば，もっぱらプロイスのいうKulturnationにあたるものにnationという言葉を限定的にあて，そのような「nationの人質であることからStateを解放すること」「nationなきState」（State without nation）たるべきことを説くのが，スイスのフライナーである。そこでは，nationはもっぱら文化単位の資格で相互に共存すべきものとされ，その方途が，マイノリティの権利の問題として，State内部で保障されるべきことになる。Thomas Fleiner, State-Nation-Nationality-Minorities: New State Concept for a European Constitution, Th. Fleiner and N. Schmitt (Ed), *Towards a European Constitution,* Fribourg, 1996, pp. 17-39.

フライナーの説くところをふまえて，フランスについての分析を試みたものとして，高橋泉「政治－公共の領域としての〈State〉への執着――今日のフランス社会にみる憲法的思考(1)～(2)」上智法学論集43巻1号，2号（1999）。

に何人の宗教であれ公的空間(特に教育の場)に持ちこむことを禁止する政教分離という,「共和主義伝統」の創出である[8]。

そのような「共和主義伝統」は,総じてエトノスの要素を公的空間に持ちこませないことによって,多様な要素を統合することを志向する。ルソー＝一般意思モデルに対する関係ではトクヴィル＝「多元主義」という表現であらわされるアメリカ合衆国も,ここでの文脈では,まさしく人種のるつぼ(melting pot)のイメージが示すように,統合型に分類されてきた。それに対して,salad bowlの比喩が用いられるような状態,さらにすすんで,社会を構成するさまざまの単位,とりわけ民族ないしエスニシティの単位そのものを権利主体として登場させるような傾向があらわれる[9]。統合型の国民国家が「人」権

---

[8] 1889年国籍法制が,「共和主義伝統」の基本をつくった(「共和主義伝統」の中には,「武器を執る者が投票する」[aller aux armes, aller aux urnes]という要素が含まれていること,すなわち,国籍問題は兵役義務の問題と連動してきたことにも,注意が必要である)。フランスで出生した者を親としてフランスで生まれた子は,出生とともに国籍を取得し(二世代出生地原則),フランスで出生したのでない両親からフランスで出生した子は,成年に達したとき国籍を自動的に取得する。この原則は,二世代にわたるフランスでの生活,および,とりわけ学校教育による子どもの「社会化」という事実のもたらす効果を重視するものであった。近年の改正(1993, 98年)を経て,外国人の両親から生まれた子は,成年に達した日に,「フランスに居所を有し,かつ,11歳以降少なくとも5年間,継続的にあるいは非継続的にフランスに住所を有する場合,フランス国籍を取得する」こととされ,あわせて,16歳から18歳の子が同じ条件を充たす場合,届出により国籍を請求できることとなった。移民問題が強く意識される中で制定された1993年改正は,国籍取得の意思表示の必要を正面から導入するものだった点が,「共和主義伝統」からの離背でないかが,争われた。国籍取得の意思表示の中に,共和主義理念への諸個人の「意識的」コミットメントを読みとるという仕方で,「共和主義伝統」との継続性の弁明が行なわれたが,現実には,移民の子のフランス国籍取得を困難にすることをねらいとし,またそのような効果をもたらした。この点につき,93年改正法がその論理において——実際のねらいや効果以前に——共和主義伝統の「論理の根幹に抵触するものであった」ことを指摘するものとして,山元一「《一にして不可分の共和国》の揺らぎ——その憲法学的考察」日仏法学22号(2000) 17～22頁。憲法論にとって「国籍」を扱う意義について,なお,柳井健一「憲法学における国籍研究の意義・試論」同・イギリス近代国籍法史研究——憲法学・国民国家・帝国[日本評論社,2004]所収。

政教分離については,後出19参照。

——帰属単位から独立した人一般としての個人が主体となる権利——の観念に適合的に対応するのに対し，エトノス共存型の国家は，より，集合単位そのものの権利，少なくとも，そのような単位への帰属を理由とする個人の権利の観念と，接合しやすい（後出 20）であろう。

---

9) 1980 年代以降のアメリカのそのような傾向を憂慮するのが，1991 年出版の A・シュレジンガー・アメリカの分裂——多元文化社会についての所見（前出 94 頁註 3）である。なお，「共和主義伝統」をひき継いできたフランスでは，多元主義ないしエトノス共存型のモデルを想定する主張も，〈communautarisme〉という言葉を回避する。この国の文化伝統のもとでは，「コミュノータリスム」という言葉は，どのような立場にとっても，否定的含意を持つものとして受けとられている。

15 ド イ ツ——Pluralismus v. politische Einheit

15-1 近代国民国家の形成という点でイギリス，フランスのあと追いをする立場になったドイツは，神聖ローマ帝国と領邦諸国のあいだでの権力の多重性からくる多元主義の伝統を，その後も色濃く残すことになる。1871年ドイツ帝国憲法のもとでも，統一ドイツが諸国家連合 (Staatenbund) にとどまるのか，それとも連邦国家（Bundesstaat）となったというべきかについて，ひとしきりの論議が必要だった。身分制の伝統を背景にした社会諸集団の自律，および，それと結びついた社団的（korporativ）な自由という観念は[1]，フランス流の個人主義的自由と対照的に，多元主義への傾向を持つものであった。

そういう一般的傾向に対して，政治的結合体＝ポリス＝国家の一体性 (politische Einheit) への強い執着を示す主張があった。「政治的統一」と「国民の完結性」とが「絶対君主政の政治的完結性の結果として成立」した，とのべると同時に，国家権力の「強度の統一と不可分性」を実現したフランス革命の「政治的に偉大な点」を強調するカール・シュミットがそうである[2]。このような理論傾向は，論理的に，国家と諸個人の対極構造を前提とした個人主義的自由観と結びつくはずであり，上述の社団的な自由の観念と対照的な座標位置を占めるはずであろう。

戦後（西）ドイツは，基本法の第1章として「基本権」条項をおき，その冒頭で，「人間の尊厳は不可侵である。これを尊重し，かつ保護することは，すべての国家権力の責務である」（1条1項）と定める。ナチス体験の総括をふまえた「人間の尊厳」への言及それ自体はひろいコンセンサスの対象となってい

---

1) ドイツでの身分的自由の伝統が立憲主義に対して持つ意義について，村上淳一「ドイツ市民社会と職業身分制」法学協会雑誌99巻11号（1982），特に1665頁註10，関連して，同・近代法の形成（岩波書店，1979），特に113頁以下。
2) シュミット・憲法理論（前出98頁註12）63〜65頁。彼は，上記本文で引用した一節のなかの「統一と不可分性」を，わざわざ，unité et indivisibilité というフランス語にして言い直している。彼によってそのように照らし出されたフランス革命の近代憲法にとっての意義は，中間集団を担い手とする多元主義構造を原理的に否定して「政治的統一」を実現したところにあった。そのようなシュミットが，中間集団を憲法上認知しているワイマール憲法の条項を説明するために持ち出した「制度保障」の観念については，後出 21-2 を見よ。

るが，基本権理解の仕方について多様な見解が交錯しており，その根底には，社団的基本権観と個人主義的基本権観の対照が見られる。

もともと，古典的な公法理論は，国家からの自由を眼目としていた（「財産と自由」Besitz und Freiheit）。但し，それを自覚的に，政治的統一体としての国家によって社会の身分的制約からいったん解放された個人の自由，としてつきつめる考え方は，大勢を占めなかった。多くの場合，ドイツのリベラルたちにとっては，国家からの自由は，「社会」からの個人の解放という経過点を強調するよりも，「市民社会」(bürgerliche Gesellschaft) の自由として考えられた。しばしば，「国家と社会との二元主義」と呼ばれるのは，そのような立場を指してのことである。国家と「社会」との関係で自由ないし法治国原理を強調することとなるそのような立場に対し，国家を「社会」の一形態と見る一元主義が，現代型の思考として有力となる。そこでは，国家からの・消極的自由よりも，社会の一機能としての国家作用の積極的側面の方が，強調される傾向にある[3]。

上述の二元主義と一元主義の対照軸とは別の観点からする一元論・二元論・三元論という整理の仕方がある。1789年宣言のフランスを，自由と国家の合致を想定する一元論 (Identität)，1791年修正条項のアメリカ合衆国を，自由と国家の敵対関係を基礎におく二元論 (Dualität)，1848年フランクフルト憲法のドイツを，個人と社団 (Körperschaft) と国家の鼎立を考える三元論 (Trialismus) としてえがき出す見解[4]が，そうである。

---

3) そのような対置を前提として，「旧傾向」＝二元主義＝シュミット学派，「新傾向」＝一元主義＝スメント学派という対比をえがく見地からの，興味深い議論が，日本でなされている。特に参照，栗城壽夫「西ドイツ公法理論の変遷」公法研究 38 号（1976），藤田宙靖「E・W・ベッケンフェルデの国家と社会の二元論的対立論――現代西ドイツ公法学研究ノート」(1976) 行政法の基礎理論・上巻［有斐閣，2005］所収，同「法現象の動態的考察の要請と現代公法学――R・スメントについての覚え書き」(1977) 行政法学の思考形式［木鐸社，増補版 2002］所収，渡辺康行「『憲法』と『憲法理論』の対話(1)～(6・完)」国家学会雑誌 103 巻 1＝2 号 (1990)～114 巻 9＝10 号 (2001)。

4) Jörg-Detlef Kühne, Die französische Menschen-und Bürgerrechtserklärung im Rechtsvergleich mit den Vereinigten Staaten und Deutschland, *Jahrbuch des öffentlichen Rechts der Gegenwart*, Neue Folge/Band 39 (1990), 特に S. 52.

「国家と社会の一元主義」と呼ばれているものが、実は、ここでの「三元論」とむすびつく。国家と社会の一元主義は、国家をも「社会」の一形態としてとらえるという意味で「一元」的なのであるが、その際に、諸個人および国家と並ぶものとして社会集団の存在を自覚的に積極的にみとめるならば、個人・国家・社会の「三元論」となるからである。それに対し「国家と社会の二元主義」とは、実は、個人との関係での独自性を自覚的には承認しないで「社会」を考えるから、その社会が、国家との間で「二元」的な対抗場面をつくる。他方、フランスを自由と国家の「一元論」というとき、それは、自由の主体となるべき個人が、身分制秩序から国家によって解放されることにより成立したという意味で、解放者としての国家の側面を強調し、それと自由とを「同一視」するのである。

ところで、「新傾向」＝「国家と社会の一元主義」＝実は国家と個人と社会集団の「三元論」は、自覚的に、社会集団の憲法上の位置を論ずる。そのような理論傾向の代表者のひとりの論文「民主主義憲法理論の対象としての諸団体」は、「社団的 (korporativ) な、いってみれば集団動態的な基本権理解」を提示する[5]。その際、「集団の内部での、集団をもってする、そして場合によっては集団との関係での、また集団に対抗する個人の自由」(Freiheit des einzelnen in, mit und gegebenenfalls auch vor der und gegen die Gruppe(n)) を問題にし、集団と個人の自由が対抗関係に立つ可能性があるからといって「集団志向的な出発点」を改めなければならぬわけではない、と弁明する。

ところで、そこでは、「憲法問題としての団体」についての「八つの命題」のひとつとして、「国家による裁判独占の結果」としての「立憲国家の、権利保護の任務」が「市民の自由の利益のために、団体の力を裁判所を通して規律する」、ということが強調されている（日本の「法人の人権」「部分社会」論との対比で、後出 16, 27）。このような構図で語られる「korporativ な基本権理解」は、

---

5) Peter Häberle, Verbände als Gegenstand demokratischer Verfassungslehre, *Zeitschrift für das Gesamte Handelsrecht und Wirtschaftsrecht*, 145 (1981), S. 488, 490, 503. 彼の諸論稿の邦訳として、ペーター・ヘーベルレ（井上典之編訳）・基本権論（信山社、1993）、同（井上典之＝畑尻剛他訳）・文化科学の観点からみた立憲国家（尚学社、2002）。

その用語が想像させるのとはむしろ対極的に，私的自治に対する裁判による国家干渉を積極的に主張する方向とむすびつく可能性をも持つであろう。

15-2 国家の基本権保護義務（grundrechtliche Schutzpflicht）という観念が，1970年代以降，論ぜられることが多い[6]。

堕胎罪規定をゆるめ，妊娠12週以内の中絶を不処罰とした1974年刑法改正を違憲とした連邦憲法裁判所判決は，胎児が妊娠の最初期から憲法の保護を享受する法益だとするとき，「あらゆる人間生命を保護すべき国の義務」が「基本法2条2項第1文からただちに導出され」，「同第2文の明文の規定からも生ずる」とのべた。判決はこの義務を，「生成途上の生命に対する国自身による直接の侵害を禁止するだけでなく，この生命を保護し促進することを国に対して命ずる」として，胎児の生命を「他者の違法な侵害から防禦すべきもの」と性質づける（39 BVerfGE 1, 1975, ド判67頁）。

国の基本権保護義務という考え方は，その後の一連の裁判例でも受けつがれており[7]，この観念をめぐっては，学説上，さまざまの整理・評価が交錯している。

第一は，国の保護義務が，保護を享受する当事者と保護義務の主体としての国家と，保護のための国家介入を受ける第三者という三極関係の構図を前提としていることにかかわる。

国家からの自由という古典的近代公法の要請を基準とする立場からすれば，そのような三極関係を想定したうえで国家による救済を，国家の側の義務にま

---

6) この主題についての日本で最も包括的な研究として，小山剛・基本権保護の法理（成文堂，1998）がある。日本での講演を中心とした編著・ヨーゼフ・イーゼンゼー（栗城壽夫＝戸波江二＝嶋崎健太郎編訳）・保護義務としての基本権（信山社，2003）。

7) 大規模技術の場合の例として，1978年の連邦憲法裁判所判決がある。原子力法7条が高速増殖炉型原子力発電の設置を可能にする限りにおいて基本法に適合するか，の判断について上級行政裁判所からの移送を受けた憲法裁判所は，基本権保護義務に違反しない，と判示した（49 BVerfGE 89, 1978, ド判369頁）。もっとも，その後，原子力発電をめぐる論点が政策選択の一つの重要論点となり，実際には1991年に本件炉の運転開始の断念の決定があった。生命倫理に関しては，前出10-1，10-2を参照。

で高める形で強調することは，自由の相対化をひき起こす危険な方向だとされる[8]。

　他方，国家の基本権保護義務の観念を肯定的に受け入れる論者のなかでも，この観念の性格をどうとらえるかについて，二つの見地が分かれる。それを，国家からの自由＝近代に対して，現代社会の要請を反映したものととらえるのが，ひとつの立場である。それに対し，あくまで近代の論理によって，この今日的な観念を説明しようとする論法がある。後者によれば，基本権の内容はもともと，国家および社会に向けられた価値規範だったのであり，革命期フランスの憲法制定議会がまずしたことも，国家からの・個人の主観的権利としての防禦権としてよりも，国家により・客観的な・価値秩序を構築し，それを社会にむけてつらぬくところにあったはずだ，というのである[9]。

　第二は，国の保護義務が実定法秩序のなかでどういう形式で追求されるのか，にかかわる。それが立法者を通しておこなわれるべきとするのか，何より裁判所によって強制されるものなのか。前者であれば，憲法上の保護義務によって示された目的に沿って，広い範囲での手段選択の余地が立法府に残されるのであるから，近代型憲法構造との連続性はそれだけ説明しやすくなるだろう。後者であれば，古典的自由主義・法治国家から「裁判官国家」にむけての転換の要素が，それだけ強くなるだろう。

　この点に関し，裁判所の介入の限界の線引きをめぐる議論が，「過小保護の禁止」（Untermaßverbot）という指標をめぐって争われている。この指標は，第2次妊娠中絶違憲判決（88 BVerfGE 203, 1993，ド判Ⅱ61頁）で，立法府の定

---

[8]　基本権保護義務の観念に基本的な疑念を表明しつづける代表的論者は，ベッケンフェルデ（Ernst-Wolfgang Böckenförde）（初宿正典編訳・現代国家と憲法＝自由＝民主制［風行社，1999］）である。彼は，「政治に対する法の優位が究極的に実現するのか，それとも，この道は，……食い止められなければならないはずの憲法裁判官の政府」を意味するのか，と問い，「進行しつつある憲法構造の改造を回避」するためには，──裁判上請求可能な──基本権は，国家権力に対する主観的自由権に『すぎない』……ということを堅持しなければならない」と説く（377～379頁）。他方で，基本権保護の観念に強い関心を寄せる側からの論考として，ペーター・ヘーベルレ・基本権論（前出110頁註5）。ちなみに，ベッケンフェルデは前述（前出109頁註3）のシュミット学派，ヘーベルレはスメント学派の代表として，しばしば引き合いに出される。

立する保護立法が基本法の要請する保護の水準に比して「過小」であってはならないことを示すために，用いられたものである。

ところで，「人間の尊厳」を不可侵とし，「これを尊重することは，すべての国家権力の責務である」という基本法1条1項のもとで，国の保護義務は，上述のような三極関係を前提として，個人と社会を含む他の二者関係に介入することにより私的自治に限定をくわえるものにほかならない。そのことは，戦後（西）ドイツの基本権論議をきわ立たせてきた二つの基本観念と，どうかかわりあうのか。

一方で，基本権の第三者効（後出16）の観念がある。それは，私人の権利主

---

9) 基本権保護義務を，端的に立憲国家の国家目的論から説きおこすイーゼンゼーは，「保護義務は，防禦権よりも発生的に古い，立憲国家の地層に属する」として，国家の権力独占＝主権が領域内の闘争と復仇と自力救済を克服して安全を確保したのだ，と指摘する。そのつぎの段階として国家による侵害からの自由，そして第三の国家目的として「社会的安全」が問題となったのだ，というのである。こうして彼は，保護義務・防禦権・社会権の三つが，その順序でピラミッドを積みあげているという図式をえがく。「国家の安全確保義務が憲法によって形式上確認されていないのは，それが憲法の現実の適用の前提なのだからである。規定されていてもいなくとも，それは，実質的意味の憲法をなしている」(Joseph Isensee, Das Grundrecht als Abwehrrecht und staatliche Schutzpflicht, Isensee u. Kirchhof (Hrsg.), *Handbuch des Staatsrechts*, Band V, C. F. Müller, Heidelberg, 1992, S. 162-163, 186-187)。そのような主張をするについて彼は，フランス革命期の憲法思想と人権宣言が国家の安全確保義務を正面から論じていたのに，19世紀の憲法条文からそれが消滅し，「安全」はひとつの権利の問題としてしか扱われなくなった，と述べている (a. a. O., S. 159-160)。

基本権保護義務の近代性（現代性でなく）を強調する際に，ディーター・グリムは，アメリカ合衆国とフランスでの基本権成立史を引照する (Dieter Grimm, Rückkehr zum liberalen Grundrechtsverständnis?, in *Die Zukunft der Verfassung*, 2. Aufl., Suhrkamp, Frankfurt a. M., 1994, S. 221-240)。彼によれば，アメリカ革命はすでに自由な社会秩序を所与のものとしていたのであり，「統治権力の交代可能性と権力濫用の予防」に努力を集中することができた。それと対照的にフランスでは，強固な旧体制をとりかえるために，基本権は，「国家を制限のなかに追いやる」というより，立法者に対し，基本権適合的な新しい実定法秩序を創設させることを目的とした。こうして，アメリカの基本権が主観的な・防禦権として構想されたのに対し，フランスの基本権は，「社会秩序の至上の指導原理」として機能することとなった，というのである（同様な理解として，前出99頁註13のHolmesおよび104頁註6のTroper)。

張の利益にまで裁判所＝国家が介入することによって，基本権に含まれる価値理念を――積極的に――実現しようという方策だからである。他方で，「たたかう民主制」（後出 23）の観念がある。それは，私人の行為を憲法の名において国家（終局的には連邦憲法裁判所）が禁圧することを通して，基本権理念を――消極的に――防衛することを標榜するものだからである。

　そのような意味で，1970～80 年代以降論ぜられることの多い「国の基本権保護義務」論の意義と問題性は，これら二つの――あまりに周知の――観念をひきつぐものといえる。そして，それらに通底する基本問題として，基本権保障における初期近代→確立期近代←現代，そして人のいう「ポストモデルネ」の間の緊張と連続を，まず歴史認識としてどう理解するのか，そのうえで，法解釈論としてどの妥当な線を見定めるのかが，問題となる。その見定めのしごとには，まさに"Jurisprudenz"の，prudentia にふさわしい「賢慮」が求められるだろう。

第3章　いくつかの今日的問題
　　　　——二項対比のなかで考える——

　この章では、基本権保障の実定憲法上のあらわれを、いくつかの今日的問題を素材にして、比較考察する。その際に、それぞれの主題について対抗的な緊張関係にある二つの価値を対比させながら、論点を浮かびあがらせるというアプローチをとることにしたい。実際の法的解決は、二項対立の中間点に妥当な線引きをすることによってもたらされるにしても、そのような実践上の知恵自体が、二項対立型の思考によっていったん「何が問題なのか」をつきつめてみることを通してこそ、意味あるものとなるはずだからである。

16　私的自治 v. 憲法価値[1]——基本権の私人間適用を中心に

16-1　一般になじんだ図式によれば、近代法は、私法と公法の二元構成から成り、憲法は、国民私人と国家の公権力との関係を規律する規範として、説明される。その際、19世紀型の憲法は、立法府を中心にした公権力の組織という手続的枠組を定めることを眼目とし、実体的価値については中立的態度をと

---

[1]　実は、本文でのべるように、私的自治という形式枠組それ自体もまたひとつの憲法価値とされるからこそ、基本権が担う実質価値との緊張が、憲法論の対象となるのである。その意味で、この見出しは注釈を要する。ここでは、伝統的に私法秩序と憲法とを切り離して考える思考にひとまずのっとって、私的自治 v. 憲法価値という対置をしたうえで議論を進める、という手法を採ったのである。私的自治それ自体が憲法価値であることを正面から論理化するものとして、私的自治を「自分の生活空間を主体的に形成する自由」と定義して憲法13条（幸福追求権）により根拠づけ、「市民の生活空間の形成に関して法的な禁止や命令が行われない」保障のもとに契約自由を想定する、山本敬三・公序良俗論の再構成（有斐閣、2000）序章、第1章がある。

　なお、「私的自治」の観念については、「意思自治」との異同について、思想史の背景にもさかのぼる論点がある。それについて、星野英一・民法論集・第7巻（有斐閣、1989）117頁以下の「意思自治の原則、私的自治の原則」（初出1984）。ここでは、そのような思想・学説史上の文脈からさしあたり離れて、私法秩序の自律性の価値を説く立場をひろく「私的自治」と呼び、その中で意識的に、「当事者とし

る，という構図をえがいていた（憲法の価値中立性と議会中心主義)[2]。それに対し，第2次大戦後の憲法は，憲法自身が基本価値へのコミットメントを掲げるという傾向を持つ（典型として戦後（西）ドイツ基本法）。違憲審査制が採用されるのと相まって，それまでもっぱら公権力と私人の間に適用されるものとして扱われてきた基本権条項の効果を，国民私人間の関係にどこまで及ぼすべきか，また及ぼすことができるかが，問題とされるようになる。

私法と公法の二元論，したがって私的自治への憲法価値の不介入，という図式は，社会と国家を対置する「近代」像のもとでは，ごく自然に受け入れられてきた。しかし，そのような「近代」像は，実は，自明のものだったわけでは

───────────

ての自分の意思が自己を拘束する」という正統化根拠を重視するときに「意思自治」という言葉を使うことにする。同じく私人間の関係といっても，契約という，当事者の意思の存在を前提として成立している関係で生ずる基本権侵害の問題と，事実行為によって生ずる基本権侵害の問題とがあり，これら両者を区別するのに役立つからである。前者の場面では契約当事者の意思による自己拘束が「自治」の積極的根拠をなすのに対し，後者の場面では，立法が介在しないかぎり──立法という介入形態を前提としないかぎり──私人間の関係に国家は関与しないということ自体が，「自治」の自己正統化の論拠となっている。なおこの点に関しては，現に両方を「私的自治」の問題としてひっくるめて扱っている傾向を批判し，意思自治を語ることができる場面でだけ「私的自治」という観念を使うべきだとする趣旨の指摘がなされている。「私的自治とは無縁の事実的侵害にまで私法の"クッション"をはさみ込む理由はない」（棟居快行・人権論の新構成［信山社，1992］1～13頁），「事実行為による人権侵害が問題となっている場合には，『私的自治』の原則が問題とならない」（木下智史「私人間における人権保障と裁判所・再考──私人間効力論を越えて」佐藤幸治先生還暦記念・現代立憲主義と司法権［青林書院，1998］238頁），など。

大村敦志・生活民法研究Ⅰ・契約法から消費者法へ（東京大学出版会，1999）は，戦前の末弘理論が契約の領域（＝私的自治）を公法（＝公権力）への従属から解放しようとしたことの意味をうけとめた（178頁）うえで，「公法」秩序が「私法」秩序を「支援」し，「私法」秩序が「公法」秩序を「強化」する，という図式を構想する（201～202頁）。さらにさかのぼって，広中俊雄・新版民法綱要・第1巻・総論（前出42頁註9）の提唱する「外郭秩序」──市民社会の「財貨秩序」と「人格秩序」の外郭にあってそれを支える「競争秩序」と「生活利益秩序」──の観念が，示唆を与える（特に3頁以下，85頁以下）。この論点についてなお，吉田克己・現代市民社会と民法学（前出20頁註17）267頁以下。

ない（前出 13-2, 14-1, 15-2）。

　私的自治，その根拠としての意思自治の原則を端的に表明した条項として有名なのが，「適法に形成された契約は，当事者間で法律に代わる効力を有する」と定める，フランス民法典（1804年）1134条1項である。そして，そのような私的自治がおこなわれる社会が成り立つための条件が，フランス革命——したがってそのシンボルとしての1789年宣言——によって提示されていた，とい

---

2) 憲法の定義を示す文脈でケルゼンが「国家の最高諸機関に関する規範」すなわち「組織規範」を「狭義の憲法」——「憲法」にとって核心をなす要素——,「国民と国家権力の関係に関する規範」すなわち「いわゆる基本権または自由権の目録」を「広義の憲法」とする説明を与えていたのは，示唆的であった（ケルゼン・一般国家学［前出4頁註8］422頁）。

う関係がここでは重要である[3]。何よりも，そのような「社会」は，宣言16条が「権利の保障が確保されず，権力の分立が定められていない社会はすべて，憲法を持たない」とのべる条件を，充たしていなければならない。この文言で，

---

3) 民法典の起草者たち自身が，1789年人権宣言との関係を強く意識して仕事をした，というわけではない。二つの文書の論理的連関が，ここでの問題なのである。そして実際，のちに憲法院が，1999年の一判決で，そのような，「民法規定の憲法化」というべき論理的連関を，現行法の解釈論として浮かびあがらせている。

　もともと，フランスで「社会のconstitutionとしての民法典」（J・カルボニエ）という言い方がある。民法典が社会の基本法だとしたら，そのことは，立法府は民法典を尊重すべきだ，ということを意味するだろう。といってももちろん，民法そのものを基準として立法の民法適合性を問題にする仕組みがあるわけではない。それならばそれで，1958年憲法以前——正確には1971年判決以降，憲法院がみずから「憲法ブロック」を基準とした法律違憲審査をおこなうようになる前——に，「立法府は1789年宣言を尊重すべきだ」という言いまわしが意味していたのと同じ意味で，立法府の心構えという次元に終始する話なのだろうか。

　その点に関連して，ひとつの憲法院判決（99-419 DC du 9-11-1999，フ判98頁）が，興味深い素材を提供する。いわゆるPACS法＝婚姻外共同生活協定法（この法律については，後出18-1）の合憲判示のうちでとりわけ，「1789年の人および市民の諸権利の宣言4条から，他人に損害をひき起した者のいかなる行為も，非行によって損害を生じさせた者をして，損害を賠償する義務を負わせる，ということが帰結する」，とのべた箇所に注目が集まった。

　1789年宣言4条は，「自由とは，他人を害しないすべてのことをなしうることにある。……」という規定であるが，憲法院は，この条項をいわば導入口として，民法の原則に，違憲審査の基準としての効力を与えたことになる。実際，憲法院が宣言4条から「帰結する」としてのべた文章は，民法典1382条の正確な再現にほかならなかった。こうして，民法典1382条は，それより「時間的には事後の再構成」によって，「内容は民法典の中に記されている」が「その根拠は別のところ，それより以前の条文，まさしく『1789年宣言4条によって示された憲法上の要請』の中に」位置づけられた。「民法典1382条の巧妙な憲法規範化」と評されたゆえんである（Dominique Rousseau, Chronique de jurisprudence constitutionnelle 1998-1999, in *Revue du droit public*, 2000, n°1, p.25-27）。もっとも，評者は，「宣言の憲法としての効力が1789年に明確に了解されていたわけでなかったことを忘れる，という条件つきで」，とつけ加えるのを忘れてはいない。彼は，「宣言4条の第一文を，民法典1382条の根拠としての役割をそれに演じさせうるような仕方で読むのを承諾する」という条件とあわせ，これらの条件を充たすのは「法のマジック」に属すると評する。

　なお，「民法規範の憲法化」という主題に関しては，日本の裁判例の中にも，興味深い思考素材がある（後出16-3）。

「憲法」を持つ主体が「社会」とされていることに，注意が向けられてよいし，17カ条から成るこの宣言に，普通に「国家」を指して用いられる Etat という言葉が一カ所も出てこないことも，留意に値する[4]。ここでは，諸個人によって自然権の保全を目的としてとり結ばれる「政治的結合（＝ポリスという結合）association politique」（宣言2条は，「およそ政治的結合の目的は，人の自然かつ時効によって消滅することのない諸権利の保全である」とのべている）とは，国家であると同時に「社会」なのであった。

他方，出来あがった1804年民法典では削除されることとなった草案の「序編」のなかに，loi（法律）の定義が，示されていた。そこでは，「統治者と被治者との関係，および cité の各構成員と他の全構成員との関係を規律する」ものが，lois constitutionnelles et politiques（国制と政治の諸法律）とされ，「市民相互間の関係を規律する」ものが，lois civiles（民事の法律）とされている[5]。上の訳文であえて訳語をつけなかった cité こそ，association としての国家，すなわち，「社会」という言葉の中に包括される国家なのだったと考えられる。そのようなものとしての"cité"の「各構成員と他の全構成員との関係」もまた，「国制と政治の法」に属するものとされ，従って憲法の規律領域と考えられていたのであった[6]。

---

4) この点に注意が向けられることは，しかし，稀である。その稀な例として，「公共圏の歴史的創造」を論ずる歴史家が，私の言う「ルソー＝ジャコバン型国家」というとらえ方を位置づける文脈の中で，「いわば国家それ自体を『アソシアシオン』的なものとして仮構するものと言えるだろう」と的確に指摘している（東島誠・公共圏の歴史的創造──江湖の思想へ［東京大学出版会，2000］13頁）。

5) 星野英一・民法のすすめ（岩波書店，1998）71〜72頁を参照。

6) このことは，19世紀型近代憲法が国家－社会の二元論を前提として核心に据える「国家からの自由」が，それに先行する，「社会からの・国家による個人の解放」を必要としていた，という歴史をあらためて認識させるだろう。この論点につき，阪口正二郎・立憲主義と民主主義（前出98頁註10）とりわけ229頁以下を見よ。念のためにいえば，ここで「国家による自由」という言葉が使われるとき，あくまで「からの自由＝妨害排除」が問題なのであって，J・S・ミル流にいえば，political oppression と social tyranny とを区別したうえで，後者すなわち「社会的権力」「からの自由」を国家介入によってでも確保する，ということなのである。「国家による自由」という観念を社会権の意味で使う用法もあるだけに，念のため重ねて註記しておく（前出86頁註6）。

このような，フランス革命期の社会＝国家観は，重要なことがらを示唆してくれているはずである。19世紀型の近代憲法が「国制と政治」すなわち「憲法」の取り扱う枠の外に置くことのできた私人間関係が，ここでは，「cité の構成員と他の全構成員との関係」という定式のもとで，「憲法」の関心のなかにひき込まれていたからである。

民法典＝私的自治と人権宣言＝憲法価値との間の論理的連関は，「私法規範の憲法化」とともに「憲法規範の私法化」の可能性を，もたらす。「私法規範の憲法化」は，私人間を規律する民法規定が憲法としての形式的効力を備えることによって違憲審査の準拠規範となることを意味する。「憲法規範の私法化」は，憲法規範が公権力に対する関係でだけでなく，私人間でも効力を持つことを意味する。それは，他の諸国で「基本権の私人間効力」という項目で問題にされてきたことにほかならない。

もともと，社会契約論という論理的擬制によって説明される国家は，「人は人にとって狼」（ホッブズ）だからこそ，その必要性を論証されたものだったはずである。だからこそ，自然状態（state of nature）を去って civil or political society すなわち国家をつくる必要があるとされていたはずであった[7]。「社会」＝私的自治と「国家」＝憲法規範の二元性という観念がひろく定着する段階[8]に先立って，近代社会には，そのような，いわば母斑が刻印されていたはずであった。

ところで，違憲審査制という制度上の枠組が一般化してゆくなかで，基本権の私人間効力という主題が論ぜられるとき，その議論は，本来公権力に対する関係で想定されてきた基本権保障の効果を，どのようにして私人間にまで引きおろしてくるか，という座標設定のうえでおこなわれることとなる。ドイツで

---

7) civil or political society という言い方に接するとき，語源としての civitas（ラテン語）と polis（ギリシャ語）が同義語だったことが，つねに想起されるべきである。

8) この段階の最中にあってなお，国家による圧迫（political oppression）からの自由と同等以上に，社会そのものの専制（social tyranny）からの自由の問題が重要であることを力説して，のちに違憲審査制という制度枠組のもとで浮上する基本権の私人間効力という論点を先取りしていたといえるのが，J・S・ミルの自由論であった（前出 2-4）。

の第三者効力論 (Drittwirkung)，アメリカでの State action 論がそうである。それに対してフランスの学説は，「それにひきかえフランスでは，重要な実益ある問題でありながら，この問題はあまり関心をひかなかった。私人間関係への基本権の効果という問題へのこの相対的無関心は，大部分，私人が憲法によって保障された基本権によって義務づけられた存在でありうることを，フランスの理論が一般的に困難なしに承認しているという事実によって，説明できる」[9]とのべている。実際，「困難なしに承認」されてきたことを例示するのは，容易である。

基本権論の教科書の著者で，前・憲法院判事でもある論者は，「誰に対する」(contre qui) 自由か，と問題を出して，第一に「他人に対し」(contre les autres) を挙げて 1789 年宣言 4 条 (前出 118 頁註 3) に言及したうえで，第二に「集団に対し」(contre les groupes)，そして第三に「国家に対し」(contre l'Etat) と並べている[10]。もうひとりの論者の端的な表現も，ここで引用に値するだろう。——「立法権者も命令制定権者もすることのできないことを私人が実現できる，ということを承諾」できるものだろうか[11]？ 同じような表現は，民法学の側からも言われている——「……憲法院が法律に対して認めてい

---

9) Louis Favoreu (coordinateur), *Droit des libertés fondamentales* (前出 34 頁註 6), p. 183.
10) Jacques Robert, *Droits de l'homme et libertés fondamentales*, 6 éd., Montchrestien, Paris, 1996, p. 22-23.
11) Philip Ardant, *Dalloz*, 1978, p. 541. ——その表現は，期せずして，ドイツで基本権の私人間適用について，通説・判例といえる間接適用説を批判する直接適用論者の言いまわしに対応している。法律の留保によって立法者に与えられた侵害権限より大きな侵害権限を私人が持つことはない，というのがそれである (Walter Leisner, *Grundrechte und Privatrecht*, Beck, München, 1960, S. 384 ff.)。

るよりも優越する特権を，私人が持つことも，ありえない」[12) 13)]。

　近年になってつくられた憲法には，基本権の私人間効力に言及するものがある。1975年ポルトガル憲法が，「権利・自由および保障手段に関する憲法上の規定は，公私いずれの主体にも直接に適用され，これらを拘束する」(18条1項)とのべているのは，その顕著な例である。1999年スイス連邦憲法(2000年1月1日発効)は，「公務所(Behörde)は，基本権が，それに適している限りで，私人間においても効力を持つよう配慮する」(35条3項)，という規定の仕方をしている。しかし，多くの憲法はその種の明文を持たず，立法が問題を解決していない限り，裁判の場面で議論が展開されることになる。

　その際，基本権の私人間効力という主題そのものは前述のように，近代初期にさかのぼる思想史的系譜につらなるものなのであるが，19世紀型近代の，「国家からの自由」という基本構図に拘束された憲法伝統のもとでは，「どこまで私人間関係に下降できるか」という座標のうえで議論がおこなわれる。そのような実定法適用の場面で豊富な批判・学説の集積を提供するのが，違憲審査制の二つの典型でもあるアメリカ合衆国とドイツ連邦共和国である。

16-2　司法権の行使の場面で，訴訟当事者の主張を受けて憲法適合性審査がおこなわれるアメリカ合衆国で，どのような論理構成が見られるか[14)]。

　巨大私的団体の社会的権力としての性格を強調し，それらの組織構造とその

---

12) Nicolas Molfessis, *Le Conseil constitutionnel et droit privé*, L. G. D. J., Paris, 1997, p. 245-250 は, La protection des "libertés publiques" という項目の下でこの問題を論ずる。

13) 実際にも，違憲審査という枠組がそもそも欠けていた制度のもとで（この点については，現在もなお，具体的事件を前提として適用法令の憲法適合性を争う制度は存在しない），民事裁判所が，1946年憲法前文1項（人種による差別の否定）を援用して，受遺者がユダヤ人と結婚した場合には遺贈を取り消すという遺言条項を，民法900条にいう「不能な条件」を定めたものゆえ違法とする判決を下している（1947・1・22 セーヌ民事裁判所判決）。

14) 全般にわたって，芦部信喜による，「人権保護規定の私人間効力」(1964)以下の研究が参照されるべきである。同論文を含めて関連論稿が収録された『現代人権論』（有斐閣，1974），『憲法訴訟の現代的展開』（有斐閣，1981），および，芦部編・憲法Ⅱ人権(1)（有斐閣，1978）第1編第2章。

行使権力の巨大性ゆえにそれを「私的政府」(private government) に見たてることによって，その行為に憲法が直接に適用されるべきだと説くのが，政府類似理論 (looks-like government) である。それに対し，一般には，多少ともより具体的に私人の行為を公権力の行為と同視する説明を媒介として，私人の行為に憲法を適用することを主張する。「ステート・アクション (State action)」法理の名で呼ばれるこの考え方には，いくつかの類型が含まれる。

第一には，私人の行為そのものの性質に着目して，それを State action の範囲に引き込む論法である。これは，「私的政府」理論と共通の要素を持つが，より具体的に，特定の行為の機能に着目した立論という点で，ちがいがある。「所有者が自己の便宜のためにその財産を公衆一般による利用に開放するその程度に応じて，彼の権利は，当の財産を利用する人の法令上および憲法上の権利によって制限されるようになる」とのべて，会社が私有する company town の街路での宗教文書頒布にかかわる事件で，「会社の私有財産という点を除けば他のどんな public town ともちがわない」街路の運営を，「本質的に公的機能」だとした判決がある (Marsh v. Alabama, 326 U.S. 501, 1946)。

第二には，具体的な私的行為を State に関連づけることによって，それに State action[15] の性格を与える論法である。State によって特別の権限または特権を与えられその規制に服している私人の行為が，それに当たるとされる。State の財産を賃借している私人がその施設でした行為（レストランでの利用拒否，Burton v. Wilmington Parking Authority, 365 U.S. 715, 1961, 百選 64 頁）や，State から財政援助を受け，その運営につき State のコントロールに服している私人の行為（図書館での利用者差別，Kerr v. Enock Pratt Free Library, 149 F. 2d 212, cert denied, 326 U.S. 721, 1945），などである。これらは，当該の行為それ自体が行為の時点で State とかかわっていたことを問題とするのであるが，私人の行為と State を関連づける仕方として，もうひとつのやり方がある。行為

---

15) State action は，もともと，United States（連邦）に対する意味での State（州）の行為を意味する。合衆国憲法修正 10 条（「この憲法によって United States に授権されず，また各 State に対して禁止されなかった権限は，各 State または人民 people に留保される」）が示すように，私人の行為に制約を加える主体として実際に問題になるのは州の行為だという，連邦制の構造ゆえのことである。参照，田中英夫・英米法のことば（有斐閣，1986）20 頁以下。

の事後に，私人の行為が訴訟の対象となり，司法権によってそれが司法的に執行されるとき，その行為を違憲の国家行為とするのである。特定の人種に属する者に土地を売却・賃貸しないという隣接土地所有者間の特約に反しておこなわれた土地売買をめぐる訴訟で，その特約の司法的執行を違憲とした判決 (Shelley v. Kraemer, 334 U.S. 1, 1948, 百選60頁) が，「司法的執行」理論として説明されている。

State action の法理を主流とする憲法原理の私人間適用は，ウォーレン・コート (1953～69) の司法積極主義のもとで60年代にさらに展開する（例えば，Amalgamated Food Employees Union Local 590 v. Logan Valley Plaza, 391 U.S. 308, 1968)。1970年代に入って，逆向きの傾向も指摘されるようになるが，立法が整備されるに応じて（各種 civil rights act)，この手法が用いられるべき必要の切実度が相対的に小さくなる，という事情もある。

他方，ドイツ（再統一以前は西ドイツ）では，問題が，「基本権の第三者効力」(Drittwirkung)[16] という観念のもとで，直接適用説と間接適用説の対立というかたちで論ぜられてきた[17]。

直接適用説は，私人に対する私人の行為が人権侵害として問題とされる際に，直接に憲法規定が適用されるべきと主張する。それに対し，一般には間接適用説が支持されており，憲法の基本権規定は，性質上特に直接に私人間にも適用されるものを除き，私法の諸規定の解釈を媒介として間接的に適用されるべきもの，と考える。この立場は，基本権規定の効力が私人間の関係にもなんらかの形でおし及ぼされるべきことを認めながらも，私法の原則的な独自性・自律

---

16) もっとも，すぐあとで問題にするような意味で，「第三者効」という言い方そのものに留保を付す見解がある。後出註19を見よ。

17) ドイツ連邦共和国を素材にした研究としては，田口精一「基本権の第三者効力と法秩序の維持」（初出1974）以下の論稿（同・基本権の理論［信山社，1996］所収）があり，ドイツを参照しつつ議論を展開したものとして，稲田陽一・憲法と私法の接点（成文堂，1970）が，早い時期に公にされている。ごく近年になって，「第三者効力論の新世紀」（君塚正臣・関西大学法学論集50巻5号［2000］）といわれるような議論状況が見られる。君塚論文は，「日本の憲法学は憲法の私人間効力をどのように考えているのか」という副題が示すように，「比較的若年研究者による理論的論争の色合い」の強い「近時の学説傾向」を，アメリカ型の議論をも対象に含めて検討する。

性を尊重すること，および，国家権力に対抗する防禦権としての人権という伝統的な観念を固持することの重要さを，強調する。

連邦憲法裁判所も，間接適用説を採っていると理解されている。画期をしるしたのは，リュート判決の名で知られる 1958 年判決 (7 BVerfGE 198, 1958, ド判 157 頁) である。ある映画へのボイコットの呼びかけを差し止められた Lüth の憲法異議に応え，連邦憲法裁判所は，当該ボイコットの提唱は民法 826 条のいう良俗に反せず，言論の自由によって正当化されるとのべるにあたって，つぎのように言う。

――「疑いもなく，基本権は，第一次的には個人の自由の領域を公権力の侵害から保護するために規定された。それは国家に対する市民の防禦権である。」しかし，「基本法は決して価値中立的な秩序たろうとしているのではなく，その基本権の条章には，ひとつの客観的な価値秩序が具体化されてもいる。……この価値体系は，……憲法の根本的決断としてすべての法領域に妥当する。」「裁判官は，民法規定を解釈し適用する際，その規定が［基本権の法内容によって影響を受け］変容していることに留意しなければならない。このことが，民事裁判官も基本権に拘束されること（1 条 3 項）の意味である。」

判決の論旨にはっきり現われているように，ここでは，間接適用説自体が，「憲法の根本的決断」＝「客観的な価値秩序」の全法領域にわたる貫徹，という観念を正面に打ち出している。その点で，よりプラクティカルに問題を処理しようとしているアメリカの State action の法理とくらべて，対照的といえるだろう。ナチス体験の清算にせまられると同時に東西緊張の最前線に位置した戦後西ドイツは，「自由な民主的基本秩序」を私人間関係でも確保するための国家介入に積極的意義を与えていたからである。そこには，基本権を単に国家の構成原理としてとらえるのでなく，「Gemeinwesen の客観的秩序の基本

的要素」[18]としての意味を強調する思考がある[19]。

基本権規定の効果を私人間関係に拡張しようとする方向は，国家の基本権保

---

[18] コンラート・ヘッセ（初宿正典＝赤坂幸一訳）・ドイツ憲法の基本的特質（成文堂，2006）182頁。ヘッセの用語法で，「国家」とは「政治的統一形成を経て構築された諸権力の行為と効果」を指すのに対し，Gemeinwesen の概念は，「国家的なもの」と「非国家的なもの」の「両者を包括する」（同上12頁）。訳書は Gemeinwesen に——適切に——「公共体」という訳語をあてている。

[19] 但し，それにしても，リュート判決が「民事裁判官も基本法に拘束される」という言い方をしているように，憲法価値をいわば下降法によって全法秩序に及ぼすのであり，直接に憲法によって拘束されるのは，裁判官なのである。そのことを強調するのが，つぎの指摘である。——「私法における基本権の効果は，立法・裁判の基本権拘束のひとつの帰結である。市民たち相互の関係での市民の基本権拘束の問題なのではない。なるほど，一般的に定式化された基本権条項から，私法への効果が生ずるが，市民間での行為の義務が規則的に市民に課されるわけではない。その限りで，『第三者効力』という表現がすでに，誤解を生む。基本権の受範者 [Grundrechtsadressaten——それに対応する権利主体は Grundrechtsträger] は，私法における基本権の効果についても国家権力であり，立法者と裁判官の作用においてそうなのである」（Wolfgang Rüffner, Grundrechtsadressaten, Isensee/Kirchhof［Hrsg.］, *Handbuch des Staatsrechts*, Band V, C. F. Müller, Heidelberg, 1992, S.551）。——この説明は，体系書の分担執筆者によって「基本権の受範者」についての項目で書かれたものであり，「私法における基本権の効果についても」それは国家権力だとのべるとき，私人間の紛争の裁定者として予定されている権力を指してそう言うのであり，この構図は，「基本権は誰を拘束する（義務づける）か」という問いに対して，そのような意味で専ら公権力だと答える。憲法の「決定力」という言葉を用いて，それは「基本的には下位法令に対するものであって，……侵害者個人に対するものではない筈である」と説く日本の論者の趣意も，同じであろう（君塚正臣「第三者効力論の新世紀（2・完）」関西大学法学論集50巻6号［2001］）。そのような用語法は，私人が基本権によって義務づけられることを「困難なしに承認」してきたフランス（前出16-1）の場合と対照的である。例えば新構想の基本権概説書は，基本権の「名宛人」(destinataires) の名のもとに，「主体」(bénéficiaires，さらにそのうち訴求する権利を持つものを titulaires という）と「義務を課された者」(obligés または débiteurs) を含ませ，後者の中に「公権力」(pouvoirs publics) と「私人」(personnes privées) をひっくるめて，いわばストレートに，私人に対する基本権の拘束の「承認」をひき出している。こうして，基本権の「垂直的効果」(effet vertical)——対・公権力——と「水平的効果」(effets horizontaux)——私人間——とが，セットとして説明されることとなる。Louis Favoreu ほかの共著 *Droit des libertés fondamentales*（前出121頁註9），p. 119 et s., 175 et s., 182 et s. を見よ。

護義務 grundrechtliche Schutzpflicht という観念を私人からの保護という場面で適用することによって，さらに強くおし進められる（前出 15-2)[20]。

16-3　日本国憲法のもとで，附随的違憲審査制の枠組を前提として私人対私人の権利主張が争われる場面で，憲法上の権利の私人間効力という問題は，好んでとりあげられる論点となってきた。判例も，三菱樹脂事件判決（最大判 1973・12・12 民集 27 巻 11 号 1536 頁）で，判断の枠組としては，「私的自治に対する一般的制限規定である民法 1 条，90 条や不法行為に関する諸規定等の適切な運用」という場面で，「私的自治の原則を尊重しながら，他面で社会的許容性の限度を超える侵害に対し基本的な自由や平等の利益を保護し，その間の適切な調整を図る方途」の存在を，ともかくも認めている。

この判決は，そのような枠組を前提として，「憲法は，思想，信条の自由や法の下の平等を保障する と同時に，他方，22 条，29 条等において，財産権の行使，営業その他広く経済活動の自由をも基本的人権として保障している」というふうに，思想の自由の系列に属する「基本的人権」と，経済活動の自由という「基本的人権」を，ひとまず対等に並記してみせる。ところが，それにつづく行論では，もっぱら，「経済的活動の一環としてする契約締結の自由」「雇傭の自由」[21]だけが，強調されることになる。ここでは，暗黙のうちに，民法上伝統的に存在してきた財産権に「基本的人権」としての「権利」性が承認される一方で，憲法にしか（!）根拠を持たない思想の自由や平等は，はじめか

---

20) 小山剛・基本権保護の法理（前出 111 頁註 6）212 頁以下は，「基本権の私人間効力とは私法規定の基本権適合的解釈にほかならず，それは基本権保護義務によって要請される，という立場から，間接適用説の再構成を試み」ている。

21) もっとも，本採用の拒否すなわち会社による留保解約権の行使が「雇入れ後の解雇にあた」ることは，最高裁判決自身がみとめている。「雇入れの自由」は，思想・信条を調査し申告を求めること，「雇入れ後の解雇」の理由としてそれを用いること，の適法性を言うために設定された場であった。この事例はもともと原告が自由意思で契約時に合意した問題でないこと，従って契約自由の問題でないことの指摘を含めて，棟居快行・人権論の新構成［前出 115 頁註 1］108〜109 頁を参照。

ら，とうていそれに太刀打ちできない扱いを受けている[22]。

その上，私人間で伝統的に承認されてきた財産権については，実は，より立ち入った仕方での「私法原理の憲法化」までがおこなわれている。

PACS法についてのフランス憲法院判決の論理（前出16-1）とくらべると，実は日本では，もっと技術的な民法上の論点にいたるまで，しかも法律条項を・違・憲・と・す・る判断のなかでの，「憲法規範化」が見られる。日本での数少ない法律違憲判決のひとつである森林法判決（最大判1987・4・22民集41巻3号408頁）が，単独所有の原則性を強調して，共有林の分割請求権に憲法29条による保障を与えているからである。この判決は，「共有物分割請求権は，各共有者に近代市民社会における原則的所有形態である単独所有への移行を可能ならしめ，右のような公益的目的［「物の効用を十分に実現させる」ことを指す――筆者註］をも果たすものとして発展した権利であり，共有の本質的属性として，持分権の処分の自由とともに，民・法・に・お・い・て・認められるに至つたものである」という説示にすぐ続けて，「したがつて」として，「分割請求権を共有者に否定することは，憲・法・上・，財産権の制限に該当」する，とのべているのである（傍点引用者）。

[22) 「裁判官の意識において，過去において緻密な論理構成によって展開された財産的利益尊重という考え方があり，法一般の価値序列において財産権が優位を占める傾向にある」，という元最高裁判所裁判官の指摘がそれを裏づけている（伊藤正己「憲法学と憲法裁判」公法研究59号［1997］43頁）。

　実際，財産的権利の領域は，近代法体系のなかでさまざまの制定法によってその保障が裏づけられているが，精神的自由や平等の領域は，制定法の整備がそれと同程度には展開してこなかった。民法90条の枠組のもとでこれら二系列の権利の間での「適切な調整を図る」という場面で，裁判所はしばしば，精神的自由や平等の領域での空間を埋めるのに，「社会通念」「社会意識」を援用する。しかし，制定法の欠如それ自体が「社会意識」の反映であることを考えれば，そのような「意識」が権利主張を有利に支えることは期待できない。但し，制定法が実は存在しているのに不当に軽視されている場合があることには，注意が向けられてよい。何より，「この法律は，個人の尊厳と両性の本質的平等を旨として，解釈しなければならない」と明文で定めた民法（現）2条（1947年民法大改正で1条ノ2として規定されていた）がそうである（このことに特に注意を促すものとして，広中俊雄・新版民法綱要・第1巻・総論［前出116頁註1］67頁）。「本法」のなかに民法90条が含まれていることはもとより自明である以上，少なくとも性差別が問われている場面では，両性の平等は，1947年の民法改正時点以降，（例えば）「採用の自由」に対して少なくとも同位の規範的地位を確保しているはずである。

「民法において認められるに至った」権利のすべてが，そのまま「憲法上」の財産権の内容をなすというわけではないはずである[23]。判決の論旨からすると，「近代市民社会における原則的所有形態」としての単独所有，という歴史認識[24]が，決め手になっていると読むのが自然であろう。そうだとすると，つぎに出てくる疑問は，「それは財産権についてだけのことか」「『近代市民社会における原則的形態』は，他の憲法上の権利について問題にならないのか」という論点にかかわってゆく。しかし，三菱樹脂事件の最高裁判決では，思想の自由や平等が「近代市民社会」でどのような「原則的形態」をとるかの検討は，

---

[23] 「民法において認められるに至った」権利がイコール「憲法上の財産権」になる，というふうにあえて読んでみせることによって，(森林法判決だけでなく) 憲法学の通説の論理のあいまいさを摘出して見せるのが，安念潤司「憲法が財産権を保護することの意味——森林法違憲判決の再検討」(長谷部恭男編・リーディングズ現代の憲法 [日本評論社，1995] 137 頁以下) である。同論文は，判例と学説が憲法 29 条について「個別保障テーゼ」と「制度保障テーゼ」の両方をそれぞれ同時に説いているとしたうえで，「個別保障テーゼ」は結局，「既得権の厖大な集合体である現在の私有財産秩序を丸ごと是認する，明瞭に現状維持的で保守的な理論」になることを，明快に指摘する (もちろん，「丸ごと」といっても，そのようにして「丸ごと」財産権とされたものへの制限が違憲となり，あるいは補償を要するものになるかは，つぎの段階で問題となる)。

ところで，その「既得権」の根拠となる法令を民法に限るか，他の関連法令を含めたものにするかによって，「維持」される「現状」の内容が違ってくるだろう。後者——そこには例えば森林法の条項も含まれる——だとしたら，保護されるのはたえず可変的な「現状」である。前者だとしたら，民法のどこまでを考えているかによって，「現状」は伸縮することになろう。

[24] 前註で引用した安念論文が，「制度保障テーゼ」の中で「原形テーゼ」と呼ぶものに当たるだろう。その際，同論文は，「自由ニ其所有物ノ使用，収益及ヒ処分ヲ為ス権利」(民法 206 条) という意味での自由な財産権こそが「財産権の原形 (プロトタイプ)」だ，と見る考え方につき，「そもそも自由な財産権とはいかなるものかが明らかではない。……当の財産権がいかなる内容をもつものであるかは，法律によって具体的な形態を与えられてはじめて決まることである」とし，森林法判決が提示した真の論点は，「近代市民社会における原則的所有形態」としての「単独所有」を，財産権の核心内容——従って憲法上の保障を受けるもの——としたところにある，と解読する (前掲 146〜150 頁)。

おこなわれなかった[25]。

三菱樹脂事件判決は，すなおにそれを受けとれば，憲法上の基本権の私人間効力の問題につき，間接効力説の枠組を示しつつ，その適用においては消極的な判断を下す先例となった，と見ることができる。そのような読み方は，自然でもあり，妥当でもあろう[26]。そのことをみとめた上で，この判決のなかに，「財産権の行使，営業その他広く経済活動の自由をも基本的人権として保障している憲法」を私人間関係に優越的に妥当させる論理，すなわち，経済活動の自由に関する限りでの，憲法規範の私人間適用に積極的な姿勢を読みとることも，可能ではないか[27]。一般には間接効力説へのリップ・サーヴィスにとどまるという消極的意味で受けとめられ，また，そのような意味のものとして批判される三菱樹脂事件判決をどう読むか——あるいは読み直すか——，はなお問題である。

他方で，私人間関係への介入を司法が自制することによって基本権の私人間

---

[25] 企業内での特定政党員ないしその同調者に対する企業職場内での監視，他の従業員との接触・交際をさせない孤立化などを不法行為と認定した判決（最判1995・9・5判時1546号115頁）があり，その実質内容の点で思想信条の自由の私人間侵害を違法としたのであるが，憲法問題にかかわる構成はまったくしていない。

[26] 奥平・憲法Ⅲ（前出3頁註7）84～85頁は，「19世紀国法学の伝統を受けた『憲法』観」，その中にすでに貫徹している「立法権の優位」という観念，「それと裏腹にある司法権の自己抑制のコンセプト」，それらの「独自のブレンド」として，日本の間接適用説をコメントする。

[27] この読みとり方からすれば，この判決は，「司法の自制」ではなく，財産権ないし経済的自由という憲法価値を私人間でつらぬくという，逆「二重の基準」の適用に熱心な司法権の現われ，としてとらえるべきこととなる。もっとも，他方では，国家のおこなう行為であっても，私法上の行為を，憲法の最高法規性の及ぶ範囲から除いた，百里基地事件（最判1989・6・20民集43巻6号385頁）の判決がある。しかしこの判決は，典型的には津地鎮祭事件（最大判1977・7・13民集31巻4号533頁）の先例が確立した，公権力（地方公共団体）の私法上の金銭支出行為が憲法の最高法規性の統制下にあるという考え方にてらして，一般的な先例性を持つとは考えない方がよいであろう。

そのように見てくると，判例は，枠組としては，私人間効力の問題についても，憲法判断消極主義の側に簡単に分類して済ますわけにはゆかない。その枠組の中での，違憲判断消極主義をとっていることはたしかだとしても，である。なお，判例が一般に憲法判断積極主義に傾いているという論点については，後出27-1。

16　私的自治 v. 憲法価値　　*131*

適用を意識的にひかえようとする役割を，判例の「部分社会」論が引きうけている。事案そのものは国立大学にかかわるものだったのであるが，「大学は，国公立であると私立であるとを問わず……自律的，包括的な権能を有し，一般市民社会とは異なる特殊な部分社会を形成している」とし，「部分社会における法律上の係争のごときは，それが一般市民法秩序と直接の関係を有しない内部的な問題にとどまる限り，その自主的，自律的な解決に委ねるのを適当とし，裁判所の司法審査の対象にはならないものと解するのが，相当」とした最高裁判決である（最判1977・3・15民集31巻2号234頁——富山大学単位不認定事件）。

　この判決が引用する，村議会議員の出席停止の懲罰が争われた事件についての先例（最大判1960・10・19民集14巻12号2633頁）は，「部分社会」という言葉を使うことなしに，「自律的な法規範をもつ社会ないしは団体に在つては，当該規範の実現を内部規律の問題として自治的措置に任せ，必ずしも，裁判にまつを適当としないものがある」とのべていた。さかのぼると，地方議会議員の除名処分にかかわる事件での最高裁決定（最大決1953・1・16民集7巻1号12頁——米内山事件）で，田中耕太郎裁判官の少数意見[28]が，ひとつの「理論的基礎」を示している。同意見は，除名処分と内部規律に委ねられるべき処分とを区別する説を「全然理論的基礎を欠く」と論駁して，「法秩序の多元性」をキーワードとした見解を主張していた。「凡そ法的現象は人類の社会に普遍的のものであり，必ずしも国家という社会のみに限られないものである……」，というのである。判例の「部分社会」論は，団体の内部事項に限って適用しようという点で，田中（耕）少数意見と結論は同じでないが，その「理論的基礎」については，それを引きついでいる。

　さらに時期をさかのぼると，部分社会論は，帝国憲法下の裁判の場で，国家権力の統制に抗して学問の自由と自律を主張する文脈で，刑事被告人の側から提起されていた（河合栄治郎事件の弁論）[29]。治安維持法を適用しようとする裁

---

28)　田中（耕）裁判官の見解は，戦前，学説として「法秩序の多元性」という観点からつぎのように説いていた立場から一貫している。——「例えばある盗賊団中における贓品分配に関する規則なども，やはりその社会における法の一種として認めることができる……」。「ゲーテもいっているように，地獄にもまた法が存在するのである」（田中耕太郎・法律学概論［学生社，1953］23頁）。
29)　河合栄治郎全集・第21巻（社会思想社，1969）所収の公判記録・第2回公判。

判所にむけて主張される部分社会論と，日本国憲法下の，権利保護の根拠となりうる法令の適用を排除しようとする部分社会論とは，同じ論理構造を持つことによって，自由の保障という要請に対する効果の点では，正反対のはたらきをすることとなる。

いずれにしても，ドイツの多元主義型憲法理論が，団体の自律を強調しながらも，なお「市民の自由の利益のために，団体の力を裁判所を通して規律する」ことに強い関心を寄せていた（前出 15-1）のとは対照的な事態となっている。

17 市場 v. 公序――営業の自由，労働基本権，メディアの多元性

「私的自治と憲法価値」という主題は，さまざまの場面で，具体的な展開を見せる。私法秩序の二つの基本領域（「財産法」と「家族法」）としての，市場 (17) と家族 (18) について，まず，とりあげよう。どちらの場面でも，市場や家族を私的自治にゆだね，「国家から自由」な空間を維持することはそれ自体が憲法価値であるが，それに対して，そういう空間を埋めるべき実質としての憲法価値が対置され，その憲法価値は，「国家からの自由」への対抗物として主張される。

17-1 私的自治の原則は，私人の自由な活動を保障する枠組をつくるが，まさしくその枠組のもとで，私人の自由な活動のもたらす結果として，それ以後の自由な活動が制約あるいは否定されるという事態が生ずる可能性がある。営業譲渡を定めた契約が競業禁止の約款を含んでいるとき，契約の自由のもたらす効果として，それ以後の自由な営業活動が封ぜられる，という例はひとつの典型である。より大規模なかたちでは，私的自治にゆだねられた経済社会で，契約自由原則のもとで市場の独占ないし寡占が進行し，その結果として，経済社会に圧倒的な影響力を及ぼす巨大な社会的権力が生み出される。今日のいわゆる経済先進諸国に共通する独占規制は，国家からの・放任される自由を規制することを通して，自由競争市場を回復しようとする。そこでは，独占規制法制によって規制される・国家からの・形式的自由 ($=\alpha$) と，規制によって回復される・社会からの・実質的自由 ($=\beta$) とが，対立する[1]。

その構図は，日本国憲法下で独禁法（正式名称は「私的独占の禁止及び公正取引の確保に関する法律」）と「自由」との間の関係をどうとらえるかについての，二つの正反対の立場となってあらわれた。この法律を経済的自由 ($=\alpha$) への制約立法としてとらえる見地と，経済的自由 ($=\beta$) の促進立法としてとらえ

---

1) ここで「形式的」自由とは，国家からの自由という形式枠組をいい，「実質的」自由とは，独占からの自由という実質を指す。「形式的」という形容詞が，「大切なのは実質」という含意を持たないことは，もちろんである。法思考の世界で「形式」が持つ重要さについては，あらためていうまでもない。

る見地との対立である。前者にしたがうと，独禁法の強化による自由の制限がどこまでなら「公共の福祉」の見地からゆるされ，違憲とならないか，が問題となる。後者の見方からすると，独禁法制の強化こそが，自由の確保に仕えるものとされる。一方は，国家からの・形式的自由をもって経済的自由と考え（独占放任型の自由），他方は，国家の介入によって自由競争を確保しようとする実質的自由こそを，経済的自由主義の精髄と考える（反独占型の自由）。

　独禁法の性格理解をめぐるこのような交錯的状況は，1960年代末から展開された経済史学者・岡田与好による一連の「法律学批判」によって，批判的にあぶり出された[2]。経済的自由 α と経済的自由 β の対比，いいかえれば「解放される不自由」と「強制される自由」の対比は，よりひろく，国家からの・形式的自由と，国家による・実質的自由の対置の意味をあらためて吟味することを促した。それは，まず，狭義の経済的自由をめぐる議論の域をこえて，労働力取引の独占を確保する法制としての労働基本権保障の意義，公教育の成立と教育の自由の対抗関係，宗団からの個人の解放を意味するものとしての政教分離の意義など，各論諸分野で，法律学の通説的理解に挑戦し，「自由」の意味をあらためて問い直した。つぎに，直接に言及された各論諸分野の問題をこえて，「自由」の二つの意味の対置は，国家＝政治権力からの自由の問題にくわえて，社会的権力からの自由の問題の重要さについての認識を触発し，「法人の人権」論，部分社会論，人権の私人間効力論がそれぞれに含む論点を，統一

---

[2]　岡田与好・経済的自由主義――資本主義と自由（東京大学出版会，1987）は，「経済的自由主義」について「日本の法律学をはじめとして社会科学の諸分野にひろくかつ深く浸透している常識的定説」を「論争の相手」とし，「営業の自由をもっぱら国家干渉との関係において『国家からの自由』としてとらえようとする，派生的な営業の自由の概念」に対して，「営業の自由＝自由競争の実質的確保のための，契約の自由にたいする国家干渉を正当化する」「本来の営業の自由の概念」を対置する。そのような問題設定は，東京大学社会科学研究所での学際共同研究『基本的人権』（前出51頁註1）に公表された論説「『営業の自由』と『独占』および『団結』」(1969) を端緒として，「営業の自由論争」と呼ばれる一連の議論を触発した。岡田・独占と営業の自由――ひとつの論争的研究（木鐸社，1975），同・自由経済の思想（東京大学出版会，1979）をも見よ。なお，参照，鼎談・広中俊雄＝渡辺洋三＝岡田与好「営業の自由をめぐって」社会科学の方法31号（1972）。そこで広中は「営業の自由・甲」と「営業の自由・乙」という概念を提示して，岡田の歴史認識と渡辺の法学的構成の間での対話をひき出そうと試みた。

的に憲法論の体系のなかに位置づけるべきことを示唆した。さらに，この「法律学批判」は，「法律学」の側から，近代法学の体系は国家からの自由を中心に組み立てられてきているのだという——それ自体として正当な——反論をひきおこすことを通して，かえって，そのような法律学の「常識」が持つ歴史性を自覚させることを可能にした。とりわけ，19世紀段階の西欧の法思考体系の輸入としてはじまった日本の近代法学は，国家からの自由という問題場面の成立に先行していたはずの「自由」についての問題意識，すなわち，市民革命を担った主体による「国家への自由」(但し，用語法の問題性について前出86頁註6) と，それを前提としてはじめて語ることのできる国家による自由という問題意識が，稀薄だっただけに，このことは重要である。

　独禁法自身にもどっていえば，それは，「公正且つ自由な競争を促進」(同1条) することを立法目的に掲げ，自由促進立法としての自己定義をしている。歴史上も，西欧市民革命期の立法や判決による反独占型の法的解決は，契約の自由の帰結としての営業制限の自由に対抗する営業の自由として，——経済的自由に対する制約としてではなく——自己規定をしていた。総じて，前近代社会から近代社会への転換期にあっては，経済史家のいう初期独占[3]の打倒と自由競争の確保のための国家介入が，経済的自由主義の名において——それへの制約としてではなく——主張され，貫かれたのであった。

　かように，自由競争を創出し維持するための反独占型の主張が，市民革命期の経済的「自由」の歴史的内容であった。その後，現代型独占に対する規制が問題になる段階では，19世紀段階に定着することとなる法思考の枠組をひきついでいるから，国家からの自由が基準とされ，自由競争回復のための国家介入も，自由への制約として受けとられる。憲法上の「自由」として国家からの自由を基準とし，独禁法を自由制約立法と考える見方が法学的構成として一般的なのは，それゆえである。一般の傾向に従って解釈論的構成としてそのような説明の仕方をする場合にも，自由競争確保のための独占規制を，「公共の福祉」の名による現代型経済統制一般のなかに無自覚的に含めてしまうことなく，

---

[3]　絶対王制期に国王大権による特権授与を支柱として発展した産業独占を，経済史学では，現代型独占——近代資本主義の展開として成立する独占——と区別して「初期独占」と呼んだ。

二つの「自由」の対抗図式のなかで，その実質的意義を読みとることが必要である。近代資本主義の「近代」性を特徴づける「自由」競争の場としての「市場」は，独占の「自由」に対する「公序」の強制によって創出された。この公序を，独占形成の傾向をたえず内包する「市場」に対して強制しつづけることによって，「自由」な「市場」を回復し維持しようとするのが，独禁法制なのだ，という理解である。

17-2 上述の構図を，イギリスでの展開の中に跡づけてみよう[4]。17世紀イギリス革命にとって，初期独占の打倒はその中心課題のひとつであり，1640年以来，「独占」の法的支柱であった国王大権を否定しようとする下院の闘争（1640～60年の「長期議会」）が展開された。1688年の鉱山法による，国王の鉱山特権の廃止がその重要な指標と考えられている。国王の大権裁判所の廃止が初期独占を実質的に骨ぬきにしてゆくなかで，商業・貿易の場面での独占とならんで，同職組合による職業の独占への対処が中心問題となる。1563年制定にかかる徒弟法は，徒弟の入職を規制して同職組合の営業独占を確保し，賃金規制によって被傭者の生活保障の機能をも果たしていたから，成長過程にあった近代資本主義が必要としていた自由な労働市場――これこそ，「近代」資本主義にとっての本質的な成立条件である――の創出にとって，決定的な桎梏となっていた。こうして，徒弟法は新興資本家層によって事実上破られるものとなり，職人層はそれに対抗し，組合規制を強化して旧来の権利を維持しようとした。このような「初期労働組合」は，数多くの個別的な団結禁止法によって抑圧され，その総括として，「一般的団結禁止法」が，1799年と1800年に制定され，1813～14年には，徒弟法が廃止される。このようにして，独占と団結を否定し自由な競争を確保するものとしての「営業の自由」が確立した。この場合，反独占闘争は，独占を支えていた国王大権に対する闘争として始まったのであるが，独占や団結の禁止は，立法・裁判という国家の介入によって，私人間に強制されたのであり，この場面で問題となる営業の自由は，国家から

---

4) 以下の本文の叙述につき参照，岡田与好・イギリス初期労働立法の歴史的展開（御茶の水書房，初版1961，増補版1970）。なお，ドイツについての言及を含める，小島康裕・大企業社会の法秩序（勁草書房，1981）をも見よ。

の・形式的自由としてではなく，私人間での，国家による・実質的自由という構造を持っていた。

「一般的団結禁止法」と徒弟法廃止法がもたらした独占と団結の禁止，その意味での「営業の自由」の確立によって，「国家からの自由」としての経済的自由を語る前提が成立したことになる。「一般的団結禁止法」は，制定されてからわずか20数年後に廃止される。その事実は，公序としての「営業の自由」の国家による強制の貫徹そのことが，「国家からの自由」すなわち自由放任主義の成立を可能にしたことを，物語る。独占・団結の禁止は「自由」の名において主張され，実現されたが，禁止の解除もまた「自由」の名において主張され，実現された。団結禁止の解除は団結の自由放任へと展開し，それと並行して，19世紀半ばにむけて，国家からの・経済活動の自由の枠組をつくりあげる一連の立法がつづく。泡沫会社禁止法の廃止（1824～25年）と株式会社法による設立準則主義の採用（1856年），先買い・買占めに対する刑事罰の廃止立法（1844年），高利禁止法の廃止（1853～54年），穀物法廃止（1848年）などによって，国内取引と貿易にわたる自由放任体制が完成した[5]。そして，まさしくそのような体制のもとで，一方では，有限責任会社の「国家から自由」な活動の結果として自由競争を制約する現代型独占が，他方では，団結によって労働力取引の自由を労働者に有利なように独占的に制限する労働組合組織が，展開する。

自由放任主義の枠組のもとで自由な競争を実質上制約しようとするこれら二つの独占に対し，20世紀後半の経済先進諸国は，二重基準にもとづく対応をするであろう。営業独占に対する規制（日本でいえば戦後の財閥解体と独禁法制）と，労働組合による労働力取引独占に対する法的保障（日本でいえば戦後改革による労働法制）という，クロスした組合せである（開発独裁体制のもとでの逆クロ

---

5) 但し，自由放任体制は，文字どおり自由に放任されていたわけではない。19世紀イギリスでの自由放任主義の確立と同時的，また補完的に，国家干渉による整備が進行した。「19世紀行政革命」（administrative revolution）と呼ばれるものがそれであり，工場監督官制度（1833年），救貧法委員会（1834年），教育委員会（1839年），鉱山監督官制度（1842年），中央衛生委員会（1848年）などによって，近代的な行政機構が形成されてゆく。この点につき参照，岡田与好編・十九世紀の諸改革（木鐸社，1979）。

スの組合せという問題を含めて，なお後出 17-3）。

イギリスで見たのと同様な展開は，フランスの場合にも跡づけることができる。ル・シャプリエ法（1791年）による同業組合解体・団結禁止の法制は，フランスの場合，中間団体否認の思想による反結社・個人主義の裏づけを得て，それだけ強く，近代史をつらぬくことになる（19世紀後半から20世紀初頭にかけての禁止解除への展開を含めて，前出 2-2）。

17-3 自由競争の土俵となる市場を成立させるためには，現に競争を阻んでいるものからの自由を，国家による介入を通して確保することが必要であった。独占からの営業の自由と，団結からの労働力取引の自由とは，そのようなものとして，論理的に整合する一対をなしていた。独占の解体と団結の禁止という組合せは，つぎの歴史段階で，独占の放任すなわち国家からの経済的自由と，団結禁止の解除すなわち公権力による刑罰からの解放という，これまた論理的に整合する一対の組合せにひきつがれる。イギリスについていえば，先に見た経済自由放任主義の展開の時期に，団結禁止の解除が，団結禁止がそうであったのと同じく，「自由」の名において主張され，獲得されていった。

J・S・ミルの『自由論』（「政治的圧制」と「社会的専制」について前出 2-4）は，ひとつの論点として，「各個人の自由」の結果として「個人相互間の団結の自由」を導き出す[6]。個人の自由を労働力の自由な取引にまで延長してみとめる立場は，団結を放任することによって団結を減少できると考えこそすれ，団結を積極的に奨励するものではなかったが，事実として，団結はその担い手たちによって獲得されてゆく。1871年の「組合法」（Trade Union Act）は，使用者と労働者のそれぞれの団結を両方とも「トレード・ユニオン」の定義のもとに包括し，「本法が制定されなかったとすれば，ひとつあるいはそれ以上の目的が，取引（trade）を制限することにあるという理由により，違法な団結とみな

---

[6] 『自由論』は，このように，個人の行動の自由から団結した諸個人の行動の自由を導き出すからこそ，団結する自由が自由な諸個人を抑圧するものに転化する可能性を含むことの重大さを認識していた。政治権力＝国家による圧迫と同等あるいはそれ以上に，社会的権力による専制を，個人の自由の敵対物としてとらえるのは，まさにそれゆえであった。

されたであろうような団結」に対し，その禁止の解除を法的に確認した。

　団結禁止の解除が刑事制裁からの解放を経て，民事免責の法的承認の段階にまでゆくと，国家からの自由によっては説明できない，「団結権」の観念が成立する。団結した労働者による労務提供の拒否は，労働契約上の債務不履行を意味するから，契約責任の法理にしたがうと損害賠償責任や解雇の制裁をもたらすことになるが，立法や裁判がそのような私人間の関係に介入して，契約自由の原則を，労働者の有利に修正するのである。

　そのような団結権——およびそれに伴う団体行動の諸権利——が，法律上，そして憲法上の権利として承認されてゆく過程は，「法における近代から現代」という図式で説明されることが多い。ワイマール憲法159条の「団結の自由」は，現代型憲法の典型としてのこの憲法を特徴づける一要素となっている。第2次大戦後の1946年フランス憲法は，「自己の選択する組合への加入」（前文6項）と争議権（同7項）に，1947年イタリア憲法は，「組合を組織する自由」（39条1項）と争議権（40条）に，保障を与えた。

　そのような団結権が，「団結する自由」として構成されているかぎり，団結しない自由もまた，保障される。それに対し，より団結を強調する立場は，団結強制（closed shop ないし union shop）までを法的保障に含めることを主張する。使用者と労働組合の協定で，クローズド・ショップ（組合員であることを雇用条件とする）あるいはユニオン・ショップ（雇用時には組合員資格を要しないが，雇入れ後に組合に加入しないか，組合から脱退ないし除名されたときは解雇しなければならないとする）を約定することは，労働組合が団体として持つ団結権を強化すると同時に，その強化と比例して，労働者個人の・団結し・団結しないことの自由を制約するものとなる[7]。日本国憲法下の労使関係ではユニオン・ショップ制が一般化してきたが，組合選択の自由の観点からその効果には一定の制約があると理解されており，判例は，「ユニオン・ショップ協定のうち，締結

7）労働組合の組織強制は，さまざまの具体的場面で，団体としての団結権と，労働者個人の団結する権利との緊張関係を生み出す。公職の選挙の支援候補を組合が決定して統制権を行使することと，組合員個人の立候補の自由の関係，特定政党の候補者を支援するための資金カンパと，組合員個人の思想・良心の自由の関係，などである。

組合以外の他の労働組合に加入している者及び締結組合から脱退し又は除名されたが，他の労働組合に加入し又は新たな労働組合を結成した者について使用者の解雇義務を定める部分は，……民法90条の規定により，これを無効と解すべきである（憲法28条参照）」としている（最判1989・12・14民集43巻12号2051頁）。

　労働組合の組織強制をどこまで保障するかは別として，団結権の保障は，労働力取引の自由を制限する独占を，労働者の労働条件を有利にするために承認することを，意味する。日本国憲法下で，そのような独占は，労働組合法1条1項の掲げる，「労働者が使用者との交渉において対等の立場に立つことを促進することにより労働者の地位を向上させること」「労働者が……団結することを擁護すること」という目的によって，正統性を与えられている。

　それと対照的に，独禁法は，「一般消費者の利益を確保するとともに，国民経済の民主的で健全な発達を促進する」という目的のために，独占を禁止し，「公正且つ自由な競争を促進」しようとする（1条）。一方の領域での労働力取引の独占の承認と，他方の領域での，自由競争の確保のため独占の禁止。——この組合せが，20世紀後半の経済先進国の法制を特徴づけてきた。それに対して，営業独占の放任ないし奨励と，労働者の団結への抑圧という，正反対の組合せがありうる。ほかならぬ日本の戦後改革は，そのような戦前の逆組合せから，財閥解体と労働運動の解放によって，現行法制への転換をおこなうものであった[8]。開発独裁型の諸国では，現在なお，独占の放任ないし保護と団結の抑圧という，逆組合せが支配的である。

17-4　「国家からの・独占放任型の・形式的自由」と，「国家による・独占からの・実質的自由」の対抗図式は，思想・言論の領域についてもあらわれる。もともと，思想の自由市場という比喩によって，国家からの・表現の自由の重

---

[8]　一方で「規制緩和・撤廃」による巨大合併の進行，他方で労働運動の停滞という「グローバリゼーション」下の事態は，かつての逆組合せへの再逆転ではないにしても，そのような方向への親近性の傾向を示している。水町勇一郎・労働社会の変容と再生——フランス労働法制の歴史と理論（有斐閣，2001）は，そのような中にあって，「アメリカ・モデルとは異なるもう一つのモデル」としてのフランスに着目し，「では，日本では？」と問題を投げかける。

要性と必要性を説くことは，自由競争の結果としてもたらされることがらへの信頼にもとづいていた。ここでもJ・S・ミルが引用されるに値しよう。

「このような権力[思想の表明に対して強制権を行使しようとする権力]は，それが世論に従って行使される場合にも，世論に反対して行使される場合と同様に，あるいは，それ以上に有害である。かりに一人を除く全人類が同一の意見をもち，ただ一人が反対の意見を抱いていると仮定しても，人類がその一人を沈黙させることの不当であろうことは，かりにその一人が全人類を沈黙させうる権力をもっていて，それをあえてするのが不当であるのと異ならない。」「[なぜなら]もしもその意見が正しいものならば，人類は誤謬を棄てて真理をとる機会をうばわれる。また，たとえその意見が誤っているとしても，かれらは，これとほとんど同様に重大な利益——真理と誤謬の対決によって生ずる，真理をいっそう明白に認識する……という利益を失うのである」(『自由論』前出2-4)。

さらにさかのぼれば，1644年のミルトンが『アリオパヂティカ——許可なくして印刷する自由のために英国国会に訴ふる演説』[9]で訴えたのも，同じことであった。「真理と虚偽とを組打ちさせよ。自由な公開の勝負で真理が負けたためしを誰が知るか。……真理を勝たすためには，政策も戦略も検閲も必要ではない。それらは誤謬が真理の力に対して用ひるやりくり方策であり，防衛手段である。真理のために唯場所を與へよ」。

かように，思想とその表現に対する強制権が排除されることによって，「真理と誤謬」の対決の結果，「真理」が明らかになる，という健康な信念が，近代的自由を支える骨格であった。しかし，そのような「思想の自由市場」に対する懐疑が，マスメディアの発達とともに強く意識されるようになってくる。

国家の立入りを禁止するだけでなく，国家の積極的措置によって，思想の自由市場での寡占・独占を排除し，独占からの・実質的自由を確保する，という考え方がこうして出てくる。国家介入なしに思想の自由市場が維持されるという想定を「ロマンティック」にすぎない[10]とする立場からは，人びとが情報の

---

9) ミルトン（上野精一他訳）・言論と自由——アリオパヂティカ（新月社，1948）71～72頁。
10) バロン（清水英夫＝堀部政男他訳）・アクセス権（日本評論社，1978）の用いる表現。

送り手として市場に参入できることを確保する制度が,「アクセス権」として主張され,その特定的な形態として,一定の場合に無償で反論を公表できるための機会が提供されるべきだとする「反論権」が要求される。

アメリカ合衆国でこの問題についてのひとつの画期をしるした最高裁判決 (Red Lion Broadcasting Co. v. Federal Communications Commission, 395 U. S. 367, 1969) は,放送メディアへの公平原則にもとづく規制を合憲と判断して,対立する諸見解の自由かつ公正な競争を確保するための規制を,「修正1条により保護されている言論出版の自由を,縮減するよりむしろ促進する」とのべた。その後,1987年に連邦コミュニケーション委員会の規則が改正され,公平原則に対する放送局の自由の優位を回復する方向に向かってきた。その背景には,電波の稀少性という観念が,技術手段の革命的ともいえる開発に伴って,重要さを失ってくるという見方があった[11]。

印刷メディアについてはみとめられないほどの規制を放送メディアについて承認する理由として,これまで,周波数の稀少性と,放送の持つ影響力の特殊性という要素があげられるのが常であった。その論拠に疑問を示す立場からは,一方で放送メディアへの規制一般を否定する主張が,他方では,これら二種のメディアへのこれまでの対処の仕方のちがいをあらためて意味づけし直したうえでの,規制のいわば「振り分け」論が,提示される[12]。

---

11) レッドライオン判決を最近の多様なメディアの展開状況までの流れの中に位置づける,安西文雄「表現の自由と合衆国最高裁判所のメディア特性論」舟田＝長谷部編(後出註12所収)を参照。ドイツでは,「放送の自由の内容形成」という観念により,立法者に広い「形成の自由」がみとめられ,その限界を超えたときに放送の自由の制限として違憲問題が生ずる,という構成(第3次放送判決,57 BVerfGE 295, 1981, ド判172頁)が議論の枠組となっている。この点を含めて参照,鈴木秀美・放送の自由(信山社,2000)。

12) 長谷部恭男・憲法学のフロンティア(岩波書店,1999) 165頁以下は,そのような見地から,放送への規制によって「社会の中の多様な意見」の反映を,印刷メディアの規制の否定によって「政府の規制の行き過ぎ」の批判・抑制を,めざすものととらえる。かような「相互の均衡」をねらいとする部分規制論を,「マスメディア全体」から放送メディア——今日では何をもって「放送」とするかの定義が問題となるが——内部に移しかえるならば,二種の「放送」の間の「均衡」を目的とする振り分けが,問題となるだろう。なお参照,舟田正之＝長谷部恭男編・放送制度の現代的展開(有斐閣,2001)。

文字媒体による印刷メディア（プレス）については，放送媒体についての上のような問題は，提起されてこなかった。そうであっただけに，新聞の集中排除を目的に掲げるフランスの 1984 年法[13]は，異例なほどはげしく争われた立法過程（218 時間 10 分に及ぶ審議と 2491 にのぼる修正提案）を通して，それを「自由確保立法」として推進する側と，「自由殺し」と非難する側が正面から対立した。この法律についての憲法院判決（84-181 DC des 10・11-10-1984, フ判 153 頁）は，「……政治報道および一般報道の日刊紙の多元性は，それ自体，憲法価値を有する目的である」，「1789 年の人および市民の諸権利の宣言 11 条により保障された，思想と意見の自由な伝達は，これら日刊紙の読者公衆が，多様な傾向と性格を備えた十分な数だけの出版物を持ちえなければ，実質的にならないであろう」として，独占からの自由を確保するための規制を，1789 年宣言の定める「自由」の名において合憲とした。こうして，「思想および意見の自由な伝達」は，伝達の送り手の自由だけでなく，受け手の自由を含むものとなり，まさしくそのことを通して，a＝送り手の自由（国家からの・形式的自由）と b＝受け手の自由（国家による・実質的自由）とが，緊張をはらみつつ共存する論理構造が示されたのである。この判決が多元性確保のための規制を原則として合憲としたのは，自由 b を援用してのことであり，同時に，立法裁量の限界を示して一部違憲の判断を下したのは，自由 a を基準としてのことであった。さらに，のちの立法が集中排除措置を後退させた点を違憲とした判決（86-210 DC du 29-7-1986, フ判 153 頁）は，自由 b を基準とすることによって可能となった。

言論市場の多元性確保のための国家介入への態度としては，日本でも，「表現の自由の複合的性格」が論ぜられ，そのうちどの要素を優先させるかで見解

---

[13] 「新聞業の集中を制限し，かつ，その経理上の透明度とその多元性を確保することを目的とする法律」(1984・10・23) は，多元性確保のために集中排除の制限基準として，同一主体が「所有またはコントロール」できるシェアを定めるとともに，この法律の対象となる新聞はすべて，法定の意味での職業ジャーナリストによって構成される固有の編集局を持たねばならぬとして，多元性確保の前提条件をも課している。

が分かれる[14]。そうしたなかで、問題場面はちがってくるが、選挙言論規制の憲法適合性をめぐる議論を、国家からの自由（それも、「優越的」としてとらえられる自由）としての憲法21条からいわば切りはなし、積極的な公正ルールづくり（憲法条文としては47条に関連づけられる）の問題として位置づける見解がある[15]。それは、一般化すれば、独占規制による自由競争という思考を、精神的自由の場に適用しようとする意味を持つだろう。そのことについては、二点が問題となる。

第一は、市場の多元性確保のための規制をさしあたって妨害排除にとどめようとする場合、妨害排除そのものに伴う付随効果が、経済領域と思想領域とで同じではない、ということである。妨害排除の限りで介入を求められた国家権力が、その枠を踏みこえる誘惑が、後者の場面ではそれだけ強くなることが危惧されるからである。

第二は、市場の多元性確保のための規制が参入助成までを含むことによって実質判断を伴うものとなる場合、経済領域でのそれは社会権の問題であるのに対し、思想領域でのそれは「たたかう民主制」（後出23）の問題となる、ということである。それは、国家からの自由の観念との間でより深刻な緊張関係をはらむものとなるだろう。

---

[14] マスメディアに対する知る権利や、とりわけアクセス権について、一方には、「国家権力の発動を求めてその実現を積極的に求める社会権的性格の権利」としてその意義を強調する見解がある（堀部政男・アクセス権とは何か［岩波書店、1978］65～66頁）。ここで「社会権的性格」といわれていることには注意が必要であり、独占排除にとどまらず、参入促進のための優遇措置までを含むとすれば、他方の見解、すなわち、そういう権利を憲法上の法的権利として認めれば、何らかの形でそれを具体化する「国家権力の言論・表現の自由市場への介入を招く可能性が当然大きくなる」として、そういう人権論は「妥当でない」と危惧する見方（芦部信喜・司法のあり方と人権［東京大学出版会、1983］129頁以下）が、説得力を持つであろう。

[15] 公職選挙法による戸別訪問禁止の合憲性について、「戸別訪問に伴う弊害」を防止するという観点――したがって、優越的自由としての憲法21条に照らしての厳格審査が求められる――から説明するのではなく、「選挙の公正を確保するため」――したがって、いわば、選挙言論市場での「独占」や「寡占」「からの自由」のための介入として意味づけられる――のルール設定として説明する、伊藤正己裁判官の補足意見（最判1981・7・21刑集35巻5号568頁）。

18　家族 v. 公序——私事としての家族と公共社会の基礎としての家族

18-1　家族が個人とどうかかわりあうかは，さきに「人」権の想定する人間像としての「強い個人」に懐疑が向けられている今日的状況と関連させて，比較的くわしくとりあげた（前出 9-2）。

親子関係の論理で君臣関係を正統化する家父長国家観（R・フィルマー）を論駁し，家族＝私と国家＝公を分離して，国家について諸個人の意思にもとづく契約という擬制による正統化を説く近代国家観（J・ロック）も，家族については，家父長制の論理を否定するものではなかった。近代国家の構成要素としての個人は，具体的には，家長にほかならなかった（家長個人主義）。西洋近代家族のそのような性格を標的とした「近代」批判は，近時になってのことに属する（フェミニズム）[1]。

日本国憲法 24 条は，前近代性を色濃く帯びていた日本型家族国家観の基層としての「家」を否定し，「両性の本質的平等」と「個人の尊厳」という憲法価値を，公序として私法上の家族関係に課すものだった。同時に見のがしてならないのは，同条は，まさしくそのような公序を設定することによって，西洋近代の家長個人主義を超える論理をも含んでいる，ということである。婚姻を「民族の維持・増殖の基礎」として憲法の保護対象とするワイマール憲法 119 条 1 項と比べればもとより，ボン基本法 6 条が婚姻と家族に対する国家の保護に言及するにとどまっているのと比べても，「個人の尊厳」を家族秩序内にまで及ぼそうとする点で，日本国憲法 24 条はきわ立っている[2]。

近代私法の典型像を提供してきたフランスで，家長中心の家族制度は，何よりもそれが民法典の第一の特徴として挙げられるほどのものであった。フラン

---

1)　家族の問題に焦点を合わせた「近代」批判が，さまざまの領域から提出されている。そのなかで，近代個人主義哲学の「論理的前提」を，政治と家族を対置する二元論のなかに求め，それが「時代的役割を終えた」と主張するものとして，中山道子・近代個人主義哲学と憲法学——公私二元論の限界（東京大学出版会，2000）。

2)　憲法 24 条が置かれた条文編成上の位置からして，家族保護という社会権的要素をなんらかの程度読みとることは，解釈論上ありうるだろう。但し，家族保護に関する明示の文言が，起草および審議の段階であえて削除されたということは，24 条の個人主義性を示すものとして重要であろう。

スで家族法の改革がおこなわれるのが1960年代以降だったことを考えると，日本国憲法24条の論理は，それを先取りしていたといえる。ところが，1980年代に入って急速に，そのフランスを含めたヨーロッパで，近代家族のいちじるしい変容が，こんどは急速に，法の世界に反映してきている[3]。

18-2　家長個人主義のもとにあった西洋近代の家族法が，個人の解放を家族の内部にまでおし及ぼすようになったのは，古いことではなかった。しかし，ひとたび個人の解放を呼び入れた家族は，近代家族としての大きな転換の敷居に立たされる。その問題場面として，ひとつには，近代家族の構造を前提としたうえでの，離婚法制の変化や事実婚の一定の保護という問題があるが，より根本的には，「両性の合意」（日本国憲法24条1項）による婚姻にもとづく家族という構造そのものの動揺である。同性間の結合にどのような法的処遇を与えるか，という問題がその典型である。

　PACS法の略称で知られることになったフランスの民事連帯契約（Pacte Civil de Solidarité）法がある。「婚姻外共同生活協定法」ともいうべき実質を持つ，1999年法がそれである。この法律の施行後ほぼ1年間に，2300件（4600人）が，法定の届出をし，この数は，結婚の数との対比で1対11になるという。推計によると（性別の登録は禁止されている），同性間結合が届出総数中に占める割合はパリ圏で70パーセント，地方で40パーセントであり，異性間の結合をこの方式でおこなう例も少なくないことを示している[4) 4 bis]。

---

[3]　日本での講演で1804年民法典の特徴をそのように紹介した，ジュリオ・ド・ラ・モランディエールの説明について，前出9-2（55頁）を参照。第2次大戦後のフランス家族法改革については，稲本洋之助・フランスの家族法（東京大学出版会，1985），大村敦志・法源＝解釈＝民法学——フランス民法総論研究（有斐閣，1995）183頁以下。

[4]　雑誌のルポルタージュによると，この方式を選んだ異性同士のカップルは，正式の結婚にくらべて「よりヒューマンで，より率直で，それに派手な騒ぎがない」と語っている（*Nouvel Observateur*, 19-25 octobre 2000）。この法律について言及したうえで，「個人主義と家族法」の現在に関し語るサビーヌ・マゾー＝ルヴヌール（大村敦志訳）（ジュリスト1205号［2001］）をも参照。

4 bis）　数は年々増加し，2005年には59,837件に及ぶ（*Le Monde*, 24 juin 2006による）。

フランスのPACS法と対比される人生パートナーシップ法が，ドイツで成立した（2001年）。PACS法がその名に見られるように「連帯」(solidarité)を正面に掲げているのと違って，この法律は同性間結合だけを対象とし，届出によって結合が成立し，同じ姓を称することが可能になり，離別の裁判手続，相互扶助義務などが定められている。租税の配偶者控除は，もともとそれが育児の負担との関連で認められたという理由で，適用されない[5]。

18-3 個人の尊厳という近代憲法の基本価値にとって，家族は，――近代家族それ自身が――，いわばひとつの飛び地として残された空間であった。個人にとって抑圧者でもあり保護者でもあるという，そのような性格のものとしての家族は，現在，実体を変えつつある。

変化途中にありながらも個人を抑圧する要因としてのはたらきを残す家族という集団に対して，公権力が解放者として介入する限度が問題になる。家庭内暴力 (domestic violence) や夫婦間強姦という観念によって指される現実をめぐる議論がそれである[6]。また，保護の機能を失ってゆく家族の役割を代行するものとしての，公権力の後見的介入の要請は，より一般化していえば，国親 (parens patriae) 思想の再浮上をうながす。近代社会は，かつて家族の私事であった教育を「公共」の関心事のひとつの中枢に据えたが，それでもなお，公教育は，家族が次世代の市民を陶冶することによって果たす役割を前提としたうえで，成立していた。その前提が失われつつあるなかで，公教育は，それだ

---

5) 2001年2月22日成立したこの法律に対しては，バイエルン州政府とザクセン州政府が，家族・婚姻の規範が崩壊するとして，連邦憲法裁判所に施行停止の申立てをしていたが，2001年7月18日棄却（5対3）され，法律は8月1日から施行された（104 BVerfGE 51）。なお，同性間での結婚ないしそれと同等の諸権利をみとめる結合を法制化している国としては，スウェーデン（1994）をはじめとして，アイスランド（1996），オランダ（2000），ベルギー（2003），イギリス（2004），スペイン（2005）がある。また，PACS型の法制化の例として，フランス，ドイツのほか，デンマーク，ノルウェー，フィンランド，リュクサンブール，スイスがある。
6) 日本では，「配偶者からの暴力の防止及び被害者の保護に関する法律」が参議院の超党派の議員立法として，2001年4月に成立している（同10月13日施行）。参照，小島妙子・ドメスティックバイオレンスの法――アメリカ法と日本法の挑戦（信山社，2002）。

け一層大きくなる負荷を引き受けざるをえない。そうした中で，他方では，「公」の撤退と「私」的イニシャティヴの奨励が教育の分野でも進行する（privatisation）という現実がある。このような困難な状況に立たされているのが，公教育の現状である（政教分離との関連で，後出19)[7) 7 bis]。

---

7) そのようななかで親と子の関係を，国家を含めた三者間の憲法論として扱おうとする，横田光平「親の権利・子どもの自由・国家の関与——憲法理論と民法理論の統合的理解(1)」法学協会雑誌119巻3号（2002）以下連載。特にその(7)・法学協会雑誌120巻4号（2003）800頁以下。

7 bis) 同性間の結合になんらかの法的地位を与えている国では，養子をすることができるかどうか（共同親権者になることができるか）が，問題とされている。デンマーク，スウェーデン，アイスランド，オランダ，ベルギー，イギリス，スペインが，それをみとめている。

19 宗教 v. 公共社会——政教分離と公教育

19-1 近代立憲主義の思想と制度を編み上げたキリスト教文化圏にとって，決定的に重要なひとつの共通項がある。歴史的背景として，キリスト教内部での宗教戦争の犠牲を経て，敵対した宗教相互間の寛容という思想が成立した。その経験は同時に，宗教権力が世俗権力と一体化してはならぬとされる社会——そのための制度技術は一様でないが，典型的には政教分離という特定の方式をとる——の成立をうながすこととなる。その際特に銘記されるべきことが，二点あげられる。

第一に，歴史的に，宗教権力が世俗権力よりも優位にあった，という事実である。第二に，近代立憲主義の核心をなす個人の確立にとって，そのような宗教権力からの個人の解放が主要課題となったということであり，そのために，世俗の政治権力が，宗教集団という社会的権力から個人を引き剥がす過程が決定的な意味を持った，ということである。

その構図は，19世紀末から20世紀初めにかけてのフランスで，カトリック教会と第三共和制政権との間の一連の闘争が，1905年の政教分離法（laïcité［ライシテ］法と呼ばれる）の成立によって結着する経緯のなかに，典型的にあらわれた。1875年憲法体制が共和派の優位のかたちでようやく定着しはじめる段階で，アンシャン・レジームと密接に結びついていたカトリック教会を相手どり，共和派政権は，「教権主義，それが敵だ！（Cléricalisme, voilà ennemie）」を標語として，闘争を挑んだ。聖職者（clerc）の支配を打倒しようとして闘われた主戦場は，教育であった。共和派政権は，公立学校の体系をつくりあげて教会・修道会の教育機能を相対化し，公教育の場からは宗教色を排除するという政策を強行した[1]。

---

1) 非営利社団について届出による設立の目的を定めて結社の自由の基本法となった1901年法（前出 2-2）も，立法時点では，その基本原則そのものよりも，修道会にはその原則を適用しないという制限的な内容の方が，政争の焦点となった。1905年の政教分離法をめぐっては，ヴァチカンとの国交断絶という事態をも，あえてひきおこすこととなった。政教分離の観念そのものがひろく受け入れられるようになったのちも，私立学校への補助金支出の是非，つぎにはその具体的条件についての対立は，今日まで，しばしば大きな政治問題となる。フランスを題材とした信教の

そのような文脈のもとで，憲法論の場面では，一方で，宗教集団としての信教の自由，および，それと一体化した親の信教の自由＝自分の考えに従って子を育てたいという教育の自由と，他方で，政教分離の公教育によって自立する市民を育成したいという公共の関心とが，対抗関係に立つ。そのような対抗構図は，フランスの場合にいちばん典型的にあらわれるが，もうひとつの政教分離の代表といえるアメリカ合衆国でも，親の自由を制約する公教育制度を，修正1条違反で，かつ，親権の侵害とする議論があったくらいであった。

そのように問題背景を共通にしながらも，信教の自由と公共社会の間の緊張関係は，教育の場面で，それぞれのあらわれ方をする。

フランスで，信教の自由と政教分離が公教育の場であらためて正面からぶつかったのが，イスラム女生徒のスカーフをめぐる出来事であった[2]。ほぼ1世紀ちかく前の問題が，フランス社会で圧倒的多数者といえるカトリック教会と，政治的多数派となった共和派政権との対抗であったのに対し，こんどのイスラム・スカーフが少数者の宗教のシンボルであることが，ことがらを複雑にした。

公立中学校の女生徒が，宗教的シンボルとしてのスカーフを校内ではずすようにとの指導に従わなかったという理由で，校長は，最終的には，女生徒を退校処分にした。この措置は，1世紀このかたフランスで定着してきた公教育の政教分離（ライシテ）原則からすれば，それに沿ったものであった。

事件の発端のころ文部大臣の諮問により「意見」を求められたコンセイユ・デタは，ライシテ原則が1789年宣言10条と1905年法（「共和国の諸法律によって確認された基本的原理」のひとつとされた）により憲法上のものになっていることを確認したうえで，「学校施設の内部で，ある宗教への帰属を示そうとするための標識を生徒が着用することは，宗教的信条の表明の自由の行使をなす限度で，そのこと自体でライシテ原則と両立しないものではない」とし，「但し」

自由と政教分離についての研究として，大石眞・憲法と宗教制度（有斐閣，1996），小泉洋一・政教分離と宗教的自由（法律文化社，1998）。ライシテとの関連を含めてフランス公教育法制の歴史を憲法学の視点から扱う今野健一・教育における自由と国家（信山社，2006）は，本書初版の記述を含め著者の見解を批判的に検討する。

2) コンセイユ・デタの「意見」（avis）については，文相の諮問，「意見」をふまえた文相通達を含めて，*Revue française de droit administratif*, janv.-fév. 1990 を見よ。

とつづけて，その自由が許されなくなる場合を，類型的に挙げた（1989・11・27）。のちに行政最高裁判所としてのコンセイユ・デタは，同種の事件で，校長による退校処分を取消し，かつ，「……宗教的，政治的または哲学的性質を持つ目立つしるしの着用」を一般的かつ絶対的に禁止していた校則を，無効とした（1992・11・2 Kerouaa et autres）。

　これらの意見と判決は，一方のライシテ原則を，他方の信教の自由のために柔軟に解釈したといえる。そのような解釈には，法的には，ヨーロッパ人権条約が，問題となっている二つの対抗的原理のうち，信教の自由を定め，政教分離は定めていない，という事実が反映している。加えて――より本質的に――，フランス社会での少数者の宗教に対する「相違への権利」の尊重という，近時有力になってきた問題意識が，背景にある。しかしまた，まさに当の少数者の宗教自身が政教分離というフランス社会の基本原則を尊重するものでないと見られているうえに，そのシンボルとしてのスカーフそのものが両性の平等の原則と抵触する含意を持つだけに，「相違への権利」の主張をそのままに受け入れることができない，という事情がある。こうして，ライシテ原則の内容の重点を，公共空間への宗教の立入り禁止から，宗教間の共存へと移動させることによって信教の自由との調整をはかるという，微妙な均衡が目ざされていた[2 bis]。

　アメリカで，合衆国最高裁は，16歳まで公立または私立の学校に通学させることを義務づけ，違反に罰金を科しているウィスコンシン州法について，アーミッシュを信仰する親の子弟にそれを適用することを修正1条違反とし，かつ，彼らに特免を与えることは政教分離に違反しない，と判示した（Wisconsin v. Yoder, 406 U.S. 205, 1972, 百選42頁）。この場合に判決文が，当該宗教集団が「よい」特性を持っていることを強調している点には留意を要するが，行論の基本は，政教分離の厳格解釈よりは信教＝教育の自由の方に置かれているといってよいであろう。

[2 bis]　しばらく沈静していたかに見えていた問題がその後再燃し，さまざまの議論を経て，しかし与野党のほぼ一致のもとに（下院の票決は494対36）2004年3月15日法が制定され，「宗教上の帰属をこれ見よがしに（ostensiblement）表明する……標識ないし服装」の着用が，公立の小・中・高校で禁ぜられることとなった。

同じく政教分離原則を掲げながら,ここで見たフランスとアメリカ合衆国の例は,それぞれ,さきに抽出した統合型と多元型という基本類型（前出 14-1）の特性を反映している。これら二つのモデルの対置に関連して言及した,Républicain 対 Démocrate という対比図式は,まさしくイスラム・スカーフ事件が論議の焦点となったさなかの論争として,提示されたものであった。そして,統合モデルは自律的学校像を,多元モデルは「開かれた」学校像を,それぞれえがくこととなる。具体的には,前者は公教育——よりひろく公共空間——から宗教の影響力を排除しようとし[3],後者は公教育——よりひろく公共空間——に,何にもまして経済力の影響[4]をひき入れる効果を持つ。前者は統合の反面として排除の危険をはらみ,後者は多元性の尊重の反面として遠心的分裂の危険をはらむこととなる。

19-2 ヨーロッパで,それぞれの宗教権力がそれぞれの世俗権力と結びついて宗教戦争をくりひろげた時期には,それぞれ権力圏内で,少数者の側から,自分たちの信教の自由を擁護するために,政治権力と宗教の分離が主張された。そこでは,信教の自由の主張者は,同時に政教分離の主張者であった。近代国家体制がひとまず成立した段階になると,こんどは,信教の自由と政教分離とが対抗関係に立ちながらそれぞれ自己主張する,という場面があらわれる。それは,歴史的に世俗権力より宗教権力が優位にあった社会で,近代国家の構成要素となる個人を,世俗権力が宗教権力の影響下から奪いかえすという必要があったからである。

日本の事情はそれと違っており,少なくとも 17 世紀初め以降,宗教権力は

---

3) Républicain として自己同定するレジス・ドブレ（前出 14-1）にとって,「社会的,政治的,経済的,さらには宗教的な勢力に対する独立」を学校に確保することが,何より眼目なのであった。
4) もとより,「経済力」だけではない。校内で黒い腕章をつけてヴェトナム反戦の意思表示をしたハイスクール生徒への制裁に関して,「修正 1 条の権利は,学校環境という特別の性質にてらして適用されるならば,教師と生徒のどちらも主張可能である。生徒も教師も,校門に入るや憲法上の表現の自由を放棄した,と論ずるのは不当である」(Tinker v. Des Moines Independent Community School District, 393 U.S. 503, 1969, 百選 53 頁) とのべた合衆国最高裁の判決は,よく知られている。

ほぼ完璧に世俗権力の優位の下に服してきた[5]。帝国憲法下の運用として国家神道が国内での抑圧と国外への進出のために大きな役割を果たしたとしても，その実態は，「国家」によってつくられた「神道」を，政治権力がイデオロギーとして調達したということにほかならなかった。

日本国憲法下での政教分離訴訟の主流は，こうして，信教の自由を主張する個人の側が，世俗権力の優位においてそれと一体化している宗教を相手どって，政教分離を主張する，という構図のものとなる。その典型は自衛官合祀訴訟（最大判1988・6・1民集42巻5号277頁）であり，そこでは，いみじくも最高裁がそうのべたとおり，合祀申請のねらいは「隊員の士気の高揚」という，軍事的——その意味で非宗教的——なものであった。判決自身はそうすることによって，先行判例（後出・津地鎮祭判決）の示した「目的・効果基準」に照らし，世俗目的だから政教分離違反にならない，と言おうとしたのである。しかし，日本国憲法の政教分離原則は，もともと，戦争遂行と「士気の高揚」という「目的」のために国家神道が動員されたような事態を否定するためにこそ，制定されたはずであった。

日本国憲法下の政教分離訴訟でリーディング・ケースとなっている津地鎮祭判決（最大判1977・7・13民集31巻4号533頁）は，憲法20条3項が国に禁ずる宗教活動とは，その目的が宗教的意義を持ち，その効果が宗教に対する援助・助長・促進または圧迫・干渉等になるような行為をいうとし，その基準に照ら

---

[5] 大日本帝国憲法の制定にかかわって，伊藤博文が「此原案ヲ起草シタル大意」(1888・6・18）の中でのべた言葉（伊藤博文伝・中巻［春畝公追頌会，1940］615～616頁——筒井若水＝坂野潤治＝佐藤幸治＝長尾龍一・法律学教材＝日本憲法史［東京大学出版会，1976］114頁による）が，示唆深い。——「抑欧洲に於ては憲法政治の萌せる事千余年，独り人民の此制度に習熟せるのみならず，又た宗教なる者ありて之が機軸を為し，深く人心に浸潤して人心之に帰一せり。然るに我国に在ては宗教なる者其力微弱にして一も国家の機軸たるべきものなし。仏教は一たび隆盛の勢を張り，上下の人心を繋ぎたるも，今日に至ては已に衰替に傾きたり。神道は祖宗の遺訓に基き之を祖述すと雖も，宗教として人心を帰向せしむるの力に乏し。我国に在て機軸とすべきは独り皇室あるのみ……」。そのような認識に立って「此草案に於ては君権を機軸とし，偏に之を毀損せざらんことを期（す）」としながらも，その「君権」を正統化するためにあらためて，「人心を帰向せしむるの力に乏し」い神道を援用するのであったから，その「神道」は，世俗権力の優位のもとに服したものでしかありえなかった。

せば市体育館建設に際しての神式地鎮祭への公金支出はそれにあたらない，と判断した。判決は「一般人」の意識ではそれを世俗的行事と見，「さしたる宗教的意義を認めなかつたものと考えられる」と説明している[6]。この場合にはむしろ，いうところの「世俗的行事」が「さしたる」宗教的意義を持っていなかったのに対し，「世俗」目的のためにする宗教と公権力とのかかわりの重大性が，自衛官合祀事件であぶり出された，ということが重要である。

信教の自由を主張する側が政教分離を援用するのが，日本国憲法下の訴訟の主流である[7]が，それとは別に，社会の少数者の主張する信教の自由に対し，多数派すなわち公権力の側が政教分離を援用するという対抗構図が，裁判の場

---

6) それに対し，藤林益三長官を含む5裁判官の反対意見は，「宗教的少数者の人権」の重要性を——正当に——強調する。多数意見の目的・効果基準は，福祉・教育・文化財保護などの領域での援助目的の公金支出と政教分離の関係を論ずる場面では，一定の有用性がありうるだろう。引き合いに出されることの多いレーモン・テスト (Lemon v. Kurtzman, 403 U. S. 602, 1971, 百選40頁) は，私立中学校への公費助成を定める州法の合衆国憲法違反を争うものであった。しかし，それ自体の宗教性の有無・強弱が問題になっている事例——地鎮祭では，少なくとも，そのことが問題にされている——に関する判断の基準として用いることは，適切でない。実際，その宗教性の明白さを誰も争わないような対象——靖国神社という宗教法人の例大祭への玉串料——については，目的・効果基準をあてはめてなお，最高裁は，それを違憲と判断するほかなかった（最大判1997・4・2民集51巻4号1673頁——愛媛県知事玉串料事件）。

　以上の問題とは別に，最高裁の目的・効果基準とアメリカのレーモン・テストの基準との違いそのものも，問題とされる必要がある。後者は，政教分離違反にならないためにはつぎの三つの要件をすべて充たしていなければならない，というものであった。第一は，立法目的が世俗的であること，第二にその主要な効果が宗教の促進，抑圧をもたらさないこと，第三に，政府と宗教の過度のかかわり合い（excessive government entanglement with religion）を生じさせるものでないこと。この基準は，地鎮祭判決の示した基準より厳格である。

7) もっとも，裁判所の回答がどのような論理的枠組のものとなっているかは，事例によってちがっている。津地鎮祭訴訟の最高裁判決は，原告にとっての信教の自由と政教分離との両立関係を前提としたうえで，それらを主張する原告の立場を斥けた。それに対し，自衛官合祀訴訟の最高裁判決は，原告の主張する政教分離を，訴外・護国神社の合祀の自由＝信教の自由との対抗関係に置いている。信教の自由と政教分離の「対抗関係」という問題を正面から吟味するものとして，棟居快行・憲法学再論（信山社，2001）316頁以下を参照。但し，著者は，津地鎮祭判決の多数意見をも，「対抗関係」を前提として信教の自由を優先させた，と読む。

面であらわれてきている。信仰上の信念を理由に必修科目の剣道実技を受講しなかったために原級留置のすえ退学処分を受けた公立高等専門学校生徒の側からの訴えについて，最高裁は，科目履修を可能にする代替措置の可能性につき検討することなしに退学処分をした校長の措置を，裁量権の範囲をこえる違法なものとし，その際に，代替措置をとることが政教分離違反になる，とする学校側の主張を斥けた（最判1996・3・8民集50巻3号469頁)[8]。代替措置をとることがその方法，態様のいかんを問わず政教分離原則に違反することはない，というその判示は，政教分離原則を緩く解釈している最高裁としては，そうするほかない判断であった。

19-3 西欧で政教分離をめぐる争いは，学校教育という場を主要な舞台として展開した。それは，国民の意思を背景とする政治権力が公教育を創出し，そこでの非宗教的な教育を通して，近代憲法に適合的な公序を形成しようとする（「自由への強制」）のに対し，それに対抗する立場が，親の信教の自由を，そして同時に「教育の自由」を掲げて主張したからであった。強固な宗教的伝統を背景にした争いの場面を持たない日本[9]で，「教育の自由」「教育権」という観念がどう用いられてきたかは，整理を必要とする。

長期にわたって争われてきた教科書検定訴訟で，検定不合格処分を違法とする原告の側からは「国民の教育権」，被告＝国の側からは「国の教育権」という観念がそれぞれ強く主張され，この二つの観念のどちらを採るかは，下級審段階での判断の分かれ目ともなった[10]。最高裁は，学力テストを通しての教育

---

[8] これより先に，親の信念に従って日曜を信仰の日にしたいという主張と，日曜日の参観授業の欠席者に特別の取扱いをしないことを政教分離の名において正当化する学校側の対立が，同じ構図をえがいていた（東京地判1986・3・20行裁37巻3号347頁）。この事件の判決は，出席免除をすることは「公教育の宗教的中立性を保つ上で好ましいことではない」としていた。

[9] 西原博史・良心の自由——基本的な人権としての良心的自律可能性の保障（成文堂，増補版2001）は，このことについて注意を喚起し，「良心形成の自由と公教育の緊張関係」のなかで生ずる諸問題を，ドイツを主題として検討する。

[10] 「国民の教育権」に言及するものとして東京地判1970・7・17（行裁21巻7号別冊1——第2次家永訴訟），「国の教育権」を語ったものとして，東京地判1974・7・16（判時751号47頁——第1次家永訴訟）。

内容の統制の違法性が争われた事件について，これら対抗的な二つの教育権論を，どちらも「極端かつ一方的」とした（最大判1976・5・21刑集30巻5号615頁）。この判決は，親の自由，私学教育の自由，教師の教育の自由をそれぞれ肯定すると同時に，教育内容に対する国の正当な理由に基づく合理的な決定権能があるとし，「子どもが自由かつ独立の人格として成長することを妨げるような国家的介入」は憲法26条，13条に反することになる，という一般論を示した。もともと公教育は，家族の私事であった次世代の育成にかかわりを持つことであるから，その存在そのことがすでに，なんらかの「国家的介入」を意味するはずである。その意味で，「自由かつ独立の人格の形成」をもって「介入」の目的と限度を画するものとするのは，日本国憲法下の公教育像として適切であろう。

最高裁によって「極端かつ一方的」とされた二つの教育権論の内容は，何だったのであろうか。「国の教育権」の名のもとにいわれていた内容は，実は，政府の文教政策であり，それを支えていたのは，国民主権の原理に従って形成された国家意思，という正統化であった。「国民の教育権」によって主張されていたのは，教師集団およびそれを支える親と啓蒙的世論の考える教育内容であり，選挙民を背景とする国家意思による公教育がその掲げる理念（まさしく「自由かつ独立の人格の形成」）から逸脱しているとして，あるべき「国家的介入」＝公教育の内容を充填しようとするものであった。

「国民の教育権」論は，しばしば，教師の自由として主張された。そこでは，「自由」の主張という形式がとられていても，公権力したがって公教育そのものからの自由が要求されていたのではなく，あるべき教育内容を充填する権利が，問題なのであった[11]。

その意味では，「国家の教育権」と「国民の教育権」の主張は，公教育のあるべき内容をめぐる対立にほかならなかった。「国家」すなわち現実の選挙民

---

11) 但し，そのような教師の教育実践，それを支える教師の労働運動，そして教師個人の例えば国旗・国歌行事の拒否，などに対し，行政上の懲戒や，場合によっては刑事制裁が科されることに対する関係では，正真正銘の「からの自由」が問題なのでもあった。佐々木弘通「『人権』論・思想良心の自由・国歌斉唱」成城法学66号（2001）は，そのような問題場面での憲法論の意味を，あらためて位置づける。

の意思を援用する教育内容と,あるべきはずの「国民」を援用しつつ主張される教育内容との,対立であった。現実の選挙民の意思と,あるべきはずと考えられていた国民意思との隔離が大きかっただけ,この対立ははげしかった(「文部省v. 日教組」)。

論理的には,しかし,より基本的な対立軸があるはずであった[12]。公教育の存立そのものを争う「教育の自由」の立場である。フランスで親の信教の自由の主張が,教育の自由というあらわれ方を伴って,政教分離の公教育と衝突したのは,その典型である。この,公教育からの「教育の自由」は,これまでの日本では,大きな争点とはなってこなかった。

この争点性を明確に意識したうえで,どういう対処をするかは,それぞれの時点のそれぞれの社会での錯綜した問題性を見きわめながら,選択されるべきことがらである。いまの日本で,「規制撤廃」「開かれた学校」という主張の流れの中で,「公教育からの自由」の方向が出てくるとしたら,宗教のかわりに自己主張するのは,「市場」の論理であろう。

---

12) このことにつき参照,内野正幸・教育の権利と自由(有斐閣,1994) 146 頁以下。

20 マイノリティ v. 個人——Affirmative Action をめぐる選択

20-1　「多数」と「少数」の関係をどう考え，それをめぐって生ずる諸問題にどう対処するか。——それは，近代立憲主義を標榜する思想と制度にとっての試金石であった。少数，それどころか「ただ一人が反対の意見を抱いていると仮定しても，人類がその一人を沈黙させることの不当」(J・S・ミル) を重大と考える認識のうえに，近代立憲主義の全体系が築かれてきたはずである。また，多数と少数の対立を前提としたうえで，「今日の少数は明日の多数となりえ，明日の多数はまた少数となりうる」という共通の了解を前提として，議会制民主主義の統治制度が成立してきたはずである。

そのような原則に従って公共社会を実際に動かしてゆくことは，容易ではない。しかしそれにしても，そのような原則に公然と挑戦する二種類の独裁体制が20世紀を血ぬられたものにした体験を経た現在，そのような理念そのものを立憲主義世界の内部から否定しようとする主張は，ここであらためてとりあげる必要がないだろう。

この項目でとりあげようとするのは，そのような，立憲主義にとって古典的というべき多数・少数関係一般ではない。ここで「マイノリティ」とは，交替可能性を建前として前提とすることのできない少数者を集合 (カテゴリー) としてとらえたものを指している。「少数民族」という言葉で人びとが念頭に置くものといえば，わかりやすいであろう (「市民的及び政治的権利に関する国際規約」[いわゆる国際人権Ｂ規約] 27条の公定訳に従えば，「種族的，宗教的又は言語的少数民族」[1]) が，ここでは，数のうえで「少」数でなくとも，社会関係のなかで系統的に劣位に置かれてきた集合をも含めて，「マイノリティ」を問題にしたい。そのことによって，多くの社会での女性，ある統治単位の中で人口の点では多数でも一定の人種，なども，問題の中に含まれることとなる。

そのようなマイノリティの問題は，古典的な憲法学の主題ではなかった。重要な例外は，19世紀実証主義憲法学の集大成者といえるゲオルク・イエリネ

---

[1] 「少数民族」と訳されている部分は，条約正文では minorities, minorités であり，日本語に訳すならば「少数者」とすべきであろう。本書では，この点を含めて，公定訳には従わない部分があることをおことわりしておく。

ックによる，1898年刊行の *Rechte der Minoritäten*[2]であり，彼の理論的関心は，民族上・宗教上・言語上のマイノリティの並存をかかえたオーストリア・ハンガリー帝国の状況を反映していた。

ところで，19世紀から20世紀への境い目にあったイエリネックの時代に，当時想定されたいちばん深刻な問題は，階級間の対立，ブルジョアジー対プロレタリアートの対立であった。実際，立憲主義体制にとって，この対立，およびその国際規模での反映が，20世紀を通して最大の危機要因となってきたのであるが，もうひとつの世紀の変わり目を経たばかりの現在，民族・宗教・言語上の単位の対立が，決定的な問題として立ちあらわれている。

マイノリティの位置づけが，近代憲法の枠組とどういう関係に立つかが，何より先に問題とされなければならない。

第一は，主権との関係である。国際人権B規約でいえば，27条と1条との間にはらまれている論理上の緊張関係である。27条は，「種族上，宗教上または言語上の少数者が存在する国において」それら「少数者に属する者」の有する権利を語っており，他方，1条は，「すべての人民は，自決の権利を有する」としている。すなわち，マイノリティに属する者は「国」つまり「人民」のなかでの権利を保障されるが，その「人民」は「自決の権利」を持ち，従って，「国」内でマイノリティにどういう処遇を与えるかを決定する。この二つの潜在的な対抗要素がどんな状況に置かれるかは，マイノリティの種類に応じて，同じではないであろう。一般的な「種族上，宗教上または言語上の少数者」のほかに，少なくとも，先住民，および，それと反対に，いわゆる新マイノリティ（主として移民）の位置が，それぞれ問題となるであろう。

第二の緊張は，マイノリティの観念と，厳格な意味での人権，すなわち，人一般としての個人を主体とする権利との間に生ずる。B規約27条の文言は，この点で，注意深いものになっている。というのは，同条は，「当該少数者に属する者」を権利主体として指定しているからである。集合体としてのマイノリティ集団でなく，その集団に「属する者」が，「その集団の他の構成員とともに自己の文化を享有し，自己の宗教を信仰しかつ実践し又は自己の言語を使

---

[2] 森英樹=篠原巌訳・少数者の権利（日本評論社，1989）。

用する権利を否定されない」,とされているからである。

　もっとも,実際上は,条文ほどに簡単にはゆかない。「……属する者」すなわち個人が権利主体だとしても,マイノリティの権利の保障目的について,二つの考え方がありうるからである。ある人びとは,「種族,宗教,言語」上の多様な文化の並存を維持,発展させることそのものを,目的として追求するだろう（文化多元主義）。他の人びとは,終局的にはそれぞれの個人が,自己開花の最大の可能性を追求できることを,目的とするだろう。後者にあっては,マイノリティの文化をそれに「属する者」が自分自身で選びとるからこそ,またその限りで,彼にとっての自己実現が果たされる（個人主義）。これら二つの考え方は,予定調和的関係にはない。マイノリティ集団は個人のアイデンティティの解放力となるが,その集団への個人の反逆を,しばしば無慈悲に抑圧するものともなるからである（この問題につき,前出11-2）。

　マイノリティと人民の間の,また,マイノリティと個人の間の,それぞれ潜在的な対立を,どのように調整し,妥当な均衡点をつくりあげるか[3]。——一方で人民＝主権,他方で個人＝人権という近代憲法の基本観念の理解の仕方が,そこで同時に問われるのである。

　まず,マイノリティの権利を保障するにつき,文化の領域を主とするのか,それとも政治の領域にもそれを及ぼすのか,という大きな選択がある。

　もともと近代立憲主義の想定する国家（State）は,「種族,宗教または言語」

---

3)　具体的な形をとってあらわれた法的係争を,何を核心の問題として処理するか,あるいは処理された結果（典型的には判決）について何を核心の問題として解読するか。判例史上著名なバーネット事件判決（West Virginia State Board of Education v. Barnette, 319 U.S. 624, 1943）を素材として,「アメリカ憲法史上最もよく読まれている判決の一つ」でありながら,その「意味がアメリカ憲法学の中で謂わば不在の場所になっているという事態」を解剖して見せた,蟻川恒正・憲法的思惟——アメリカ憲法における「自然」と「知識」（創文社,1994）が,多くの示唆を投げかける。「エホヴァの証人」と呼ばれる宗派に属する者への学校での国旗敬礼の強制を素材とするこの判決について著者が追跡する「判決の不在」として,本文の文脈に関する限りでいえば,宗教的少数者の「特免」（exemption）を与えたのでもなければ,親の宗教的信念に従って子を教育する「教育の自由」の問題でもないとして,「minorityと個人」の対置という座標をつかみ出したことが,肝要である。

単位という意味での民族（nation）ではなく，社会契約の擬制によって説明される意味での国民（nation）から成るものであった（前出 14-2）。そのようなものとしての近代国民国家のうち，統合型の類型に属するものは，マイノリティの存在を認知したうえでもなお，マイノリティの自己表現を，少なくとも文化領域に限定しようとするだろう。もうひとつの類型，多元型に属する国家は，マイノリティ単位の意思を，意識的に，統治制度の次元にまでも表明させるだろう。

　これら二つの類型は，それぞれ積極的意義と，その反面としての問題性を含んでいる。統合型は，何に「属する者」なのかの出自を問わず諸個人の自律と平等を強調することによって，公共社会への統合を保障しようとするが，その反面，マイノリティが担う「種族，宗教または言語」価値に対して，多かれ少なかれ抑圧的となるおそれがある。多元型は，そのような価値に意識的に寛容であろうとするが，その反面，多かれ少なかれ公共社会の遠心化——ひいては分裂——傾向をもたらし，「相違への権利」の口実のもとに新しい隔離へと導いてゆく危険がある。

　これら二つの型の間の選択いかんによって，それぞれに適合的な，マイノリティの処遇手段があるだろう。基本的に，三つの次元を考えることができる。

　第一は，マイノリティに「属する者」それぞれについての対応である。国法上の義務（教育や兵役や納税）の特免の制度や，積極的差別是正措置（affirmative action) が，その典型である[4]。

　第二は，マイノリティ集団それ自体を単位とした対応である。文化の領域でいえば少数言語の使用の保障，国によってはアルファベットの複数使用の承認

---

[4]　実質的にはマイノリティに属する者を積極的に処遇しようとするのであるが，本文にあげたような形態をとらず，自由一般の適用という形式によってそうする場合がある。さきにとりあげたフランスのイスラム・スカーフ事件についていえば，コンセイユ・デタは，政教分離を後退させて，当該女生徒を含む一般の信教の自由を優位に置くというかたちをとった（前出 19-1，および 14-1）。ドイツの連邦憲法裁判所は，動物に「合理的理由なしに苦痛を与える」ことを禁ずる法律の適用をめぐって，イスラム教の戒律に従う屠殺方法（Schächten）を不可能とされた業者からの憲法異議に対して，職業の自由を援用することによってその主張をみとめた（104 BVerfGE 337, 2002）。そのような一般論の形式にかかわらず，ここでも，実質においては，マイノリティに属する者の処遇が問題だということは，特に，この判決を批判する側によって強く意識されていた。判決を報じた *Frankfurter Allgemeine* 紙（16. Januar, 2002）の第一面の論説は「分裂」（Desintegration）という見出しをつけ，「連邦憲法裁判所は，……判決によって，その効果において見きわめのきかぬ混沌を助長している。この国の将来にとって重要な『統合』（Integration）という概念が，その反対のものにねじ曲げられようとしている」，と書き出していた。

が，これに属する[5]。統治制度の領域でいえば，連邦制を採用する以前からベルギー憲法が，内閣を，半数ずつオランダ語とフランス語を話す閣僚で構成しなければならないと定めていたことが，知られていた。マイノリティ集団ごとの代表性を維持するための議席の特別枠の制定も，この部類に属する[6]。

　第三は，地域的解決であり，連邦制や自治区制を含むリージョナリズムの問題である。この場合は，連邦を構成する州単位や自治区単位がそれ自身として，自領域内のマイノリティをどう処遇するかが問われることとなり，上述の第一，第二の課題にそれら自身が対処することを求められる。

---

[5] 多言語公用主義の古典的な例はカナダ（1982年憲法16条による再確認）やスイス（1999年憲法4条による再確認）である。そのほか，国内での多言語使用に憲法で言及する例は少なくない（スペイン，イタリアなど）。これらは，国家内でのエトノスの複数性の容認を通して，それぞれの国家そのものの非エトノス性——デモスとしての国民国家であること——を示すものといえる（エトノスとデモスについて，前出14-2）。そのなかで，言語の憲法上の取扱いについて，特別な脈絡で議論がなされているのが，フランスである。ここでは，憲法が「共和国の言語はフランス語である」（2条1項）と定め（「フランス語は共和国の言語である」という表現は，地域語をも法律で「共和国の言語」とみることを可能にするから不可とされた），「地域語・少数民族言語に関するヨーロッパ憲章」にようやく1999年署名したあとも，批准の目途が今のところ立っていない状況である（前出14-1）。これを「頑迷な統合型の抑圧性のあらわれ」と見るのも，ひとつの見方である。しかし他方で，フランス語の人為的性格——作られた言語としての性格——が自覚されている限りでは，そのようなものとしてのフランス語の唯一公用語性への執着は，そのことを通して共和国のデモス性を示すものとなっている，という読み取り方も可能である。なお，EU内部での言語問題への言及を含めて参照，糠塚康江「『地域・少数民族言語に関するヨーロッパ憲章』とフランス憲法」関東学院法学10巻2号（2000）。

　アルファベットをも問題としたものとして，1990年クロアチア憲法12条は，「クロアチア語とラテン文字」を公用とすることを定め，かつてユーゴ連邦を構成した諸国のなかでの文化的独自性を強調するが，そのうえで，「一定の特別の地域圏での」キリル文字の使用をみとめる。

　旧ソ連・東欧圏の状況を素材として検討する，渋谷謙次郎「言語問題と憲法裁判——ソ連解体後の『デモス』と『エトノス』の弁証法」比較法学35巻2号（2002）をも参照。

[6] カナダ連邦の最高裁判所の判事9人のうち少なくとも3人はケベック州の法律家から任命されるというルール（最高裁判所法6条）は，言語というより以上に，法系（フランス法）の複数性を反映させるという意味を持つ。

「日本は単一民族国家」という言説が政治家によってくり返され，「民族［単数］の長い歴史と伝統」という文言を憲法前文に書きこもうという提唱が有力マスメディアによってなされている。しかし，現行の実定法は，日本についても，そのようなものではなくなっている。

1997年に成立・施行を見た「アイヌ文化の振興並びにアイヌの伝統等に関する知識の普及及び啓発に関する法律」（いわゆるアイヌ新法）は，第1条で，「アイヌの人々の民族としての誇りが尊重される社会の実現を図り，あわせて我が国の多様な文化の発展に寄与すること」を法律の目的として掲げ，国内に複数の民族が存在すること，そして，そのことが文化の「多様」性の発展にとって持つ意味を，確認している。この法律の案が国会に提出される直前に，札幌地裁で注目すべき判決が出され，一審段階で確定した（札幌地判1997・3・27判時1598号33頁）。北海道日高地方二風谷は，人口約500のうち8割ちかくをアイヌの人びとが占める村落であり，アイヌの聖地とされてきた場所を水没させてダムを建設するための土地収用裁決に対し，その取消しを求める訴訟であった。裁決を違法[7]とした判決は，「アイヌ民族は，文化の独自性を保持した少数民族としてその文化を享有する権利を［国際人権］B規約27条で保障されているのであって，我が国は憲法98条2項の規定に照らしてこれを誠実に遵守する義務がある」，としたのであった。この判決はまた，「その民族に属する個人」の「民族固有の文化を享有する権利」を，憲法13条の個人権としてみとめている。ここには，権利の根拠は民族という文化単位に由来するとしても，権利の享有主体はそれに「属する個人」だとしている点で，B規約27条の文言と同じ慎重さが示されている。

20-2 マイノリティ集団に属する個人に対し，就学・雇用・公職への選任・公共事業への参入など生活の諸場面でなんらかの優先処遇をすることが，問題

---

[7] 裁決を違法としたうえで，判決は，「ダム本体が完成し湛水している現状」に照らし，行政事件訴訟法31条1項を適用することによって，訴訟の結論としては，原告の求める裁決処分の取消しをみとめなかった。

判決による「文化享有権」につき，常本照樹「民族的マイノリティの権利とアイデンティティ」講座現代の法14（岩波書店，1998），高作正博「多文化主義の権利論――『文化享有権』の可能性」上智法学論集42巻1号（1998）。

となる。affirmative action（積極的差別是正措置——以下略してAAという）と呼ばれるものがそれである。この場合には，種族，宗教，言語のほか，性別が——数からいえばマイノリティではないが——問題とされることが多い。

AAの目的——

AAは，それまで系統的に不利な取扱いを受けてきたマイノリティ集団に属する人びとの平等を回復する手段，という意味を持っている。そのような集団への帰属を理由に差別をしてはならない，という形式的平等だけでは，当該の人びとの状況は改善されないからである。機会の平等を意図的に提供するところでとどまるか，結果の平等までを求めるかはそれとして大きな違いであるが，いずれにしても，なんらかの形で，実質的平等の実現をねらいとするのである。そのことによって得られる利益は大きいが，反面として，形式的平等——憲法がもともと想定してきたのはそのような平等であり，本人個人の資質以外の要素を考慮に入れることを禁ずるものだったはずである——との抵触[8]が，必然的に問題となる。また，そのような優先処遇を受けなくとも競争に勝つことができたはずの個人に，ある劣後集団に属するがゆえに救済されたのだというスティグマを押すことにならないか，も問われるだろう。

AAはまた，実質的平等の回復という目的のほかに，マイノリティの諸単位を含む多元的な要素が社会に存続している状態そのものの実現・維持に仕える，という意味づけを与えられることもありうる。実質的平等の回復をもっぱら目的とするAAは，その目的が一定程度達成され，それまで不利益な立場に置かれてきた人びとの統合が実現されるまでの過渡的な措置として了解されるのに対し，こちらの場合には，ことの性質上，永続的なものとされるだろう[9]。このような多元主義の理念に伴う反面としては，マイノリティ諸単位の隔離状況がかえって固定化される危険が，指摘されるだろう。

AAの適用場面——

AAが教育，文化，経済など社会にかかわる領域に適用されるのか，政治の

---

8) 形式的平等の侵害を問題とする議論の背後にある実質的論拠のひとつとして，過去の社会がした差別の償いを，なぜ現在の諸個人が不利益をひきうけることによって補わなければならないのか，という主張がある。

9) この側面を徹底して強調することが何を意味するかについて，後出註13を参照。

領域にも適用されるのか。上で見た AA の二つの目的のどちらに重点が置かれるかは、それぞれの場合について問題となりうる。どちらかといえば、政治の領域、たとえば公職の選挙についての AA の適用は、多元主義的関心が強くおもてに出てくるであろう。

　AA の措置をとるべく義務づけられる主体として、公権力（国公立大学への入学、公務員の採用、公共事業への参入）がもっぱら想定される場合と、私人もまた（私立大学への入学や私企業への就職など）問題となる場合がある。もっぱら私人への義務づけ（公職の選挙の候補者を選定する政党）が定められることも、ありうる。

　さて、AA という法的手段が論議の焦点となったのは、アメリカ合衆国であった。1960 年以降の、いわゆる公民権運動の高揚のなかで得られた成果の代表的なもののひとつが、それであった。その流れを転換させる契機となったのが、1978 年の合衆国最高裁判決である（Regents of the University of California v. Bakke, 438 U.S. 265, 1978, 百選 66 頁）。

　ヨーロッパ系男性のバッキは、州立大学の医学部入試に不合格となったことを、AA の効果として不当に不利な取扱いを受けたゆえとし、Civil Rights Act（1964）違反を主張して訴えた。最高裁の法廷意見は、人種を基準にした分類は「疑わしい分類」であり、それを正当化するには、そうすることの「やむにやまれぬ利益」（compelling interests）が論証されなければならない、という前提のもとに、つぎのようにのべた。——学生集団の中に一定割合の特定グループを確保するという目的は、人種だけを理由にしたときはそれ自体、違憲

であり,個人の権利を保障するという平等の要請は,無視されてはならない[10]。

アメリカ合衆国でのAAは,さまざまの次元のルールを根拠にして多様に展開され,その功罪をめぐる議論が,行きつ戻りつを反復しながらくり返されてきた。AAの出発点には,melting potとしてのアメリカにふさわしい統合の実現という理念が強く意識されていたはずであった。次第に有力になってきた懐疑的見方は,AAの多元主義促進の側面がその反面として「アメリカの分裂」へと導いてゆくのではないか,ということを危惧するのである。

もともと多元主義的傾向があったアメリカの風土と対照的なのが,「単一不可分の共和国」を理念とする,統合モデルの典型というべきフランスであった。そのフランスで,AAの論理が,一挙に憲法改正[11]という形で法の世界に導入され,立法次元での措置を伴って適用されるようになった。

1999年の憲法改正によって導入されたその3条5項は,「議員職および選挙による公職への女性と男性の均等な接近を,法律により促進する」,4条2項は,「政党および政治団体は,3条最終項に掲げられた原則を,法律により定

[10) 「疑わしい分類」という判断基準は,これまで人種ゆえの不均等取扱いを違憲とするために効果をあげてきた。race blindな取扱いを要求する形式的平等の原則が,ここで,AAによる実質的平等の確保と衝突したわけである。
  なお,この判決は,原告Bakke勝訴の原判決(カリフォルニア州最高裁)に対する態度としては,破棄と認容の結論が4裁判官ずつに分かれ,原判決を一部認容し一部破棄する立場をとった裁判官によって法廷意見が書かれた。そのため,この判決がAAのどのような形態までを是認しどの形態を否認することになるのか,という先例性については,明らかでなかった。その後,連邦最高裁は,州立大学の学部入試でマイノリティ所属を理由に一律に加点する制度を違憲(6対3)とする(Gratz v. Bollinger, 539 U. S. 244, 2003)と同時に,ロースクールへの進学につきマイノリティ所属を一つの要素として個別的に考慮する制度については合憲(5対4)と判定した(Grutter v. Bollinger, 539 U. S. 306, 2003)。同時に出された二つの判決の票決の分かれ方から見ても,AAへの憲法判断は,なお流動的である。
11) 憲法改正という法的手段が必要とされたのは,1982年に,地方選挙の候補者名簿上の候補者数の75パーセント以上が同一の性に属する者によって占められてはならない(実質的にいえば,4分の1は女性にせよ,ということを意味する),という選挙法の規定が違憲とされていた(82-146 DC du 18-11-1982, フ判122頁)からである。

められる諸条件のもとで実現することに協力する」，と定めた[12]。

　この「パリテ」（男女同数）改革は，議会での特別多数による憲法改正手続としては，圧倒的な多数で成立した（両院合同会議での最終採決では，投票総数836，有効投票788のうち賛成745）。そのこととは別に，賛否をめぐる議論は，議会の内外（特に論壇）で白熱した。

　何より議論が分かれたのは，女性フェミニストたちのあいだで，であった。主権と人民の不可分性，個人のみを構成要素とする共和国，というフランス共和派の伝統的理念を死守すべきだという立場は普遍主義者（universalistes），「パリテ」推進の立場は差異論者（différentialistes）と呼ばれた[13]。もっとも，後者は自分では必ずしもそう名のらないが，この二つの呼び名は，立場の対照をきわ立たせてくれる。「差異論者」たちからすれば，普遍主義という共和主義伝統こそが，これまでの男性支配を可能にしてきたのであり，その現状を打破するには，女性という特性に立った要求をすべきなのだ，というのである。

---

12) 憲法改正を受けた法律が2001年に入って制定され，同年3月の地方選挙から適用された。選挙結果を見ると，人口3500以上の市町村会全体を通じて，議席の47.5パーセントが女性によって占められた。また，女性首長の数が，人口1万5000以上では，それまでの33から44に，人口10万以上では1から4に，それぞれふえている（*Le Monde*, 27 mars 2001による）。市町村会選挙が名簿に対する投票であるのに対し，小選挙区制下の2002年5月下院選挙では，「パリテ」制度の効果はあがらなかった。

13) 普遍主義者のチャンピオン，作家のエリザベート・バダンテールは，「病より悪い薬」（「悪より悪い救済」と訳してもよかろう）と題して，つぎのように書いた（Elizabeth Badinter, in *Le Nouvel Observateur*, 14-20 janv. 1999）。──「1793年に，女性たちは，生来の違いゆえに，市民たることから排除された。200年後に，女性たちは，そのときと同じ基準を理由として，政治の場で自分たちを認めさせようとする。両性の平等のために大いに危険な観念を操作することによって，生物学が権利を基礎づけようとしている……。」同じ雑誌の同じ号で，「パリテ」推進論の側からは，つぎのような反論が出されている（Sylviane Agacinski）──「二つの性は，……つねに，どこでも，人類を構成する。すべての社会が，この差異に意味を与えてきた。それを消してしまう必要があるというのか……。」

「パリテ」の正当性を主張する差異論者の論法を徹底してゆくと，女性というカテゴリーに属する個人の処遇の問題ではなくて，女性という性の単位を代表させる制度という意味づけを与えられることになろう。そうなると，通常 AA の性別分野への適用として考えられてきたことがらを越えて，前述（161～163頁）の三つの次元にわたる対応のうちの第二のものに分類されるべきものとなる。

普遍主義者たちからすれば，女性は，人類の半分だからその権利を要求すべきなのではなくて，人類全体の一員としてそうすべきなのだ，とされる。

　統合型社会モデルの典型であったフランスでのこの転回は，今のところは，マイノリティ（という言葉を使うとして）単位のうちで性だけは特別だ，という認識のもとに置かれている。そのような説明があてはまり続けるかどうか，他の分野での今後の推移が注目されている[14)][15)]。

---

14) 2000年6月，フランス国営放送の編成規則の改正があった。「共和国の理念である統合と連帯の理念を促進するため」，放送番組は「フランス社会を構成する出自と文化の多様性と豊かさとを反映」しなければならず，そのことを通して，「その出自，宗教，文化，社会的条件または居住地のゆえに受けている差別と排除に対するたたかい」に貢献する，ということが目指されている。番組としては，報道番組のアナウンサーやキャスターなどだけでなく，テレビドラマの配役など娯楽番組までが対象とされる。

15) 欧米諸国でのAAの現況を見渡したものとして参照，君塚正臣「欧米各国における積極的差別是正とその示唆するもの」関西大学法学論集51巻4号（2001）。

21 制度 v. 個人権——「制度的保障」と制度保障

21-1 日本国憲法下の判例は，憲法20条3項の定める政教分離を「いわゆる制度的保障の規定」と呼ぶ（最大判1977・7・13民集31巻4号533頁——津地鎮祭判決）。この説明は，それゆえその規定は「間接的に信教の自由の保障を確保しようとするもの」であり，「国家が宗教とのかかわり合いをもつことを全く許さないとするものではなく，宗教とのかかわり合いをもたらす行為の目的及び効果にかんがみ，そのかかわり合いが右の諸条件［それぞれの国の社会的・文化的諸条件］に照らし相当とされる限度を超えるものと認められる場合にこれを許さないとするものであると解すべきである」として，政教分離原則をゆるやかに解しようとする文脈で，説かれている[1]。

政教分離をゆるく解することの是非はここでは別のことがらとして，さきに見たように (19-2)，政教分離原則が場合によっては信教の自由ときびしい対抗関係に立つことがありうる，という側面を考えるならば，政教分離を信教の自由（狭義の人権の中でも中枢の位置を占める）と簡単にひとくくりにしないことそれ自体は，必要なことである。本書で，政教分離を，宗教集団（あるいはそれと一体化した個人）の主張する信仰の自由に対抗して，その主張を一定の公共空間から排除することにより，宗教集団からの個人の自立と自律を確保するための「公序」ととらえるのは，そのように考えてのことである。

ところで，判決は，「制度的保障」を論ずる際に，「いわゆる」という言い方をしているから，さしあたり日本の学界で「制度的保障」という言葉でいわれてきたことがらを指していると考えてよいだろう。日本国憲法下で信頼を得て

---

1) 判例はまた，政教分離を「いわゆる制度的保障」という言葉でとらえることによって，個人の法的利益の侵害をもたらさないからそれへの違反は出訴の対象とならない，という効果を導き出す。ちなみに，地鎮祭訴訟は，地方自治法にもとづいて特に設定された，いわゆる住民訴訟として提起されたから，この論点とはかかわらなかった。のちの自衛官合祀事件判決（最大判1988・6・1民集42巻5号277頁）は，合祀申請行為への国のかかわりを否定することによって国の行為の政教分離違反を問う前提自体を否定したうえでなお，政教分離規定に違反する国の行為も，信教の自由に直接違反するものでないかぎり，「私人に対する関係で当然には違法と評価されるものではない」とのべている。

きた概説書の代表ともいうべき書物は，たしかに，「国と宗教の分離または，国家の非宗教性（laïcité）を定めた規定（20条3項・89条）は，信教の自由を保障するために，国と宗教との分離を制度として保障しようとするものであり，一種の制度的保障を定めたものと見ることができる」[2]と書いていた。

そのような，日本での「いわゆる制度的保障」論は，カール・シュミットの institutionelle Garantie という観念を援用するのを常とする[3]。しかし，その観念を，個人権を制度的に保障するための手段，という意味で受けとってしまうことは，シュミットが彼独自のこの観念に託した思想史的意味——従って，それに対応する法解釈論上の役割——を見すごしてしまうことになるだろう。

---

2) 宮沢・憲法Ⅱ（前出7頁註1）204頁。そこでは，他に，私有財産制を保障する憲法29条1項，義務教育の無償性を定めた憲法26条2項が，それぞれ，財産権，教育を受ける権利および教育を受けさせる義務を確保するための，制度的保障の規定として説明されている。これらは，「直接に権利・義務を定めるのでなく，ある制度を制度として憲法的に保障する趣旨」（同上108頁）とされるが，憲法による保障の程度の相対化という要素は，含まれていない。

このような説明は多くの論者によってひきつがれた。とりわけ，日本国憲法のもとでどこまでの社会（主義）的政策が法的に可能かを論ずる脈絡のなかで，私有財産制度の根幹を動かすことは不可能だという形で，「制度的保障」が論ぜられた。この場合，相対化されていたのは個々の財産権の方であって，私有財産制度そのものが相対化されていたわけではない。いずれにしても，学説のうえで制度的保障論は，何より財産権と私有財産制度を論ずる場面で，体制内改革の限界と体制移行の可能性の計測という問題関心を背景にして論ぜられた。その場面での議論を主導したといえるのが，山下健次・人権規定の法的性格（三省堂，2002）所収の諸論稿（最も早いものは初出1962）であった（石川健治［後出註6］230～231頁は，その業績を，「当時の資料的制約」の下で「時代的使命を有」したと位置づけたうえで，そのドイツ学説の系譜理解を批判する）。

3) 宮沢・前掲107～108頁。

21-2　C・シュミット[4]は，彼が提唱する institutionelle Garantie として，

---

[4]　イギリス，そしてフランスを追って近代国民国家形成の課題にとりくんだドイツの現実が，シュミットの問題意識に反映していた（前出15-1）。そのシュミットは，フランスのモデル性に執着して，つぎのように言う。——「1789年のフランス革命において，自由主義的および民主主義的な要素の混合した近代的憲法が成立する。この近代憲法の思想的前提は，憲法制定権力の理論である。このために，フランス革命の国家理論は，たんに後世全体の政治的教義にとってばかりでなく……，近代憲法学の実定法的・法律学的理論構成にとっても，ひとつの主要な源泉となる。憲法制定権力は，政治的に実存する存在としての Volk を前提とする。"Nation" という語は，含蓄ある意味で，政治的意識にめざめた・行動能力のある Volk を表わす。歴史的には，ヨーロッパ大陸では，政治的統一と国民的完結性というこの基礎的な諸観念が，絶対君主政の政治的完結性の結果として成立し，他方イギリスでは，中世的な構成体から国民的統一への間断なき発展が，『島国たることが憲法の代りとなった』ために可能となった，と言うことができる。しかるに，近代ヨーロッパ国家の古典的模範であるフランスでは，国法的意味における Nation の概念も，はじめて理論的に捉えられた」。「Nation が，憲法制定権力の主体として，絶対君主に対立し，君主の絶対主義を除去すると，Nation が，同様に絶対的に，君主にとって代る。Volk は，今や，自らの国家のなかで自分自身を政治的に確認するから，この場合，絶対性は変ることなく，むしろ一層強力に存続する。この事象の政治的効果は，国家権力の増大，きわめて強度の統一と不可分割性，unité と indivisibilité であった。……フランス革命の政治的に偉大な点は，あらゆる自由主義的および法治国的諸原理にもかかわらず，フランス人民（Volk）の政治的統一の思想がかたときも決定的な目標たることをやめなかった所にある」（シュミット・憲法理論［前出98頁註12］21～22頁［傍点は原文の強調形。訳文を部分的に変えた］）。

　引用の最後の部分で，「自由主義的および法治国的諸原理にもかかわらず」とされている点については，むしろ，「……のゆえに」と書かれるべきであった。絶対王制から近代憲法秩序への転換そのことによってこそ，身分制の解体と「政治的統一」が貫徹できたのだったからである。絶対王制が身分制秩序を前提としていたかぎり，そこでの「政治統一」は，文字どおりに「絶対」にはなりえなかった（この点については，本書前出8～9頁を参照）。そのシュミットにとって politische Einheit のモデルとしてフランス絶対王制とローマ教会が引照されていたことの意味について，何よりも，和仁陽・教会＝公法学＝国家——初期カール・シュミットの公法学（東京大学出版会，1990）。

　なお，フランス・モデルへのシュミットの言及にもふれながら，阪本昌成・「近代」立憲主義を読み直す——フランス革命の神話（成文堂，2000）は，「フランスの憲法史から立憲主義のコアを摑み取ろうとしてきた人びと——ドイツ公法学者，そして，ドイツ・フランス公法学から学んできたわが国の学徒」を「わが国憲法学の嫡流」としたうえで，それが「黙殺」「看過」してきたことがらを挙げて，論難する。

「例外裁判所の禁止（法律による裁判官の裁判を受ける権利）」「家族生活の基礎としての婚姻」「休日」などを挙げ，「私有財産が私法上の制度として保障」されていることについては例として示すことに疑問を呈しつつ言及している。「真正の institutionelle Garantie」として挙げられているのは，「職業官僚制」であり，大学自治であり，地方公共団体の自治である[5]。

　シュミットがこの観念を提示することによって言おうとしたのは，「国家の内部では，自然の，または組織された団体の基本権というようなものはありえない」という主張であった。その意味するところは，二重に重要である。

　第一に，institutionelle Garantie とされているものによって「保障」されているのは「真正の基本権」でない，という消極的な意味あいの点で。シュミットが何よりも，彼のいう politische Einheit，ポリス＝公共社会の一体性という観念に執着していたこととの関連で，さまざまの「制度」の地位は，そのように限定されてしかるべきものなのであった。

　第二に，しかし，その「制度」が憲法上の存在を「保障」されている，という積極的な意味あいの点で。institutionelle Garantie とは，何かを「制度的」に保障することをいうのではなく，何らかの「制度」そのものの存在が保障されていることを指しているのである。国家の内部にあって，その一体性という観念と緊張関係に立ちながら，個人と国家の間に介在しつづける中間諸集団が，「制度保障」の観念によって説明されている[6]。

---

5) シュミット・憲法理論（前出註4）213頁。ところで，ここで「休日」とは日曜と祭日を指し，したがってキリスト教の存在を意味する。このように institutionnelle Garantie のもともとの意味を考えるならば，日本の判例・学説が政教分離——宗教の公認でなく——を，説明ぬきで「いわゆる制度的保障」という言葉で表現していることの奇異さがきわ立つ。

6) 端的に「制度体保障」という訳語を充ててそのことを強調し，法思想・理論史上の意味の重大さをあぶり出したのが，石川健治・自由と特権の距離——カール・シュミット「制度体保障」論・再考（前出84頁註1）である（この論点にかかる論稿の初出論文は1991，96，97）。石川は，シュミットが「制度体保障」の観念のなかに託した両義性を摘出し，「［シュミットの政治的統一の理念からすれば］破砕されるべき中間団体に，憲法上の保障（Garantie）を与えるものであり，彼のいう憲法理論（Verfassungstheorie）からすれば許されないはず」の実定ワイマール憲法の諸規定（地方自治，大学自治，職業官僚制）を説明するためのものだった，としてこの観念をとらえる。

この二つの側面の間の緊張は，シュミットのpolitische Einheit思考と，konkrete Ordnung（具体的秩序）思考との間の緊張関係に対応する[7)8)]。いずれにしても，シュミットの場合，政教分離がinstitutionelle Garantieの例として引照されることはない。逆に，ローマカトリック教会の国内での存立を，国家と教会の契約として説明しようとする一環として，教会制度こそが「制度保障」と親近性を持つものとして理解されている。

「真正の制度保障」としてシュミットが挙げる制度は，近代憲法秩序が確立する以前にさかのぼる系譜を持つ，特権身分集団（コォル [corps]）としての制度であった。日本の場合，職業官僚制にせよ大学自治制にせよ，そのような背景は持っていないが，裁判の独立および裁判官の身分保障，大学自治，地方

---

7) シュミット自身が関心を示していたフランスの法哲学・憲法学者モーリス・オーリウ（Maurice Hauriou）のinstitution（制度）理論との関連が，議論されてきた。オーリウ制度理論の哲学的含蓄は，多くの論者を悩ませるほどのものでありつづけてきた（ルネ・カピタンの大学院講義でHauriou-le-brouillard［オーリウという霧］という言葉を聞いた記憶が強烈である）。それはそれとしてオーリウ理論は，「制度」を，多元主義法観念にもとづく彼の体系のまがうことのない中心に据えるものであった。それに比べて，シュミットの「制度保障」は，『政治の観念』以来の決断主義思考から，後期の「具体的秩序」への移行へと向かう両義性を反映している。彼のVerfassungslehreの原文索引が「憲法──具体的秩序」の項目に対照させている本文の箇所は，しかしながらほかならぬ，politische Einheitとともに存在する「絶対的意味の憲法 Verfassung im absoluten Sinn」の叙述にあてられている。「具体的秩序」が中間諸集団を「制度保障」によって位置づける思考だとすれば，それは，「政治的統一」への引きつづいての執着の間で，どこに均衡点を見出すのかが，問題となる。

8) シュミット理論と雁行するかたちで，「いわゆる制度的保障」論の際に言及されてきたE・R・フーバーについては，特に菟原明・変革期の基本権論──E・R・フーバー研究（尚学社，1991）を見よ。

自治という，憲法規範上の根拠を持ついくつかの制度[9]を，シュミットのいう意味での「制度保障」として説明することは，十分に意味を持つであろう。主権と人権の対立的二元モデルを基本に置く近代憲法にとって，もともとは異物にほかならないこれらの要素が，権力分立の担い手となることによって最終的に，個人の尊厳という目的に仕えることになる，という逆説的可能性が，そこには示されている。

---

9) それらと同じほど明瞭な憲法上の根拠ではないが，「全体の奉仕者」としての公務員に言及した憲法15条2項を根拠に，行政官僚制をそこに含めることも可能であろう。それに対し，1920年代ドイツで制度保障の観念が担っていたもともとの身分論上の含意にあくまで執着する立場からすれば，「日本国憲法の下で制度体保障論の適用対象になりうるのは，実は，憲法第一章だけだ」，という見方が導かれるだろう（石川健治「自由・身分・契約――"制度的保障論"を読む」法律時報70巻11号［1998］）。この点へのコメントとして，毛利透「制度体保障と国家」比較法史研究――思想・制度・社会⑩（未来社，2002）。

22 自己決定 v. 人間の尊厳[1]——自己加害と後見

22-1 厳密な意味での「人」権は、帰属単位からの自立とともに、自立した主体の自律を、前提とする[2]。そのように想定されたはずの主体の自己決定が、彼自身の重要な利益——最終的には人間の尊厳という実質価値——を損なう場合、形式と実質の相反に、公共社会はどう反応するか[3]。自由の主張に対する「公序」の名のもとでの調整、という方式との截然とした区別をするのはむずかしいが、自己加害に対して「本人の利益」をも援用するかぎりで、自己決定に対する後見的保護の関係として位置づけることが適当であろう。

そのような関係は、未成年者についていちばん鮮明に問題となる。子どもの権利条約（公定訳では「児童の権利に関する条約——日本は 1994 年に批准」）は、「18 歳未満のすべての者」をその対象として、——ここでの問題の文脈からすればとりわけ——表現の自由をはじめとする市民的諸自由について定める（12～16 条）。その背景には、1960～70 年代に展開していた、この点についてのア

---

1) 本書でいう狭義の「人」権は、個人の自己決定という形式と、その形式を通しても侵されてはならないその個人の尊厳の至高性という実質とのあいだの緊張関係の上に成り立っている（前出 10）。ここでは、その実質を指して使われることの多い「人間の尊厳」という言葉の用語法に従っている。
2) そのような立場のいちばん正統派的な言明として引かれるのが、「ミルの原理」として知られているものである。「文明社会のどの成員に対してにせよ、彼の意思に反して権力を行使しても正当とされるための唯一の目的は、他の成員に及ぶ害の防止にある。人類の成員の自己自身の物質的・精神的な幸福は、そのための十分で正当な根拠とはならない。……個人は彼自身に対して、すなわち、彼自身の身体と精神とに対しては、その主権者なのである」（ミル・自由論［前出 18 頁註 14］24～25 頁）。しかしまた、そのミル自身、上のような原則上の立場をそのまま貫くわけにゆかない場面についても、言及するのを忘れてはいない。他者の保護を必要とする状態にある者（25 頁）についてがそうである。
3) 「人間の尊厳」の観念が「公序」の内容となって自由を抑制するものとして使われるときも、最終的には「個人に対し真の自由を保障しようとしている」のだ、と説明される。フランスの生命倫理に関する 1994 年法についてそのことを指摘するものとして、小林真紀「フランス公法における『人間の尊厳』の原理(1)～(2)」上智法学論集 42 巻 3＝4 号、43 巻 1 号（1999）。

メリカでの判例と思想の流れを見てとることができる[4]（条約そのものは，アメリカ合衆国は批准していない）。

「Bill of Rights は成人むけ専用ではない」(In re Gault, 387 U.S. 1, 1967, 百選116頁)。「修正1条は，校門をくぐるところで投げすてる権利ではない」(Tinker v. Des Moines Independent Community School District, 393 U.S. 503, 1969, 百選53頁——前出152頁註4) など，ひろく知られることになる判決文中のキーワードとともに，かつての「人間性による教化」よりも「法の支配」が強調されるようになった。こうして，少年制度における保護の論理から due process of law への推移，学校内についていえば，校則の明文化をはじめ，生徒と学校それぞれの地位の明確化（いわゆる free school）を求める傾向が，進んでいった。

やがてそのような流れは，学校本来の教育機能の衰弱に責任があると目されるようになり，「教育の領域での無分別な一方的軍縮」として非難されることとなる[5]。ゆり戻しがくるのは，1980年代後半であった。

校内の自治会選挙の立候補者として性の話題をとりあげたゆえに停学処分を受けた生徒側の違憲主張をしりぞけ，控訴審判決を破棄した判決 (Bethel School District No. 403 v. Fraser, 478 U.S. 675, 1986)，女生徒の妊娠や親の離婚など学校新聞の記事を削除させた学校当局の処置について権利侵害とみとめず，控訴審判決を破棄した判決 (Hazelwood School District v. Kuhlmeier, 484 U.S. 260, 1988) などの，合衆国最高裁の判断がそれである[6]。これらの判断は，in loco parentis の法理（「親の居るべき場所に」学校当局を想定する論理で，parens patriae［親がわりとしての国］の思想にもとづく）を援用し，生徒の表現活動への助成と後援は教育の一環である，という考え方をしている。国親思想は，家族

---

4) アメリカ合衆国での関連判例の流れについて，森田明「青少年の人権とパターナリズム——アメリカ少年司法の場合」ジュリスト884号 (1987)，同「学校と裁判所——アメリカ連邦最高裁における保護とオートノミー」ジュリスト1037号 (1994) を参照。
5) 森田・前出註4ジュリスト1037号169頁。
6) これらの判決によって，先行判例が全面的にくつがえされたわけではない。Hazelwood判決は，当該の事件が学校教育それ自体とは無関係だとして，Tinker判決との「区別」をしている。

の動揺ないし崩壊が問題とされる歴史の節目ごとに，その役割を期待されて出場を促される。現在もまた，そのような局面にあたっているのである。

　日本では，未成年者の自己決定をめぐる係争は，おおむね保護と後見の論理に従って決定されている。内申書裁判の最高裁判決（最判 1988・7・15 判時 1287 号 65 頁）では，思想，信条そのものの記載でないという認定で処理されている。丸刈り指導については，整髪のために遅刻をしてはいけない，などの教育目的が援用され，社会通念に従うべき旨（熊本地判 1985・11・13 行裁 36 巻 11＝12 号 1875 頁）が，バイク禁止については勉学への専念（東京高判 1992・3・19 高民 45 巻 1 号 54 頁）が，説かれている。公職選挙法 137 条の 2 は，未成年者が選挙運動をすること，未成年者を選挙運動に使用することを禁じているが，「選挙運動のための労務に使用する場合は，この限りでない」としていることを考え合わせると，未成年者を，彼ら自身の利益のために，政治活動から遠ざけるという後見的配慮によると見るのが自然であろう[7]。

　子どもの権利条約の読みとり方として，そこでの権利を，人権として受けとるのか，子どもゆえに確保されなければならない・子・ど・も・の権利と考えるのか。前者ならば，保護と後見を否定して due process の取扱いを要求しなければならないし，後者ならば，保護・後見の必要を前提としたうえで，その限界をどう画するかを問題にしなければならないだろう。現実の対応の選択にあたっては，妥当な中間線を見きわめることが求められるにしても，二つの考え方の基本についての態度を曖昧にしたままで場当たりの対処をするわけにはゆかないはずである[8]。

---

7)　それとは反対に，政治の方を未成年者から保護し，有権者年齢に達していない「国民」からなんらの影響も受けてはならない，という正当化理由も考えられるが，それは，国民主権の「国民」を有権者団としたうえで，「主権」の観念を極端に排他的なものとして想定する，特異な国民主権論を必要とするであろう。有権者年齢が 20 歳という線にとどめられているのが，諸外国とくらべて異例（18 歳以上とするのが通例）であるだけに，この点の「特異さ」はきわ立つことになる。

8)　日本の実務で後見・保護の思想が強い（成年年齢が 20 歳とされていること自体が，そうであろう）。子どもの権利条約を批准するにあたって，条約 37 条(c)の適用についての留保を付す必要があったのに，他方で，そのこととの整合性を立ち入って検討することの少ないまま，「少年」犯罪に対する厳格な対処の必要が，声高に説かれている。

22-2 自己決定をめぐる問題は，医療の場面でさまざまな形であらわれる。一般にインフォームド・コンセントが前提とされるべきとして，説明を受ける患者の側の判断能力の程度によって，難しい問題が生ずる[9]。その中でも，とりわけ，高齢化社会の到来と医療技術の発達という新しい状況を背景として，「死ぬ権利」という問題が提出されている。まず，単なる延命のための治療の拒否，あるいは中断の要求への法的対処が，「自然死」「尊厳死」という言葉によって，問題とされる。

アメリカ合衆国の法実務のなかで，この問題が，するどく提起された。患者自身の明確な意思表示（死後にその効果を発生させるのが遺言であるのに対し，living will と呼ばれる）がなされていることを前提として，自己決定と，それに対抗することあるべき State（アメリカの場合には州）の利益が対置される。後者は，生命の尊厳という実体価値だけでなく，真の自己決定が問題になっているのかどうかを問う手続上の正義の要請をも含む[10]。

ひきつづいた植物状態 (persistent vegetative state) にある人に生命維持のための人工的な栄養と水分の補給を中止するよう，両親が病院に求めて拒否された事例について，合衆国最高裁は，当該の州の living will 法が治療中止のために「明確で説得的な」証拠を要求していることを合憲とした（Cruzan v. Director, Missouri Department of Health, 497 U. S. 261, 1990, 百選86頁)。due process 条項を根拠として「死ぬ権利」を求める主張は，この事例の具体的関係のもとでは否定されたことになる。

日本の裁判例で，患者が自己の宗教上の信念に反するとして，輸血を伴う医療行為を拒否する意思決定をする権利は，人格権の一内容として尊重されなければならない，としたものがある（最判2000・2・29民集54巻2号582頁——エホヴァの証人輸血拒否事件)。宗教上の権利の問題として争われたわけではないが，生命の尊厳という価値，あるいは「本人のために彼の最善を尽くす医師」とい

---

9) とりわけ精神科医療へのインフォームド・コンセントの導入の必要という問題意識に立った研究として，北村総子＝北村俊則・精神科医療における患者の自己決定権と治療同意判断能力（学芸社，2000）がある。
10) その「意思」が決定的な時点でも維持されているかは，たしかにむずかしい問題である。それぞれの社会の文化的条件によっては，「まわりを気にした」「自己決定」が強いられていないかという，全く別の問題点もある。

う観念からする保護・後見の論理に対し，自己決定という要素を優先させたものといえるだろう[11]。

　「自然死」ないし「尊厳死」を，消極的安楽死としてとらえるならば，これまで問題とされてきた安楽死は，積極的安楽死と呼ばれる。日本の現行法でいえば自殺幇助あるいは同意殺人（刑法202条），場合によって殺人（同199条）の規定の適用対象となるが，最近，一定の限定のもとで積極的安楽死をみとめる立法がオランダ（2000年法）とベルギー（2002年法）で成立し，あらためて論議を触発している。

---

[11] 「自己の人生を作り上げてゆく営みを終えてしまうことを目的とする自己決定」と，「自己の人生を作り上げてゆく営みを終えてしまうという不可逆的効果をもたらす自己決定」とを「識別」すべきとしたうえで，「末期患者による延命治療拒否・生命維持医療拒否行為」を後者の例としてあげ「『死にゆく人』の現実世界での最後のあり方（最後の生き方・死に方）に関する自己決定として承認されうる」とするものとして，竹中勲「憲法学とパターナリズム・自己加害阻止原理」佐藤幸治先生還暦記念・現代立憲主義と司法権（前出20頁註16）203〜204頁。

23　相対主義 v. 相対主義の相対化
　——たたかう民主制，political correctness

23-1　自己決定という形式と，その形式のもとで実現される実質との緊張関係は，一人ひとりの個人を主体として問題になるだけではない。「自己決定する権利は，自己破滅する権利を含む。それこそが自由の怖るべき偉大さなのだ」[1]という問いかけにどう対処するかは，ひとつの公共社会のあり方としてもまた，問題となる。

　近代立憲主義は，複数の考え方，複数の価値判断，複数の政治勢力の存在を前提としている。思想とその表現の自由の意義を説いて「真理と虚偽の組打ち」というような表現が使われるときも，その「真理」の絶対的判定者はいないのだということ，したがってその「組打ち」は絶えず繰り返されるのだ，と考える点が重要なのである。その意味で，近代立憲主義の基本権体系は，相対主義の思想のうえに成り立ってきた。

　その相対主義の秩序のなかから，相対主義そのものを否定する政治勢力が出現しようとするとき，相対主義の法秩序はどう対処すべきなのか。1920〜30年代のドイツで，論者たちは，そのような深刻な問いに当面していた。

　ハンス・ケルゼンの『デモクラシーの本質と価値』(1929) の最終章は，「デモクラシー」を否定する勢力が「デモクラシー」の手続で権力をにぎる危険を問題にしたうえで，なお，相対主義への信念によって結ばれていた。彼は，「民主的に」問いかけられた群衆の叫んだとおりに盗賊バラバでなくイエス・キリストを十字架にかけたピラトの例をあえて出しながら，つぎのように書い

---

1) René Capitant, *Ecrits politiques 1960-1970*, Flammarion, Paris, 1971, p. 420. 但し，この言葉が言われた文脈は，ここでのものとは違い，彼の属する政治勢力が選挙で多数を失うおそれを前にして，それを阻止するために「途方もない間違い」を犯してはならぬと説く場面で，自分たちを支持しない権利を有権者は持っているのだ，ということをドラマティックに表現したときのものである。文脈がちがう言葉をあえて引用するのは，カピタンの法・政治思想全般が，主権者としての人民の決断を上位に置く，つき放した観点によってつらぬかれているからである。関連して，戦前のカピタンの仕事を集めた 2 冊の論文集を参照。——Capitant, *Face au Nazisme, Ecrits 1933-1938*, Presses Univ. de Strasbourg および前出 44 頁註 2 所掲。

た。——「おそらく人々は……この実例こそ，デモクラシーのためよりも，むしろデモクラシーの不利を語っているものである，との異論をさしはさむことであろう。そしてこの異論は認められねばならない。ただしもちろん，もし必要があるならば，流血の暴力をもってしても貫徹されねばならないような政治的真理の信仰者たちが——神の子のように，それほど確実であるならば，という一つの条件の下においてのみ。」さらに 1932 年のケルゼンもなお，「民衆の支配が民衆の反対に抗して存在しうる筈がないし，そのようなことを試みるべきでもない。……船が沈没してもなおその旗への忠実を守るべきである。自由の理念は破壊不可能なものであり，それは深く沈めば沈むほどやがて一層の情熱をもって再生するであろうという希望のみを胸に抱きつつ，海底に沈み行くのである」，とのべつづけていた[2]。

相対主義そのものが，「神の子」と比べるべき「政治的真理」ではないのか。この問いに，ケルゼンとは逆に正面から肯定で答えたのが，ラードブルフだった。——「民主主義は何事もなし得る。——しかし，自己自身を決定的に放棄することはできぬ。……相対主義——それは普遍的なる寛容である——しかし，不寛容に対してまで寛容ではない。」[3]

1933 年以降のドイツの現実は，およそ人びとの想定を超えるすさまじさで，「船」を「沈没」させた[4]。たしかに 1945 年に，自由の理念は「一層の情熱をもって再生」した。しかし，その間に支払われたあまりに巨大な犠牲をくぐりぬけた戦後世界は，どう対処したか。

---

2) 1929 年の『デモクラシーの本質と価値』からの引用は，西島芳二訳（岩波文庫）による。1932 年の「民主制の擁護」からの引用は，長尾龍一訳（鵜飼信成＝長尾龍一／ハンス・ケルゼン［東京大学出版会，1974］）による。ワイマール憲法下でこのような立場が占めていた座標上の位置を正しく測定するには，「民主制を救うため」の独裁を，彼の論敵カール・シュミットが主張していたことを念頭に置く必要がある。シュミットが実際に加担することになる独裁は，およそ民主制——言葉の普通の意味での——を「救う」ためという性質のものではなかったのであるが。
3) グスターフ・ラードブルフ（尾高朝雄訳）・法哲学における相対主義（1934）（田中耕太郎編・法哲学［小山書店，1951］所収）。
4) 1917 年に成立したソヴィエト・ロシアも，相対主義の世界観にとっての脅威を意味したが，ここでは，相対主義秩序の内部から相対主義を否定する勢力が登場してきたワイマール期ドイツが，問題となる。

23-2 戦後西ドイツの憲法（「ドイツ連邦共和国基本法」，いわゆるボン基本法）の最大の特徴といってよいのが，「不寛容に対してまで寛容でない」という選択の制度化であった。憲法自身が鍵概念としているのは，「自由な民主的基本秩序」(freiheitliche demokratische Grundordnung)（18条，21条），「憲法忠誠」(Verfassungstreue)（5条3項）である。一般に「たたかう民主制」(streitbare [od. streitende] Demokratie) という言葉が使われることが多いのは，ワイマール民主制が民主制を否定する勢力にも「寛容」でありすぎたのではないか，民主制は民主制の敵に対して「たたかう」ことを制度化しなければならぬ，という文脈で議論されるからである5)。

こうして，基本法は，憲法の敵に対する憲法の自己防衛として，公権力だけでなく国民私人に「自由な民主的基本秩序」を防衛するための義務を課し，それを憲法裁判制度によって確保しようとする。基本法18条は，「意見表明の自由，特に出版の自由（5条1項），教授の自由（5条3項），集会の自由（8条），団体結成の自由（9条），信書，郵便および電気通信の秘密（10条），所有権（14条），または庇護権（16条2項）を，自由な民主的基本秩序を攻撃するために濫用する者は，これらの基本権を喪失する。喪失とその程度とは，連邦憲法裁判所によって言渡される」として，基本権喪失の制度を設けた。さらに，特にいくつかの基本権については，「教授の自由は，憲法に対する忠誠を免除しない」(5条3項)，「目的もしくは活動が刑法律に違反する団体，または憲法秩序もしくは諸国民間の協調の思想に反する団体は，禁止される」（9条2項），という規定がおかれている。とりわけ，結社のなかでも政党については，21条1項で，これまで憲法上正面から認知されることのなかった政党をはじめて憲法上の存在として位置づけるとともに，同条2項で，「政党で，その目的または支持者の行為が自由な民主的基本秩序を侵害もしくは除去し，または，ドイツ連邦共和国の存立を危うくすることをめざすものは，違憲である。違憲の問題については，連邦憲法裁判所が決定する」という規定をおいた。

1968年の憲法改正による補充で，窮極的な手段による憲法秩序の防衛を標

---

5) 宮沢俊義「たたかう民主制」（初出1963）同・法律学における学説（有斐閣，1968）の中での表現に従えば，「ワイマアルのいましめ」と「ボンのそなえ」ということになる。

榜する二つの制度，緊急事態（115a条以下）と抵抗権（20条4項）についての規定が導入されたが，特に，「憲法秩序を排除しようと企てるすべての者に対する」抵抗の権利を語っていることが，注目される。伝統的な抵抗権は，公権力の圧制と暴政にむけられてきた。ここでは，抵抗の対象の拡大を通して抵抗権観念を転倒してまで，「たたかう民主制」が強調されているのである。

冷戦の高揚期に東西緊張の最前線にあった西ドイツでは，「たたかう民主制」は，ナチスの記憶にむけられただけでなく，「鉄のカーテン」の向こう側にあるコミュニズム体制の現実に対抗するものとして動員された。その典型的なあらわれが，1950年代の二つの政党違憲判決である。ナチスの流れをくむと目された社会主義ライヒ党（SRP）が（2 BVerfGE 1, 1952），ついでドイツ共産党（KPD）が（5 BVerfGE 85, 1956，ド判414頁），違憲判断を受けて禁止された[6]。

状況の変化は1970年前後から生じた。ヨーロッパ規模での東西緊張緩和という大状況の変化を背景として——西ドイツ自身が東方外交と非ナチ化の徹底によって，そうした背景をつくりあげるのに役割を果たした，ということが重要である——，それまでの不寛容のシンボルであった「たたかう民主制」が，その顔かたちを変えてゆく。ナチス支配を生み出したドイツ自身の体験を世代をこえて継承してゆくことの重要さがくり返し説かれ，民間企業による戦後補償を含めて歴史の清算のための努力がつづけられる一方で，基本法21条2項の政党違憲裁判制度については，それを維持することの是非を含めて，論議がおこなわれるようになってきている[7]。

---

[6] いわゆる「就業禁止」に関する事項を含めて，参照，山岸喜久治・ドイツの憲法忠誠——戦後から統一まで（信山社，1998）。関連して，政党助成の問題に焦点を合わせたものとして，上脇博之・政党国家論と憲法学（信山社，1999），同・政党助成法の憲法問題（日本評論社，1999）。

[7] 憲法裁判制度そのものの中に，「不寛容」の強制から「寛容」の強制へという変化を見てとることができるという点について，後出26-3を見よ。さらにまた，憲法それ自体が，批判的知識人の一典型ともいうべきハーバーマス（Jürgen Habermas）によって「憲法パトリオティスムス」（Verfassungspatriotismus）という言葉が語られるまでのものとなってきている。この言葉が「ドイツ人のアイデンティティ」を問う議論の中で発せられてからハーバーマスによって世に広められることとなった経緯を含めて，毛利透・民主政の規範理論（勁草書房，2002）は，「憲法パトリオティズムは可能か」（同書の副題）を問題とする。

1956年共産党違憲判決が，基本法21条1項で政党の役割を公認し保障した以上，第2項はその「必然的帰結」としていたのに対し，基本法の政党条項を「およそ基本法の最も重要な規定のひとつ」と評価する論者も，自由主義民主制にとっての政党禁止の「異物」性を指摘して，こうのべる。——「政党の価値あるいは無価値の評価は，裁判所の法的決定でなく，選挙民の政治的決定にゆだねられるべきであろう。禁止は，政党を，殉教者の役割に追いやる……。」[8]

推移の方向は，たしかに，一直線ではない。現に，再統一後の極右の運動の再浮上に当面し，NPD（Die Nationaldemokratische Partei Deutschlands）について，連邦政府（2001・1・31）と連邦議会および連邦参議院（3・30）が，政党違憲判断を求める申立てを連邦憲法裁判所に対しておこなった[9]。こうして，「自由は，つねに，乱用の可能性を含む。その乱用を封じようとすると，自由そのものの本質を否定することになる恐れがある。絶対に乱用できない自由は，自由でない」[10]，という難問をめぐる逡巡は，解決していない。

23-3 ナチスによる占領に対する抵抗運動の担い手たちによる，戦後フランスのための憲法構想のなかで，重要な決定がなされていた。1944年アルジェ

---

8) Ingo von Münch, *Grundgesetz-Kommentar,* Bd. 2, Athenäum, Frankfurt a/M., 1983, S. 50.
　実際問題として，連邦議会選挙で極右政党が実際上無視できるほどの得票率まで低下していたことが，そのような議論の背景にある。もっとも，1964年設立の極右政党（ドイツ国民党NPD）が69年選挙で4.3パーセントを得たあと退潮していったのは，選挙法の5パーセント阻止条項という安全装置を備えたうえでの「選挙民の政治的決定」だったのではないか，という見方の是非が問題とされる。
9) 加藤一彦「ドイツ連邦政府のNPD禁止申立書」東京経済大学現代法学会誌・現代法学2号（2001）21頁以下。この論点を含めて，同・政党の憲法理論（有信堂，2003）。その後，申立ての根拠としてその発言を援用されていたNPD党員が当局への情報提供者であることが明るみに出て，連邦憲法裁判所は，本件の審査手続を打ち切る決定を下した（107 BVerfGE 339, 2003）。
10) 宮沢・前出註5)173頁。渡辺洋「憲法の戦闘性——内外の今日的状況にみる」神戸学院法学30巻3号（2000）は，ほかならぬ今日の日本社会の状況をも念頭に置きながら，あらためて，「近代立憲主義の論理的要請」と「たたかう民主制」の関係を吟味する。

に置かれていたド・ゴール臨時政権に提出された,委員会報告がそれである。この委員会は,ファシズムが民主制を用いて民主制を破壊した[11]ことにかんがみ,フランスではそれまで反民主的制度と目されてきた違憲審査制を設けるだけでなく,憲法への忠誠を市民自体にも要求し,憲法に反する政党,結社,新聞の禁止解散,公務員の罷免などの制裁を裁判手続にゆだねる,という考えを検討した。そのうえで,しかし報告は,こう結論している。——「委員会の多数はこの主張を斥けた。それは,この主張が裁判官に与える権力を怖れる。そして……すべての市民に対しすべての政治的ドクトリンに関し完全な思想と宣伝の自由をみとめることを,それに伴う危険にもかかわらず,むしろ好ましいと考える。」[12]

そこには,ナチス占領軍とそれに協力したヴィシー政権に対抗した抵抗運動への,自負を読みとることができるだろう。こうして,憲法規範の次元では,「たたかう民主制」の系譜に属する規定は,1946 年憲法にも,政党条項をとり入れた 1958 年憲法にも,置かれていない。しかし,ひとつの法律が,議論を触発することとなった。

「人種差別,反ユダヤ,または外国人排斥のすべての行為を禁止する法律」(1990 年 7 月 13 日法)がそれである。議員立法の提案者だった共産党議員(当時野党)Gayssot の名にちなんでゲイソ法と俗称されるこの法律は,ニュルンベルク裁判の根拠法として定められた 1945 年 8 月 8 日の連合国ロンドン取極めにいう「人道に対する罪」について,「その存在を争う者」への刑事罰を含む制裁を,定めた[13]。「人道に対する罪」があったかなかったかを問題にする言

---

11) フランスのファシズム政権というべきペタン政権は,内側からでなく,第 2 次大戦冒頭の敗戦とナチスの占領によってもたらされた点で,ワイマール・ドイツの自己解体過程とはちがっていた。しかし,本土の北半分が占領された状態でヴィシーに招集された両院合同会議は,第三共和制憲法の定める手続(1875 年 2 月 25 日憲法法律 8 条)に従って,「一または数個の法令によってフランス国の新しい憲法を公布することを目的として,ペタン元帥の権威および署名のもとにある共和国政府にすべての権限を与える」ことを議決したのだった。
12) この報告については,Boris Mirkine = Guétzevitch, *Les Constitutions européennes*, I, PUF., Paris, 1951, p. 138-139.
13) 1990 年 7 月 13 日法 9 条。立法形式としては,この条文は,出版の自由に関する 1881 年法に,その 24 条の 2 として追加された。

論を罰するこの法律は，憲法院への審査申立ての対象となることもなく，最終的に成立した。その背景には，1980年代に入って，「アウシュヴィッツは無かった」という類の言説が，「歴史修正主義者」(révisionnistes) たちや「無かったことにする論者」(négationnistes) たちによって「自由」に宣伝され，そうしたなかで，極右政党・国民戦線（FN）が選挙の場面で急進出する，という事態があった。そのような事態を前にして，ファシズムからの解放をかち取りつつあった1944年の，「それに伴う危険にもかかわらず」自由の敵にも自由をみとめてなお自由を擁護できるのだという信念がゆらがざるをえなくなってきたということは，否定できない。

　しかし，もともと，人権宣言の母国であるこの国での逆説的に見える特徴として，「自由への強制」というルソー的思考が強かったことが挙げられる。ここでは，表現の自由を「優越的自由」とするアメリカ的思考は，法律家の間でも，一般世論の次元でも，知られてこなかった。ここではむしろ，「戦争のためのいかなる宣伝も，法律で禁止する」（国際人権B規約20条1項），「差別，敵意又は暴力の扇動となる国民的，人種的又は宗教的憎悪の唱道は，法律で禁止する」（同条2項）という考え方が，抵抗なく受け入れられるのである[14]。

　それと対照されるのが，アメリカの「優越的自由」の考え方である。判例でいえば，イリノイ州のスコーキ村事件（1978年）が知られている。ナチスの反ユダヤの主張を掲げる団体がデモをしようとし，そのようなデモを禁止する条例について，それを違憲とした判断を，最高裁が支持したという事例である

---

14)　しかしまた，「真実は真実であり，法による真実であることを必要としない」という主張もまた，健在である (Pierre Vidal-Naquet, in *Quotidien de Paris*, le 9 mai 1990)。審議されつつあったゲイソ法を不要とするこの論者は，「真理に対する共通の敬意」を前提にすることの不可能な歴史修正主義者たちを「相手に」議論しない，と断りながらも，彼らに「について」議論することは必要だ，という立場をとってきた（ヴィダル＝ナケ［石田靖夫訳］・記憶の暗殺者たち［人文書院，1995］9～10頁）。それでも彼はまた，彼らに「について」議論すること自体の矛盾，「実際に論争があるのだという考えに信用を与え，熱烈にそうしてもらいたくて仕方のない一人の人間を宣伝してやることではなかったろうか」という矛盾にふれざるをえない（同上，12頁）のである。

(Collin v. Smith, 439 U. S. 916, 1978)[15]。

　もっとも，アメリカについても，その反面の動向を指摘しなければならない。1990年代になって，politically correct（略して PC，名詞化して political correctness）という言葉が使われることが目につくようになった。さまざまの形での差別的言論に対抗しようとする立場のなかから，「政治的に適正」な言論でなければならぬ，という主張が出てきたのである（前出 13-1)[16]。

　人種差別や性差別，障害者への偏見などを助長し鼓吹すると見られるような言論，民族や国民の間の憎悪を煽るような言論（いわゆるヘイト・スピーチ）を，不「適正」なものとして社会から排除しようとする主張である。これまで支配的だった偏見（例えば白人文化中心主義）に対抗する積極的主張（例えばアフリカ文化の優位性）を受け入れさせよう，という主張を伴うこともある。過去の歴史について，侵略や迫害の事実を否定しようとする言論，あるいはそれらの事実を正当化しようとする言論への抗議，というかたちをとることもある。特に大学でのキャンパス・ルールとしての規制のかたちで，反差別のための意識変革を求めようとする運動との，結びつきが強い。

　PC は，判例の流れを変えるところまでは行っていないが，表現の自由の優越性を強調してきた「リベラル」派のなかに，PC の主張に反応してこれまでの立場を修正しようとするものと，あえて古典的な自由の擁護をつらぬこうとするものとが，分かれるようになる。反対に，保守派のなかにも，PC に対抗するために表現の自由を支持する立場があらわれ，二つの陣営にまたがるクロス現象を呈する傾向がある[17]。

　不寛容に対して寛容の適用除外をするということは，相対主義の相対化を意

---

15) 但し，ソ連共産主義の脅威（マッカーシズム），テロリズムの脅威（2001年9月11日事件への対応）といった緊張状態での社会そのものの反応が，「優越的自由」への寛容を維持したかは，別の検討を必要とする。

16)「たたかう民主制」と PC とは，その論理的形式枠組の点で共通するが，その枠組によって実現しようとする実質価値の点ではむしろ対照的である。「たたかう民主制」は，基本法に化体された価値秩序の維持を，PC は文化多元主義の強い影響下で価値の多元化を，それぞれ求めるからである。

17) 交錯する流れを的確に整理し，いくつかの重要な裁判例に言及するものとして参照，奥平康弘・「表現の自由」を求めて——アメリカにおける権利獲得の軌跡（岩波書店，1999）。

味する。人によっては，それは相対主義それ自体だけは動かせない価値として扱うのだから，相対主義の絶対化ではないか，と言うかもしれない。表現の定式は選択の問題であるが，相対主義という哲学への信念というより，相対主義のもたらす懐疑が「不寛容に対してまで寛容ではない」という考えの制度化を促した，という脈絡を考えると，「相対主義の相対化」の方が表現としてふさわしいであろう。

　そのような傾向と，相対主義にとどまろうとする傾向とが，どちらが主流となり，あるいはそれを抑止しようとする立場なのか，それぞれの歴史体験と思想的伝統を反映して国によって違いを見せながら，競り合っている。

24 「いかに」の権利論 v.「なぜ」の権利論
―― 「権利の限界」,「公共の福祉」

24-1 実定憲法に書きこまれた権利は,立法・行政,そして裁判の場でなんらかの形で具体化され,あるいは具体化されないままで終わる。その際,「権利の内容を決めるとは権利の限界を定めることだ」,という言い方があてはまるだろう。

実定憲法の条文の書き方自体,いくつかに類型化され,少なくとも三つが区別されるだろう。第一の型は,内容の決定をもっぱら法律にゆだねる(日本国憲法でいえば,「日本国民たる要件は,法律でこれを定める」という 10 条)。第二の型は,なんらかの条件を示して,法律にゆだねる(「財産権の内容は,公共の福祉に適合するやうに,法律でこれを定める」という 29 条 2 項)。第三は,法律にゆだねるという形式をとらない(「思想及び良心の自由は,これを侵してはならない」という 19 条)。

憲法で掲げた権利の内容の充塡を,条件なしであれ条件つきであれ,法律にゆだねる方式は,ドイツ流の表現で「法律の留保」と呼ばれる。それは,行政による決定をゆるさないという意味で,法治主義の要請にこたえるものであると同時に,立法による,ありうべき権利の侵害には対抗できないことを意味し

た[1]。19世紀ドイツ公法，そして，それをさらに不十分な程度で受けついだ大日本帝国憲法のもとでの「法律の留保」は，そのようなものであった[2]。それに対し，日本国憲法のもとで，個人の尊重（13条）という窮極的な価値を掲げたうえで「国権の最高機関」「唯一の立法機関」（41条）として国会を位置づけている憲法の全体構造のもとでは，上に見た三つの類型のどれに属するにせよ，憲法が法律にまるごとその規範内容の決定をゆだねていると解すべきではない。こうして，いずれにしても，どこまでが憲法上の権利なのかという論点が，憲法論として問題となるのである。

24-2 近代実定法は，完結した体系として形成され，法律家は，その枠の中で仕事をする。もとより，実定法の背景には，現実の歴史があり，そのもとで展開してきた思想のいとなみがある。それぞれの権利条項は，抑圧があったからそれに抵抗するために書きこまれたのであり，何が問題だったのかという具体性に裏打ちされていた。信教の自由が権利文書のなかでも焦点とされてきた

---

1) 国民の権利を侵害し義務を課すこととなる内容は，法律によって定められなければならない，という考え方は，「侵害留保」と呼ばれた。立法府の優位がつらぬかれる段階になると，そのような対象事項のふり分けではなく，すべての「本質的決定」は立法者自身がしなければならぬ，という「本質性理論」があらわれる。この考え方につき，大橋洋一・行政規則の法理と実態（有斐閣，1989）が，連邦憲法裁判所と連邦行政裁判所によって形成された法理を分析する。
　　基本権を制約する法律の一般的規範性，という論点がある。ワイマール憲法について，「公用収用は……法律の根拠にもとづいて（auf Grund eines Gesetz）のみ」おこなわれるという153条の文言と，公有化についての156条の「法律により（durch das Gesetz）」おこなうという文言の違いを人びとが重視していないことを，カール・シュミットは批判していた（憲法理論［前出98頁註12］189～190頁）。二つの定式の違いは，一般的規範としての法律の存在を前提として必要とするかどうかの違いを，意味しうるからである。ボン基本法は，「基本権が法律により，または法律の根拠にもとづいて制限されるとき」「法律は一般的に適用されるものでなければならない」（19条1項）と定めているから，二つの定式を区別せず，いずれにしても基本権の制限は一般的規範によらなければならないとしていることになる。
2) もっとも，他方で，外観上「法律の留保」と同じ形式をとることによって議会中心主義をつらぬき，そのことを通して権利保障に仕えることをめざしたのが，同時期のイギリスとフランスであったことにも注意せよ（後出 **25-1**）。

のは，宗教権力と政治の結合による良心の抑圧が歴史の大きな舞台だった（宗教戦争）からであり，例えば髪形の自由や喫煙の自由が書きこまれていなかったのは，それは少なくとも歴史の主要な争点ではなかったからである。しかし，実定法をそれとして受けとめる法律家の仕事は，普通には，そうした歴史の背景をぬきとられた法規範を相手とする。

「基本権の脱道徳論への転回」を説く主張がある[3]。「人格的自律の存在としての人間」像を批判し，「自由な国家のための理論は，特定の人間像を想定して人間の活動範囲を特定目的内に閉じ込め，その範囲に不可欠な利益だけを人間に与えるものであってはならない」というその主張は，しかし，「転回」するまでもなく近代法の法実務と実定法学がこれまで採ってきた枠組なのである。判例のとってきた手法――「何をしてもよい自由」を想定し，つぎにそれを制限するという手法――は，まさにそのあらわれであった。基本権の思想的基底に道徳哲学があるということは事実であり，他方で，実定法学や法実務がそれを括弧に入れて基本権を扱ってきたこと――その意味で「脱道徳」化してきたこと――もまた，事実だったのである。

それゆえ，実定法のあれこれの権利について限界を画する仕事は，「いかに」の権利論のかたちをとる。権利条項の文言をさしあたり言葉として一般的に受けとって，それを社会のなかに実際に作用させるにあたって「いかに」限定するか，というかたちをとる。

日本国憲法下の判例の議論の立て方は，そのような意味で，典型的といってよい。「賭博行為の自由」をいったん問題とし（最大判1950・11・22刑集4巻11号2380頁），あるいは「喫煙の自由は，憲法13条の保障する基本的人権の一に含まれるとしても」（最大判1970・9・16民集24巻10号1410頁），としたうえで，「公共の福祉」を援用することによってそれを制限ないし否定する，という論法である。それに対し，それを批判する学説の側からは，「公共の福祉」によ

---

[3] 阪本昌成「プライヴァシーと自己決定の自由」講座憲法学Ⅲ（日本評論社，1994）219頁以下。

る基本権の制限を制限する,という形で議論が展開されてきた[4]。

「公共の福祉」の援用は基本権の内容を実体法的に制限する仕方だとすれば,もうひとつの仕方は,立法裁量論という形をとる。そしてここでも,立法裁量を広くみとめようとする傾向にある判例に対し,学説は,さまざまの審査基準を立てて,立法裁量を限定しようとしてきた。

このように,いずれにしても基本権の制限を制限するという構図で,基本権論が展開してくるのである。そこでは,公共の福祉であれ立法裁量であれ,基本権を制限する論理を吟味することが主眼となり,権利そのものは,あえていえば,「何をしてもよい」ものとして,その意味で「一応のもの」(prima facie) として想定しておけばよいことになる。「一応の」権利を措定し,つぎにその制限にとりかかる,という意味で,権利の二段階画定論と呼んでおこう。

それに対し,権利そのものの根拠づけによって権利内容を定めようというアプローチがありうる。これは,権利の一段階画定論と呼ぶことができよう。「いかに」の権利論と対照的に,ここでは,「なぜ」という,権利主張の積極的な根拠づけが問われる[5]。

---

4) 戦後早い時期に,法哲学者を含めて「公共の福祉」の内容を論ずることがまず必要となったのは,それゆえであった。例えば,末川博編・基本的人権と公共の福祉(法律文化社, 1957)所収の諸論稿。
5) 奥平康弘・なぜ「表現の自由」か(東京大学出版会, 1988)は,「なぜ」を問う ——「いかに」よりも——その標題がすでに問題提起の意味を持つ。

これら二つのアプローチには[6]，それぞれ一長一短がある。二段階画定論は，基本権への制限という引き算をする前段階として，さまざまな主張に，「一応の」権利性をみとめる。しかしその反面として，「何をしてもよい自由」を制限するための「公共の福祉」の内容もまた，その歴史的背景をぬきとられたままふくらまされ，結局は，引き算された残りの自由の質と量が乏しいものとなる傾きがある。

　この点について，早い時期に，するどい指摘が先駆的になされていた。──「たとえば，脅迫罪を処罰することは，憲法の公共の福祉で説明したがるが，これによると，憲法で言論の自由を保障したとき，脅迫もこれに仲間入りしたが，これでは少々困るから公共の福祉のためにわざわざ脅迫を犯罪としてこれ

---

[6] 内野正幸・憲法解釈の論理と体系（日本評論社，1991）323〜327頁は，「『憲法上の自由』の範囲の画定方法」として，「一応の自由」を想定したうえで合憲的な制約を蒙った結果，憲法の保障の外に置かれるとするアプローチと，「そもそも『一応の自由』に属さない」から「制約を語るまでもない」とするアプローチを区別する。その際「一応の自由」の範囲の広狭の度合によって，殺人の自由までを含める「無限定説」と，「小限定説」「中限定説」および「大限定説」を区分する。そのような枠組を前提としたうえで，「限定説にあっては，『憲法上の自由』の範囲の画定は，想定しうるあらゆる行為から，『一応の自由』にも当たらない部分を差し引き，さらに合憲的な制約に関わる部分を差し引く」から「二段階画定論と呼ぶことができ」，「無限定説の場合は，『憲法上の自由』の範囲を画定するためには，『一応の自由』から合憲的制約部分を引くだけでたりる」から「一段階画定論」となる，と言う。そこでは，「『一応の自由』を想定すること自体を疑問視する者もいるであろうが，ここでは，この点は度外視したい」とされているが，本文でのべた意味での「二段階画定論」と「一段階画定論」は，まさに，引き算以前の段階の「一応の自由」を想定するかしないかを基準にしたものである。私がこの用語を公に使ったのは1992年刊行の『憲法』（創文社）においてであるから，言葉のプライオリティは内野にあったといわなければならないが，用語法の違いについて，同氏と読者に理解をお願いする。なお，内野の見解へのコメントとして，藤井樹也・「権利」の発想転換（成文堂，1998）327頁以下。

を処罰したということになり，滑稽極まる議論である」[7]。実際のところ，「殺人の自由」や「脅迫の自由」は，とっぴな引例ではない。『ヴェニスの商人』のアントニオは，賢明なポーシャがいなければ胸の肉1ポンドを切りとられて死ぬほかなかった立場に立たされていた。しかし，近代法は，殺人や脅迫や，債務不履行の際には殺されてもよいという契約を，自由の名において保護することはない。財産権を「神聖不可侵」(1789年宣言17条) と宣言する法体系のもとでも，人身売買契約は，西欧文化圏の内部で，契約の自由の名のもとに保護を受けることはなかった。このように，「自由」は，それぞれの歴史社会のなかでの役割に見合って，すでに一定の輪郭を持ったものだったはずである。

そのことを重視する立場は，一段階画定論にむすびつく。それは，さまざまの新しい要求に対応する主張に，「そもそも権利でない」として参入を拒否する可能性が大きい。しかしその反面として，近代憲法の権利体系の核心に置かれてきたはずの権利について，調整を拒否する切り札としての性格を与えるのに役立ちうるだろう。

「切り札」とされるものはそう多くはないから，「切り札」以外のものについての一段階画定は，二段階画定アプローチと実際の機能の上で大きな違いはない。その意味では，これら二つのアプローチの対置が，完全に「あれかこれか」の二者択一の関係を意味するものでないことには，注意が必要である。

そのような留保とともにであるが，一段階画定論にとっては，完結した実定法の権利条項体系の背景にあった要素に，あらためて着目しなければならなく

---

7) 山本桂一「公共の福祉」日本国憲法体系・第8巻 (有斐閣, 1965) 27頁。
　関連して，ドイツでの基本権論について，「外在説と内在説の区別」を検討するものとして，松本和彦・基本権保障の憲法理論 (大阪大学出版会, 2001) 207頁以下。「外在説」，すなわち「一度認めた権利を後から制限するという考え方」が，「基本権の保護領域論と基本権制約の正当化論」を区別し，前者を後者に先行させて論じるのに対し，「内在説」は，「一応の保護と最終的な保護の区別を認めない考え方」であり，「基本権の保護領域論と基本権制約の正当化論を区別しない」。両説の応酬の検討のなかで，「舞台上での殺人行為も，芸術のためには受忍されなければならないなど，誰が真面目に主張し得ようか」という外在説批判をめぐる議論も紹介されている。

なる。そのように「なぜ」[8]を問おうとするとき，1980年代以降のアメリカ合衆国で，権利の道徳的根拠を問う議論がくりひろげられることになる必然があった（前出13-1）。

ところで，「個人の自律を根拠とする『切り札』としての権利」だけを「人権」と呼び，「公共財としての性格のゆえに保障されるべき権利」を「公共の福祉にもとづく権利」と呼び，両者を区別することを提唱する見解がある[9]。そこでは，「公共の福祉」というシンボルは，権利制約の根拠から，権利の根拠，「国家権力の内在的制約」へと組み替えられている。「国家は公共の福祉に反して個人の行動の自由を束縛すべきではない」，とされるのだからである。

「公共の福祉にもとづく権利」と対照的に，「公共の福祉」の要求にかかわりなく成立するのが「切り札」としての人権であるが，後者は，「個々人の具体的な行動の自由を直接に保障するよりはむしろ，特定の理由にもとづいて政府が行動すること自体を禁止するもの」とされる。すなわち，「自分［「切り札」を切ろうとする者］の選択した生き方や考え方が根本的に誤っているからという理由にもとづいて否定され，干渉されるとき」，その干渉を拒否することが，「切り札」を切るということとされるのである。それに対しては，「切り札」としての人権それ自体を直接に説明することは，「絶対的に保障されるべき人権の『正確な定義』という絶望的ともいうべき困難な課題に直面する」ことだ，

---

[8] 奥平康弘・なぜ「表現の自由」か（前出註5）は，その「なぜ」を問い，「有象無象の生活領域」に関する人権のインフレ状況を批判し，「表現物が一定の実体的価値を有するがゆえに」その自由が保障されなければならない，という考え方を提示する。もとより，そのような「内容重点的な物の見方」は，ある種の表現物を恣意的に「表現の自由の世界から放逐」する危険，そもそも国家の価値中立性の原則をゆるめてしまう危険を伴うということにも，注意が向けられている。

[9] 長谷部恭男「国家権力の限界と人権」（1994）同・憲法の理性（東京大学出版会，2006）所収。この見解は，これまでの学説の大勢を，「暗黙のうちに個人には無限定の行動の自由があると仮定し，その行動の自由をなぜ国家権力が法を通じて制約することができるかという問題に答えようとしてきた。その答えを抽象的な形で与えるのが『公共の福祉』という概念であり，学説はその概念の内容を分析しようとしてきた」ととらえる点で，本書の整理の仕方と共通の論議を前提にしたうえで，本文で見るように，「公共の福祉」論の組み替えを提示する。

という指摘が10),たしかにあてはまる。しかしそれならば,「切り札」それ自体の内容でなく,「切り札」を切らせまいとする理由を問題にして押し返す,という迂回アプローチは,それでは「絶望的」困難を回避できるだろうか。どのアプローチをとるにしても,困難さはつきまとうのではなかろうか。どんな理由を以てしても立ち入れないものとして「切り札としての人権」を定義する仕方との優劣は,測りがたい11)。

10) 高橋和之「すべての国民を『個人として尊重』する意味」塩野宏先生古稀記念・行政法の発展と変革・上（有斐閣,2001）295頁。それに対する応答として,長谷部恭男「『公共の福祉』と『切り札』としての人権」(2002) 同・憲法の理性（前出註9）所収。

11) 青柳幸一・人権＝社会＝国家（前出94頁註3）106頁註100は,前出註9の長谷部「切り札」論と,樋口陽一・憲法［改訂版］（創文社,1998）155頁とについて,「『切り札』とされる人権の範囲」の広狭を,問題としてとりあげている。本書の著者の理解は,狭義の「人」権観念（前出2-3）を前提として,人権というからには,それに「切り札」としての効果を与える（その際,「国家からの自由」の中でも人一般としての「個人」を主体とするものに限定されており,同じく言論の自由であっても,その主体いかんによって「人」権性が,従って「切り札」性が左右されることに注意）。憲法解釈論の場面で,「切り札」は,他の主張を斥ける強い機能を持つが,どこまでの内容に「切り札」として資格を与えるかが問題となり,歴史の所産としての狭義の「人」権の持つ輪郭によって限定される。「切り札」ではない憲法上の権利＝基本権については,一段階画定の作業を経て出された内容が,他の憲法上の価値との調整に付されることとなる（プレスの表現の自由とプライヴァシー権との間,宗団の信教の自由と政教分離との間,など）。日本国憲法13条後段にいう「公共の福祉」は,権利制約のための積極的根拠とはならないが,この条文を根拠とする権利主張（「幸福追求の権利」）は,公共の福祉に反しない限りで「最大の尊重」を受けるというのであるから,「切り札」性は主張できない,ということになる。「切り札」としての「人」権であれ,そうでない憲法上の権利であれ,「一段階画定」の手続は,「権利の内在的制約」と呼ばれてきたものの発見手続を意味する。それに対し,憲法22条1項,29条2項が想定する「公共の福祉」による制約は,内在的に対する意味で「外在的制約」ということになる。ここで「内」と「外」を分けているのは,近代実定法システムが整備された歴史段階でいったん共通了解とされたような権利のあり方を,基準としてのことである。

第4章　人権の宣言から裁判による基本権保障へ

25　「立憲主義」シンボルの復権

25-1　マグナ・カルタ以来の権利宣言文書の伝統を持つイギリスは，しかしその一方で，「国会主権」を第一の憲法原則としてきた。また，ザ・人権宣言ともいえる1789年宣言を掲げたフランスで，立憲主義が近代実定法として確立するのは，1875年憲法（第三共和制）の議会中心主義のもとでのことであった（前出 1-2）。そもそも最高法規としての憲法という観念を持たないイギリスでは当然としても，硬性憲法の方式をとり，従って立法府が憲法に拘束されているはずの第三共和制フランスでも，人権確保という課題は，まさに立法を通して達成されることが期待されていたのである[1]。そこでは，1789年宣言は，「人および市民の諸権利」を掲げることによって，権力を制限するよりは根拠づける役割を果たしていた。権利のカタログを列記した宣言は，同時に，「一般意思の表明としての法律」の至高性[2]をうたい，その起源の一般性（国民主権）とともに，その内容の一般性（「一般的規範としての法律」の観念）をもって，

---

1) 実際に，第三共和制確立期の一連の立法によって，権利保障の実定法体系が整備されることになり，それらはのちに第五共和制下の憲法院によって，「共和国の諸法律によって承認された諸原理」というカテゴリーでとらえられ，違憲審査の基準としての憲法の効力を与えられることになる。中でも，非営利社団に届出による法人格取得の権利をみとめた1901年7月1日の結社の自由法の重要性については，前出 2-2 を参照。
2) 「法律は一般意思の表明である。すべての市民は，みずから，またはその代表者によって，その形成に参加する権利を持つ。法律は，保護を与える場合にも，処罰を加える場合にも，すべての者に対し同一でなければならない」（宣言6条）。

権利保障の裏づけとしたのである³⁾。

　他方で，アメリカ合衆国の権利章典（1791年成立の，修正条項10ヵ条）は，まさしく連邦立法権の制限を，その眼目とした。こうして，比較法上の例外の存在として，この国では，1803年以来，司法裁判所による違憲審査を通しての基本権保障の枠組が成立することとなる⁴⁾。それに対し，1789年宣言は，宣言で「しかなかった」そのことによって，議会中心主義による権利保障に仕えたのであった（仏・米二つの権利文書の性格の比較として，前出13-2）。

　片やアメリカ合衆国で，1930年代にむけて違憲審査のあり方が大きな争点となる一方で，他方のフランスでは，同時期に，違憲審査が「裁判官による統治」⁵⁾となることを怖れる論調の方が有力であった。議会中心主義への志向が主流であった20世紀前半までは，アメリカでの違憲審査制の展開の方が例外的だったのである。帝国憲法下の日本の立憲学派の代表的存在というべき美濃部達吉も，「少くとも今日の多数の立憲国に付いて言へば，立法権の機関を以て国家の最高の権力を代表するものと為すことを政体の根本原則として居る」として，「憲法は立法機関自身に依って維持せらるべきものと為すのが当然」⁶⁾という立場をとっていた。

---

3) 　大陸法型の法思考のもとで，「法律の一般性」という観念は，恣意をゆるさない重要な手段，「理性と意思という古くからの法治国的区別の究極の保障」（シュミット・憲法理論［前出98頁註12］178頁）としての役割を，意識されてきた。英米法では，特定の個人，団体，地域のみに関する法律がPrivate Actの名で呼ばれてきた。Bill of Attainder（裁判手続なしに立法で特定事案につき権利を奪うこと）を禁ずるアメリカ合衆国憲法1条9節3項の規定は，個別対象についての法律が一般的に許されるという前提のもとで，一定のそれを禁止するという意味を持つ。

4) 　但し，それにしても，基本権保障のシステムとしての確立のためには「司法審査の編成替え」（奥平）が必要だったことについて，前出1-2を参照。

5) 　Edouard Lambert, *Le gouvernement des juges et la lutte contre la législation sociale aux Etats-Unis. L'expérience américaine du contrôle judiciaire de la constitutionnalité des lois*, Marcel Giard, Paris, 1921.

　　但し，レオン・デュギ，モーリス・オーリウという両大家が，それぞれの議論の立て方を通して，議会の人権被拘束性を主張していたことは，少数説とはいえ記憶されるべきであった。Léon Duguit, *Traité de droit constitutionnel*, tome Ⅲ, 2 éd., Boccard, Paris, 1923, p.560 et s. ; Maurice Hauriou, *Précis de droit constitutionnel*, 2 éd., Sirey, Paris, 1928, p.255, 339, 624 et s.

6) 　美濃部達吉・日本憲法・第1巻（有斐閣，1921）524頁。

25-2　連邦制という前提のもとで連邦立法権への拘束という意味を担った憲法——特にその権利条項——を持つアメリカ合衆国は別として，近代憲法の理念型というべきものは議会中心主義であり，そこでは，広義・狭義いずれであれ人権は，普通選挙を通して民主的正統性を獲得してゆく議会によってこそ実現されるべきものとされた。1789年宣言16条が権利保障と権力分立という二要素によって定義する「憲法」の具体的なあらわれは，そのようなものであった。かつての君主主権にかわって上昇してくる国民主権の理念を背景として，普通選挙と内閣の対議会責任という二つの制度の成立と充実が，何より「憲法」の主要な問題だったのである。

そのようななかで，「立憲主義」という言葉が両義性を持たされてキーワードとしての役割を演ずることになるのは，ドイツでのことであった。ここでは，議会優位への方向を大臣責任制によっておし進めようとする立場（Parlamentarismus）に対抗し，上昇しようとする議会に対して君主の地位を防禦するために権力分立（Gewaltenteilung）をはかるという文脈で，Konstitutionalismus というシンボルが重用されたからである。それに対し，それは「外見的立憲主義」（Scheinkonstitutionalismus）にすぎないと批判する立場は，議会中心主義による権利保障の実質化こそ本来の立憲主義なのだ，という言葉の使い方をしたのであった。

日本語としての「立憲主義」も，帝国憲法の解釈運用をめぐって争った正反対の二つの側から，それぞれの意味で援用された。大臣責任制を否定する穂積八束は，「英国輓近ノ所謂議院政治ノ如キ其ノ実ヲ以テスレハ専制ノ政体ニ近シ」「之ヲ立憲政体ト称スト雖，実ハ其ノ変態ナリ」という意味での用語法を前提としたうえで，帝国憲法を「立憲政体」を定めたものとしていた[7]。他方で，穂積のいう「議院政治」の方こそを「憲政」の常道として主張する美濃部達吉は，「立憲政治は責任政治」であり，「国民殊にその代表者としての議会が政治を論評して大臣の責任を問ひ得ること」こそを，「立憲」政治の核心としたのであった[8]。

かように，「立憲主義」というシンボルは，行政権＝君主と立法権＝議会の

---

7)　穂積八束・憲法提要・上（前出1頁註2）122頁，126頁。

8)　美濃部達吉・逐条憲法精義（前出1頁註3）21〜22頁。

対抗関係のなかで，——前者を防禦しようとするか，後者の地位を固めようとするか，正反対の側からそれぞれに——相手の権力を制限する役割を課されていた。

君主と議会の対抗関係という問題場面で歴史上の役割を演じた「立憲主義」の観念は，議会中心主義により，国民意思の名による支配（デモクラシー）がつらぬかれる段階では，出番を失うことになる。イギリスが「国会主権」を語り[9]，フランス第三・第四共和制のもとで「一般意思の表現としての法律」の至高性が語られるときが，そうである。帝国憲法のもとであれほど援用された「立憲」政治・「立憲」主義というシンボルが，国会を「国権の最高機関」「唯一の立法機関」とすることになった日本国憲法のもとで，政界や論壇で最近までほとんど登場してこなかったのも，軌を一にした現象であろう[10]。

その日本は別として，1980年代後半になって[11]，英語（constitutionalism），フランス語（constitutionnalisme）で「立憲主義」という言葉が，学会・シンポジウム等の論題としても，著作物の標題としても，ひんぱんに使われるようになる。その場合，権力の制限という要素をかつての「立憲主義」と共通にしながらも，大きな違いは，いま言われる立憲主義が立法権＝議会に対する制約を裁判の方法＝違憲審査制によって確保することを通じて，基本権保障を充実させようとするところにある。

普通選挙が「民衆の喝采」による独裁に導いたことからの教訓（1945年以降），そして，「人民大衆」の名で一党支配が永続していたことからの教訓（1980年代ポーランドでの状況が西欧諸国に与えた強い影響，そしてとりわけ旧ソ連・東欧圏の一党支配が解体した1989年以降）が，あらためて，「民意（デモス）の支配（クラ

---

9) もっとも，その「国会主権」が同時に「法の支配」によって緩衝されていたことは，本文後述のとおりである。
10) 並いる政党で「立憲」の名を冠したものが戦前（「立憲政友会」「立憲民政党」など）にくらべ，戦後はほとんど——「全く」ではないが——無いことは，象徴的である。歴代の政権与党が「憲」法シンボルを好まず，「護憲」を標榜する野党も，終局目標として社会主義を掲げていたことも，そこには反映している。
11) 日本でも，学界に関するかぎりでは，1980年代以降の欧米の状況が反映している（但し前出14頁註11を参照）。それに対し，1973年に出版された，この本の著者にとっての最初の書物が『近代立憲主義と現代国家』（勁草書房）という標題を持っていたのは，当時としては，通例ではなかった。

チア)」よりも権力制限の論理の致命的な重要さを，浮き彫りにしたのであった。

　アングロ・サクソン文化圏では，もともと「法の支配」(Rule of Law) の強い伝統があった。ダイシーが「国会主権」をイギリス憲法の第一原則にあげたときも，それを抑制する「法の支配」が，実は表裏一体となっていた。「国会主権」そのものが，「法の支配」[12]の適用者としての裁判所の役割によって大幅に緩衝される，という構造のものだったのである[13]。

　それとくらべて，転換が明瞭に画されるかたちをとったのが，フランスである。それまで，積極的な意味内容を担うものとして使われることのなかった Etat de droit (法治国家) という観念が，constitutionnalisme (立憲主義) と密接不可分のものとして，多用されるようになったからである[14]。

　当のドイツでは，どうか。Rechtsstaat (法治国家) という用語も健在ではあるが，強力な違憲審査制を伴うという含意で，立憲主義の復権は，Verfassungsstaat (立憲国家) という言葉を伴っている。そこには，かつての Rechtsstaat が，Recht＝法の内容を棚上げした「法律は法律だから従え」という Gesetzesstaat になってしまっていた，という反省の視点も含まれている。

---

12) 「法の支配」という多分に多義的な言葉は，ダイシー自身によれば，「憲法の一般原則（たとえば，人身の自由の権利や公の集会の権利のような）が，われわれにあっては，裁判所の前に提起された特定の事件で私人の権利を決定した司法の判決の結果」なのだ，という言葉で表現されている（ダイシー・憲法研究序説［前出 97 頁註 9］185 頁）。

13) イギリスの「法の支配」が「国会主権」と微妙な緊張関係に立ちつつ両立していたのに対し，アメリカ合衆国では，「法の支配」の観念は，成文・成典の最高法規としての憲法のもとで，違憲審査制に裏づけられて，実定法上いわばすなおな実現形態をとった。

14) 1993 年パリで開かれたヨーロッパ諸国の憲法裁判所の代表が参集する会議（第 9 回）で，当時のミッテラン大統領が，Etat de droit＝法治国家という観念が東西ヨーロッパを通して共通のものとなったことを強調し，「1 世紀前のドイツの偉大な法学者の思索の果実であるこの古典的観念」とのべた（当日大統領府プレス・サーヴィスから配布された演説草稿による）。権力と人民の一体化という民主主義の理念より，権力の制限という要素を重視するというかぎりで，19 世紀ドイツの Rechtsstaat 観念への敬意の表明は，それとして受けとることができる。しかし，本文でのべた意味で，Etat de droit は，かつての Rechtsstaat より，いまの Verfassungsstaat に対応していると考えるのが，正確な理解であろう。

26 違憲審査制の構造――アメリカ型と大陸型

26-1 1958年のアメリカで，あるロー・ジャーナルが，「アメリカとヨーロッパ――違憲審査制の衰退と興隆」[1]と題する論説をのせている。「衰退」とされていたアメリカ合衆国については，1960年代に入ってウォーレン・コート (1953〜69年) の司法積極主義が全面展開してゆくことによって，この対比は事実に即さないものとなる[2]。ウォーレン・コート後の段階になって，合衆国最高裁の「保守化」がいわれるようになりながら，それはまたそのようなものとして司法審査制は，この国の政治と社会にとって決定的に重要な存在でありつづけている。他方で「興隆」とされたヨーロッパは，そう名づけられた通りの展開を示してきた。

この論説は，「実証主義の法律万能主義」が独裁への道を舗装したという反省からドイツとイタリアで憲法裁判所制度が設けられたことを，「興隆」と呼んでいた。その後，1970年代に独裁から民主制への移行をとげた南欧諸国で，憲法裁判所制度が導入され (1976年ポルトガル [現行制度は1982年憲法改正による]，1978年スペイン，1975年ギリシャ)，1989年以降になると一党支配解体後の旧ソ連・東欧圏を含めて，違憲審査制が全ヨーロッパ規模にひろがっていった。この間，革命以来一貫して「一般意思の表明としての法律」の至高性という原則を掲げ，違憲審査制を反民主的なものとして斥けてきたフランスで，1958年憲法によって設けられていた憲法院が，憲法制定時の了解に反して，法律に対する違憲審査を活性化させる，という大きな変化が起こっている (1971年)。

「衰退と興隆」論文が書かれてからちょうど四半世紀後に，比較裁判論の専門家によって，「違憲審査制革命」(Judicial Review Revolution)[3]というキーワードが発せられるまでになった。この定式は，1983年という時点でのヨーロ

---

1) Gottfried Dietze, America and Europe――Decline and Emergence of Judicial Review, in *Virginia Law Review*, vol. 44, no. 8, December 1958.
2) もっとも，学校教育での人種差別を違憲とした著名なブラウン判決 (Brown v. Board of Education of Topeka) は1954年 (347 U.S. 483, 百選62頁) と1955年 (349 U.S. 294, 百選62頁) にすでに出ていることに注意。
3) Mauro Cappelleti, Judicial Review of Legislative Action in Europe, in E. G. Baldwin (Ed.), *The Cambridge Lecture 1983*, Butterworth, 1985, p. 235.

ッパ諸国での違憲審査制の一般化と、それに加えて、リュクサンブール（EC裁判所）とストラスブール（ヨーロッパ人権裁判所）での裁判によるコントロールを含めて言われたものであった[4]。その後の事態は、ヨーロッパ規模の二つの裁判所の活動を含めて（この点については後出29-2）、「革命」が後戻りすることなく根をおろしてきていることを、示している。

こうして、違憲審査制は、「デモクラシー」にかわる「立憲主義」「法治国家」（前出25-2）を支えるキーストーンとしての役割をひきうけているのである。

違憲審査制の構造として、アメリカ型とヨーロッパ大陸型を対比し、後者の中ではドイツ（旧・西ドイツ）の制度を典型としてあげるのが一般的である。

アメリカ合衆国の違憲審査制は、司法権を行使する裁判所の権限とされる。事件性の要件を充たして具体的訴訟が提起されることを前提として、適用法律の審査がおこなわれ、憲法判断は、具体的事件についての判決主文を導く判決理由のかたちで示される。違憲判決の直接の法的効果としては、違憲とされた法律がその事件での適用を排除される、ということになる。

対してドイツでは、審査権は、特に設けられた連邦憲法裁判所に与えられ、具体的事件とかかわりなく法律そのものについての抽象的審査が可能とされ、他の裁判所からの移送を受けて判断が下されるときも、その事件の具体的解決からはきり離されている。憲法判断は判決主文で示され、違憲判決は法律の失効という一般的効果をもたらす。

同じ大陸型でも、フランスの制度は、法律が議会で採択されたあと大統領の審署を得て発効するまでの間に限っての事前審査であり、すでに発効した法律には審査権が及ばない。ドイツの制度が憲法異議という形態で市民個人からの提訴をみとめているのに対し、そのような方式はみとめられていない。

---

4) カペレッティが問題にしているのはEC裁判所とヨーロッパ人権裁判所を含めてのことであるから、「違憲」審査制革命という訳し方は正確ではない。しかし他方で「司法」審査制革命という訳語を採ることもできない。「司法」権でなく特別の憲法裁判所に審査権を託するのが、ヨーロッパ大陸型の特徴だからである。大陸型の憲法裁判所についての簡明で要を得た概観として、L・ファヴォルー（山元一訳）・憲法裁判所（敬文堂, 1999）［原本は1996年刊の第3版］がある。また参照、和田英夫・大陸型違憲審査制（有斐閣, 1979, 増補版1994）。

ごく概略的に見ても，これら三者の制度構造は対照的なほどに違っており，それはそれでそれぞれの歴史的背景を反映しているが，その機能の面に目を向ければ，共通の要素を見てとることもできる（以下，**26-2**，**26-3**，**26-4** を見よ）。

26-2　1787年フィラデルフィアの憲法制定会議で採択され，所定の手続に従い9のStatesの承認を得て1788年に成立した合衆国憲法は，裁判所の違憲審査権について何ら言及していなかったし，今日にいたるまでそうである。なるほど，合衆国憲法制定の際に，連邦憲法推進派の代表的論客は，こうのべていた。──「憲法の明白な趣旨に反するすべての行為を無効と宣言するのは，裁判所の義務でなければならない。……行為をおこなう根拠となる委任の趣旨に反するような，受任者のあらゆる行為は無効である，という原理は，すべての地位を支配する，いちばん明白な原理である。それゆえ，憲法に違反する立法部の行為は有効でありえない」（ハミルトン・ザ＝フェデラリスト78篇）。

しかしまた，その同じ論者が，「権利の章典を憲法案の中に入れることは不必要であるのみならずかえって危険ですらある」（上掲84篇）と主張していた[5]ことは，よく知られている。そうだとすれば，今日，裁判所による基本権保障の原型と目されているこの国の違憲審査制も，最初から自明とされていたわけではなかったことになる。

裁判所が法律に対する違憲審査権を持つという先例をつくったのは，1803年の合衆国最高裁判決であった（Marbury v. Madison, 5 U.S. 137, 1803, 百選4

---

[5]　その理由づけを含めて，前出 **13-2** を参照。『ザ・フェデラリスト』の邦訳書は，前出96頁註8。

頁)6)。もっとも，この事件そのものは基本権保障にかかわるものでなく，政権交代時の裁判官任命という，政争がらみのものであった。19世紀前半のアメリカ見聞をもとにしたトクヴィルの有名な文章——「合衆国で外国人がいちばん理解しにくいのは司法組織である。ここでは，いわば，政治上のどんな出来事に際しても，裁判官の権威を呼び出す声が聞こえる。そこで当然，外国人は，合衆国では裁判官が主要な政治権力の一つであると結論する。ところがいざ裁判制度を調べてみると，裁判官には見たところ，司法上の権限と慣例しかないことが分かる。……」(アメリカのデモクラシー)7)——は，1803年判決がその後のアメリカで決定的な役割を果たすことを見事に予言しているが，それが書かれた当時としては，歴史的な当の判決をめぐる政争的な意味での政治性をこそ言い当てていたのであった。

最高裁が憲法の明文なしに自分自身の重大な権能を説明する論理そのものとしても，万人を納得させることは容易でない性質のものであった。司法権の裁判所への帰属，憲法の最高法規性，宣誓による憲法支持義務の三点どれにしても，決め手となるものではないからである8)。

実際，最高裁が自らの権限を行使して連邦法律を違憲としたのは，1803年

---

6) 事件そのものは，1800年の大統領選挙と連邦議会選挙の結果として政権交代が生じたとき，大統領の任期終了まぎわに多数の裁判官を任命したが，そのうち数名(原告マーベリはその1人であった)が辞令書の交付を受けないうちに新大統領が就任したことから，新国務長官(マディソン)に辞令書の交付を命ずる職務執行令状を発することを求める訴訟を起こした，というものであった。判決は，マーベリが辞令の交付を受ける権利を持つとしながらも，裁判所にはその交付を国務長官に強制する権能がないと判断し，その理由として，本件の場合に合衆国最高裁に第一審管轄権を与えた裁判所法13条が憲法3条2節2項に違反する，とのべたのである。ちなみにこの判決は，長官の名を冠してマーシャル判決とも俗称されているが，彼自身，政権交代に際して，それまでの国務長官の地位から司法の最高責任のポストに移った人物であった。
7) 邦訳書は，前出98頁註11。
8) 日本国憲法下の最高裁は，憲法81条を「米国憲法の解釈として樹立せられた違憲審査権を，明文をもつて規定した」(最大判1948・7・8刑集2巻8号801頁)ものとしつつ，「よしやかかる規定がなくとも」76条1項の「司法」観念から権限を導き出し「得る」(同判決)，としている。まことに，導き出し「得る」のではあっても，決め手になるものではない。この点につきなお，後出27-1を参照。

判決から半世紀以上を経たあとの Dred Scott 事件 (Scott v. Stanford, 60 U.S. 393, 1857, 百選 54 頁) においてであり, それはまたそれで, 裁判所の違憲審査権の正当性についての議論を触発する性質のものであった。原告スコットの訴えを斥けて, 北緯 36 度 30 分以北の地域での奴隷所有を禁止した 1820 年のミズーリ互譲法[9]を, 修正 5 条に反して合衆国市民の財産権を侵害するとしたこの判決は, 急進的な奴隷廃止論者リンカーンの大統領選出, そして南北戦争という内乱をひき起こす引き金となったのである。

Dred Scott 事件判決は, 南北戦争という犠牲を経て, 1865 年に修正 13 条 (奴隷制廃止), 1868 年に修正 14 条 (州についての due process of law 条項), および 1870 年に修正 15 条 (投票権の平等) の成立を見ることによって, 憲法改正 (Civil War Amendments) によるというかたちでその先例性を端的に否定されることとなる。もっとも, その後も, 「分離すれど平等」という定式化で知られる 1896 年判決 (Plessy v. Ferguson, 163 U.S. 537, 百選 56 頁) が示すように, 違憲審査制は, 基本的に保守的な役割をひきうける方向で行使されてゆく。

その後の展開のなかで, 違憲審査制は, 二つの大きな画期を経験する。ひとつは, 1930 年代のニューディール立法に対する一連の違憲判断であり, ついで, 1960〜70 年代に全開する, もうひとつの違憲判断積極主義の時期である。

1929 年にアメリカを震源としてはじまる世界恐慌に対処しようとするニューディール政策を推進するための立法に対し, 最高裁は, 1935 年 1 月以降, 重要な 10 件のうち 8 件に違憲判決を下した。全国産業復興法 (NIRA) についての違憲判断 (Panama Refining Co. v. Ryan, 293 U.S. 388, 1935; Schechter Poutry Co. v. U.S., 295 U.S. 495, 1935) と, 農業調整法 (AAA) についてのそれ (United States v. Butler, 297 U.S. 1, 1936) が, 典型例である。

Butler 判決で, 最高裁は, 裁判官は「援用されている憲法条項を争われて

---

[9] この Missouri Compromise Act は, 奴隷制度の存廃をめぐる, 独立戦争時までさかのぼる南部と北部の対立を背景にした妥協のための立法であった。具体的には, メイン (自由州) とミズーリ (奴隷州) の United States への加入を両方承認し, その際, 北緯 36 度 30 分で線を引いて, 以北での奴隷所有を禁止したのである。

いる法律と並べ，後者が前者の中にはめこまれているかどうかを見る」だけだ，とその解釈態度を示している。そのような立場から，連邦議会による行政部への立法委任を違憲とし，また，州際通商の規制を連邦議会の権限とした憲法（1条8節3項）を厳格にとらえて，州内規制事項への介入を違憲とするなどして，経済活動の自由を擁護し，ニューディール政策の根幹をなす社会経済規制立法を無効として扱ったのである。

1936年に再選されたルーズヴェルト大統領は，その国民的声望を背景にして，最高裁との対決にのり出した。10年以上在職し70歳をすぎてなお職にある判事の数の限度内で6人まで，大統領が上院の承認を得て判事を任命することができる，という立法を準備させた。裁判所「抱き込み」として批判を受けたこの案は実現しなかったが，その間，1937年3月以降，一裁判官の立場の変更をきっかけとして，最高裁の構成も変化し，「司法の自制」により，政治部門と最高裁の対立は終わった。

「司法の自制」といっても，そこでの争点だった社会経済立法についてのことであって，ひとしなみに，それがよしとされたのではない。1936年のButler判決の反対意見で「賢明でない法律を法令全書から除くには投票箱と民主政の過程に訴えるべきだ」と説いたストーン判事が，1938年のCarolene判決で法廷意見を書き，その脚注で述べたことは，「二重の基準」(double standard)の法理を導くことになる (U. S. v. Carolene Product Co., 304 U. S. 144, 1938, 百選34頁)。この脚注は，「望ましくない法律の廃止をもたらすために通例期待できるような政治過程を制約する法律」が「より厳格な審査に服すべきかどうかは，ここで検討する必要もない」という言い方で，その後の判例のあり方にひとつの方向を与えたからである。

その「二重の基準」の法理にもとづく最高裁の積極的介入が展開するのが，第2次大戦後のウォーレン・コートの時期である。人種不平等の問題についての19世紀以来の「分離すれど平等」の方式を違憲とし，教育の分野での人種平等を推進する転期となったBrown判決 (Brown v. Board of Education of Topeka, 347 U. S. 483, 1954および349 U. S. 294, 1955, 百選62頁)，州議会の選挙区定数配分の不均衡を争う訴訟について，それまでの先例を改めてその司法判断可能性をみとめ，投票価値の平等を争うその後の訴訟に道を開いた判決

(Baker v. Carr, 369 U.S. 186, 1962, 百選10頁) などが，代表例として引かれる。

こうして，ふたたび，違憲審査のあり方が論議の焦点となった。1930年代には，裁判所が積極的に違憲判断を下すことがその政治的効果において「あまりに保守的だ」と批判されたのだったが，今度は，それが「あまりにリベラルだ」という意味づけを与えられている点が，対照的である。1970年代に入って，修正5条，14条のdue process of law条項に実体的な価値を読みこんでそれを基準に違憲判断を下す手法が使われ（実体的デュー・プロセス論），論争をひき起こすこととなる。

もともと，連邦ないし州がdue process of lawによることなく「生命，自由または財産」を奪うことを禁ずる修正5条，14条は，もっぱら手続に関する規定と解されていたが，19世紀末から，社会経済介入立法の実体的「適正」を審査する根拠とされるようになった。そのような脈絡で代表的なものとして引かれるのが，1905年のLochner判決である（Lochner v. New York, 198 U.S. 45, 1905, 百選74頁）。この判決は，ニューヨーク州の労働立法の労働時間の上限を定める規定を，due process条項に読みこまれた契約の自由を侵害するものと判断した。このように経済活動の自由を保護する実体的due process論は，社会経済規制立法への司法の自制という立場を最高裁がとる1937年段階で，いったん否定されるが，1970年代に，今度は，憲法に明文のないプライヴァシーの権利を保障する論拠として復活する（前出10-1でとりあげたRoe v. Wade判決がその典型である）。

こうして，選挙によってその地位についたのでない裁判官の法創造的解釈が，民主制の理念との関係でどのように正統化されるのかが，問われることとなる（後出27）。

ところで，アメリカの制度の構造からして，具体的事件の審理のなかで，訴訟当事者が適用法律に対する違憲の抗弁を提起するのを受けて，裁判所が憲法判断をするのであるから，訴訟当事者となった私人の権利保護が，その直接の目的とされているといってよい。憲法判断が争点となっていても，同じ主文を導き出せるのであれば憲法判断に立ち入る必要がない——あるいは，立ち入る

べきでない——という主張がある[10]のも，そのような制度の論理から整合的に説明することができる。この点で，ドイツの抽象的審査が憲法秩序そのものの維持をねらいとしているのと，制度の構造上の論理の点で対照的だという対比が可能である。これら両者を，私人の権利保障型と憲法秩序保障型として類型的にとらえることは，その意味では当たっている。

しかし，制度の機能に着目すると，合衆国最高裁の審理の中で憲法にかかわる事件の占める比重が量的にも，重要度の点から質的に見ても大きくなっていること，その憲法事件も，訴訟当事者個人だけでなく，同じような立場にある人びと一般（同じ人種や性に属する人々，などの場合は典型的にそうである）にとっての切実な関心事となっている[11]という意味で，憲法保障型のはたらきに近接してきている[12]（ドイツについての後出 26-3 の記述を参照）。

26-3 ヨーロッパでの違憲審査制は，第2次大戦直後（西ドイツ，イタリア），1970年代（ポルトガル，ギリシャ，スペイン），そして1989年以後（旧ソ連・東欧諸国）というふうに，敗戦ないし国内での体制変革による民主制の導入とともに，一般化してきた。そこでは，それは，正確にいえば，民主制の復活ととも

---

10) 具体的事件の判決主文を導くのに決め手となる論点が複数ある場合に，裁判所は憲法問題を含まない論点を選ぶべきだ（憲法判断回避のルール），とする主張がその一例である。

11) 合衆国最高裁の扱う事件の中での憲法事件の比重の増大については，裁量上訴（cerciorari）の制度によるところが大きい。また，「違憲状態の下におかれた不特定多数人の権利・自由の保護」という効果をもたらすものとなった点を象徴的に示すものとして，クラス・アクションの法技術がある。

12) 二つの制度類型の機能の接近を，「合一化傾向」として指摘してみせたのが，カペレッティ（谷口安平＝佐藤幸治訳）・現代憲法裁判論（有斐閣，1974）である（原著は1971年刊）。

　日本国憲法下の違憲審査制が，アメリカ型のものとして性格づけられながら所期の機能を果たしていない，という認識は相当程度以上に共有されている。伊藤正己・裁判官と学者の間（有斐閣，1993）は，英米法専門の学者としての研究歴と最高裁判事10年の経験とをふまえて，大陸型の憲法裁判所制度にきりかえる必要を示唆する。関連して，「日本国憲法が想定する違憲審査制の最大の可能性として，典型的な抽象的違憲審査権の行使も可能であることを憲法81条，98条1項等を根拠に示す」という脈絡で，カナダの制度を検討するものとして，佐々木雅寿・現代における違憲審査権の性格（有斐閣，1995）。

に,「民主」の名による権威主義体制へのアンチテーゼとして,立憲主義の不可欠の要素として,とらえられたのである。

ところで,ヨーロッパでの違憲審査制の実験は,第1次大戦後の体制変革のなかでつくられた1920年オーストリア共和国憲法で試みられていた。この憲法の起草に参画し,憲法裁判所制度を導入させるのに貢献したのが,ハンス・ケルゼンであった。

彼の「憲法」の定義は,「国家の最高諸機関に関する規範」すなわち「組織規範」を「狭義の憲法」すなわち「憲法」の不可欠の要素とし,「国民と国家権力の関係に関する規範」すなわち「いわゆる基本権または自由権の目録」を「広義の憲法」とするものであった[13]から,憲法裁判所制度のねらいの中心は,基本権保障そのものというよりは,最高法規としての憲法を頂点に組み立てられている法体系の整合性を確保しようとするところにあったといえる[14]。

ところで,普通におこなわれている「形式(手続)違憲」と「内容(実質)違憲」の区別を,ケルゼンはこう批判している。——「この区別はいわゆる内容違憲がつまるところはひとつの形式違憲なのだ,という留保つきでしか,承認されない。内容が憲法規定に反する法律も,もしそれが憲法規範として採択されたとしたら違憲であることをやめるのだから。」[15]ここでは,憲法改正を必要とする内容のものならばそちらの方向を指示する,いわば「転轍手」として

---

13) ケルゼン・一般国家学(前出4頁註8)422頁。
14) もっとも,その「法体系の整合性」についてケルゼンの理論体系が提供する像は,通俗的に「憲法→法律→判決」という整ったピラミッドとともに想定されるものとは,まったく違っている。このことについては,違憲審査をする裁判官の役割と民主制の関係についての論議の文脈で,のちにとりあげる(後出27)。
15) フランス語圏の法律家を相手にそのことを説いた Hans Kelsen, La garantie juridictionnelle de la Constitution, in *Revue du droit public*, 1928, p.206.

の意味が,浮かびあがる[16]。そのようなケルゼン流の思考を基礎に持つ憲法裁判制度が,第2次大戦後の——典型として西ドイツの——憲法秩序の核心として位置づけられるほどのものとなるためには,ひとつの意味転換が必要だった。そこでは,「人間の尊厳」の不可侵(基本法1条1項)という価値理念を化体した憲法を憲法の敵から防衛するという,「たたかう民主制」の課題を背負うものとしてこそ,憲法裁判制度が位置づけられたのだからである。

そのことに関連して,ワイマール末期の,シュミットとケルゼンの間での「憲法の擁護者」論争の意味が,あらためて問題とされるべきである。シュミットは,大統領こそが,諸党派の争いから独立したその地位ゆえに「憲法の擁護者」たるべきだとして,憲法裁判所制度を否定した[17]。それに対しケルゼンは,法解釈と立法が法創造性を共有するという彼の法段階理論を前提として,「法律の憲法適合性の要請は,理論的にも技術的にも,裁判と行政の法律適合性の要請と全く同じ」と主張し,憲法裁判所が「憲法の擁護者」たるべきことを説いた[18]。その際,この両者の間で,実は,「憲法の擁護者」によって「擁護」されるべき「憲法」の観念そのものが,同じではなかった。シュミットにとって,「憲法」(Verfassung)あるいは「積極的意味の憲法」(Verfassung im positiven Sinn)は,個々の「憲法律」(Verfassungsgesetz)から区別される。それは,「政治的統一体(politische Einheit)の様式および形体についての総体的決定(Gesamt-Entscheidung)」,すなわち憲法制定権力の担い手による基本

---

16) 「まったく論理的に言えることだが,憲法裁判官によって言渡される違憲判断は,決して,実質の弾劾ではなく,手続の弾劾にすぎない。ケルゼンの体系において,憲法裁判官が法律に制裁を加えるとき,彼が弾劾しているのは法律の内容ではなく,その内容が規範形式をとることになったその手続なのである」(Elisabeth Zoller, *Droit constitutionnel*, PUF, Paris, 1998, p.151-152)。つまり,問題となった法内容を法律制定という形式でなく憲法形式で定立するように,という指示を意味するものとして,違憲判断を受けとる,という考え方である。この考え方は,実際,1958年フランス憲法の,条約に対する憲法院による審査の制度を,説明するものとなっている。それだけでなく憲法院の役割一般について,「転轍手」(aiguilleur)という形容が用いられていることについて,後出 26-4。

17) Carl Schmitt, *Hüter der Verfassung*, Duncker u. Humblot, Tübingen, 1931.

18) Hans Kelsen, *Wer soll der Hüter der Verfassung sein ?*, W. Rotschild, Berlin-Grünewald, 1931.

的な政治決定の規範化を指していた[19]。それに対して，ケルゼンによって「擁護」される「憲法」は，実定法体系の頂点に置かれた規範であり，憲法裁判所の役割は，そのような形式を与えられるべき内容を持った規範を，それにふさわしい方向へと「転轍」することなのであった。

それでは，戦後西ドイツの制度は，どのようなものになったか。アメリカ型の制度と対比したとき，ドイツ——一般に大陸型——の制度の特徴は，具体的訴訟を離れて法律そのものの憲法適合性を判断する，抽象的規範審査が可能とされていることである。連邦および州（ラント）の法律についての憲法適合性審査は，連邦政府，州政府または連邦議会議員の3分の1以上の申立てにもとづいて，連邦憲法裁判所が判断を下す（基本法93条1項2）。そのほか，各裁判所が具体的事件を審理している過程で適用法律を憲法違反と考えたとき（州法の連邦法違反についても同じ）には，連邦憲法裁判所の決定を求めなければならない（同100条1項）。この手続は「具体的規範審査」と呼ばれるが，法律の憲法適合性審査だけが移送されるから，憲法裁判所の判断そのものは抽象的におこなわれる。

抽象的規範審査が可能とされていること自体，それに，その申立権の限定のされ方に着目して，アメリカ型＝私人の権利保障型と大陸型＝憲法秩序保障型の対照を語ることができる[20]。それはまた，一方が19世紀の古典的自由主義の憲法観，他方は第2次大戦後の「自由な民主的基本秩序」防衛の課題を負わ

---

19) シュミット・憲法理論（前出98頁註12）3頁以下。渡辺洋「ドイツ憲法学における『たたかう民主制』の理論的位相(1)」早稲田大学大学院法研論集86号（1998）は，戦間期ドイツの2人の論敵を対置して，「たたかう民主制」の「思想的・精神的表現」をシュミットのうちに見出そうとする。この見解は，「ケルゼン＝価値相対主義——反『たたかう民主制』，シュミット＝『味方・敵論』——親『たたかう民主制』」という図式を（Ingeborg Maus の所説に言及しながら）提示する。結論的に同じ対比が，両者の「憲法」観念そのものからも抽き出すことができるのではないだろうか。

20) 「主観的権利保障型」と「客観的憲法秩序保障型」という言い方がされる場合もある。ドイツ語，フランス語で，Recht, droit, という言葉が「権利」と「法」の両方を指すところから，権利を指すときに「主観的（subjecktiv, subjectif）」，法を指すときに「客観的（objectiv, objectif）」という形容詞を冠する用法があるからである。

された憲法観，という対比とも対応させることができるだろう。

その特徴が何よりも強くあらわれるのは，国民私人に対して「憲法忠誠」を課す役割をひきうける判定者としての憲法裁判所の諸権能である（「自由の敵には自由をみとめない」という考え方にもとづく諸権能，とりわけ政党に対する違憲審査の制度について，前出 23-2）。

ところで，「たたかう民主制」のシンボルとしての連邦憲法裁判所像が，時の経過とともに変化を示してきている。「憲法忠誠」を掲げ，「不寛容に対してまで寛容であってはならない」として特定の政治価値を禁圧するものとしての憲法裁判像が，1950 年代の二つの政党違憲判決に集約されていたとすれば，1990 年代に入って注目をひいたいくつかの判決は，政治部門や世論のなかに強い反発をひき起こしながらも，価値の多元性への寛容の保障者としての憲法裁判像を示すものとなった。1995 年の 5 月と 10 月に相次いで出された二つの判決が，その典型である。

これら二つの判決はどちらも，憲法異議（Verfassungsbeschwerde の訳。憲法訴願という訳語もかなりに使われている）という審査形式のもとで出された判断である。この形式での憲法適合性審査は，1969 年の基本法改正で，憲法自身が定める制度となった（基本法 93 条 1 項 4 a）が，それ以前は，基本法 93 条 2 項にいう，「その他連邦法律によって」みとめられたものとして憲法裁判所の権限とされていたものだった[21]。

憲法異議は，公権力によって自己の基本権のひとつ，または憲法所定の一定の権利を侵されたことを理由として，個人が申立てることができる。対象となる公権力行使のなかには裁判判決も含まれる。憲法異議は，その他の一切の法的手段を尽くしたあとの最終手段としてはじめて申立てをすることができるが，制度が導入された当初から，大量の件数が憲法裁判所の過重負担をもたらし，それへの対処として何度かの法改正がなされた。現在 3 人の裁判官による予備審査の制度が設けられているが，憲法裁判所の下す憲法判断のうちで圧倒的多

---

[21]　基本法制定会議ではこの制度は否定されていたのだったが，基本法 93 条 2 項にもとづくものとして，社会民主党の主導のもとで，連邦憲法裁判所法制定の段階で，法律上の制度として導入されたのであった。現行の同法律については，初宿正典＝須賀博志編訳・原典対訳連邦憲法裁判所法（成文堂，2003）。

数を占めるものとなっており，憲法判断のうち違憲判断の比率は小さいが重要な意味を持つものが少なくない[22]。私人のイニシャティヴでの権利救済手段という制度の論理からいっても，この制度は，憲法秩序保障型の面を持つドイツの制度が同時に権利保障機能を可能にする場を，設定していることになる。

さて，1995年の2判決に共通しているのは，社会の多数派に対する異論の立場を保護するものだったということであった。そのひとつは，十字架判決と呼ばれるものである。カトリック勢力の強いことで知られるバイエルン州の規則が，州の小学校の教室に十字架を掲げなければならないと定めていたが，信仰上の立場を理由にその撤去を求めた親からの仮処分の申立てを行政裁判所が斥けたことに対する憲法異議で，憲法裁判所は，信仰を持たない自由，国家の宗教中立性を理由として，違憲の判断を下した（93 BVerfGE 1, 1995, ド判Ⅱ115頁）。もうひとつは，「兵士は人殺し」というスローガンを唱えた平和運動家たちが名誉毀損のかどで有罪とされたのに対し，それを不服とする憲法異議が提起された事例であった。基本法自身が意見表明の自由を規定する（5条1項）と同時に，個人の名誉の権利によって自由が制約されることを明記している（同条2項）だけに，問題の言葉は特定の兵士たちでなく兵士という職業の機能に向けられたものだ，という理由で異議を容認した（93 BVerfGE 266, 1995, ド判Ⅱ168頁）ことに対する世論一般の風当たりは強かった[23]。

このように，「連邦憲法裁判所の危機」として議論されるような状況をひき起こしながらも，憲法裁判所は，基本権保障のための積極的役割をひきうけているのであり，そのことによってまた，客観的憲法秩序の擁護者として，従っ

---

22) 憲法異議は，連邦憲法裁判所の全係争事件の約96パーセントを占めている。近年では年間約5000件の異議が提起され，勝訴率は2.73パーセントである。参照，ピエロート＝シュリンク（永田秀樹＝松本和彦訳）・現代ドイツ基本権（法律文化社，2001）419頁。

23) これら二つの例を含め，「憲法裁判所の判決に市民の同意が与えられないでいると，憲法裁判所はその威信を失うのか」とみずから発問し，「受容れ」の概念を鍵概念として思考を展開する，ユッタ・リンバッハ（青柳幸一＝栗城壽夫訳）・国民の名において——裁判官の職務倫理（風行社，2001）。著者は，1995年の二つの判決の時点，および原著書出版（1999年）の時点で，連邦憲法裁判所長官をつとめていた。関連して，宍戸常寿・憲法裁判権の動態（日本評論社，2005）特に308頁以下。

て体制そのものの安定の要め石としての不可欠の存在となっているのである[24]。

そのような意味を含めて[25]、連邦憲法裁判所は、「憲法パトリオティズム」(Verfassungspatriotismus)の観念を裏づけるものともなっている。ドイツ人のアイデンティティを、「血と大地」(Blut und Boden)の標語が示す運命共同体としてのVolkとか、言語・文化共同体としてのNationとか、経済的成功（マルク・ナショナリズム）に求めるのでなく、基本法の想定するStaatsbürgernation（国家を主体的に構成する市民の集合としての人民）の担う規範的価値にこそそれを求めるべきだ、というこの主張は、シュテルンベルガーによって提起され、ユルゲン・ハーバーマスによって広められた。体制批判の知識人ハーバーマスによって、「体制」のシンボルともいうべき憲法の規範価値へのコミットメントが説かれる。この一見逆説的な事態をどう受けとめるかは、それ自身論争的な主題である。体制批判の理論が「憲法」という体制価値に吸いとられ、異端理論が異端への寛容という処遇を受けて体制に回収されてしまうのではないか、という論点がそこにあらわれるからである（もっとも、推移の方向が単純に一方向でないことについては、「たたかう民主制」についての前出 23-2 の記述を見よ）。

26-4 第三・第四共和制の間に定着したフランスの議会中心主義の伝統——さかのぼれば1789年以来の、「一般意思の表明としての法律」の至高性という観念——が強かっただけに、第五共和制下の憲法院（Conseil constitutionnel の訳であるが、「憲法評議会」という訳語も使われる）の活動による違憲審査制の確立は、それだけこの国での「共和主義伝統」との断層をきわ立たせている。もともと、1958年憲法自身が、現在おこなわれているような違憲審査のあり方を構想していたわけではなかった。

1958年憲法は、大統領を頂点に戴く行政府の強化を主要な関心事とし、そ

---

[24] 西ドイツへの東ドイツの編入の際に示した憲法裁判所のいくつかの判断（例えば 82 BVerfGE 316, 1990, ド判Ⅱ355頁）、さらに、国防軍の NATO 域外派遣についての判断（90 BVerfGE 286, 1994, ド判Ⅱ366頁）は、その好例である。

[25] これについては特に、ハーバーマスの議論の吟味を出発点とし、憲法学によって想定されてきた「民意」の意味を問いつめる、毛利透・民主政の規範理論——憲法パトリオティズムは可能か（前出184頁註7）を参照。

の反面として憲法で規定された権限の範囲内に議会の役割を限定する機能を，新たに設けた憲法院に託したのであった。例えば政府は，議員提出の法律案または修正案が，憲法34条で列挙された法律の所管事項をこえて命令事項に立入り（憲法37条は法律事項以外は命令で定めると明記する），あるいは，憲法38条によって国会から政府に授権された事項に及ぶと判断したとき，議院に不受理の申立てをすることができ，政府または当該の院の議長の請求にもとづいて憲法院が裁定を下す（憲法41条），というふうにである。他方で，憲法本文には基本権条項は無く，前文で，「フランス人民は，1946年憲法前文により確認され補完された1789年宣言によって定められた，人権および国民主権の原理に対する愛着を厳粛に宣言する」という簡潔な言及をするにとどまっていた。こうして，憲法院は当初「議会に対して向けられていた大砲」と目されていたのであり，それが「権力に対する市民の権利と自由の擁護者――少なくとも，申立てをうけたときその役目をする擁護者」[26]という評価の対象となるためには，ひとつの飛躍が必要だったのであった。

　その画期となったのが，1971年のひとつの判決であった（71-44 DC du 16-7-1971，フ判141頁）。この判決で，憲法院は，非営利社団結成の自由に関する1901年法律（この法律の持つ憲法史上の意義については前出2-2）を改正するための法律が，結社の法人格取得のためにその結社の適法性について裁判所の事前審査に服させることにした点に，違憲判断を下した。その際，憲法院は，「共和国の諸法律によって承認され，憲法前文によって厳粛に再確認された基本的原理」としての「結社の自由」に反するからだ，と理由づけをしたのである。

　前述のように，違憲審査の基準となるべき規範として，1958年憲法は，ごく簡潔な前文の文言しか持っていない。しかも，前文で援用されている1789年宣言と1946年憲法前文には，結社の自由の規定は無い。1789年宣言での結

---

[26] 1965年から74年まで憲法院判事をつとめた憲法学者リュシエールが，初代の学者出身判事マルセル・ワリーヌのための記念論文集に寄せた論稿でのべている表現である。François Luchaire, Le Conseil constitutionnel et la protection des droits et libertés du citoyen, in *Mélanges Marcel Waline—Le juge et le droit public*, L. G. D. J., Paris, 1974, tome II, p. 563.

社の自由の不存在には，重要な憲法史・憲法思想史上の意義があり，憲法院にとって，例示的列挙の欠を埋めるという，法律家にとっての常套的手法は不可能だったし，1946年憲法前文といえば，こちらの方は特に「現代」的な諸原理を掲げたものだったからである。憲法院が依拠した「共和国の諸法律によって承認された諸原理」という定式は，1946年憲法前文のなかに言及されてはいたが，当時は，先行する第三共和制時代の自由主義的立法への敬意の表明にとどまるとみなされていたのであった。憲法院は，その定式にきわめて重要な裁判規範性を与え，そのような論理操作をほどこすことによって，審査対象となった法律規定が改正しようとした当の相手にほかならぬ議会制定法の内容に，憲法規範としての性格を与えたのである。

その後，憲法院は，憲法前文で言及されている1789年宣言と1946年憲法前文それ自体にも，違憲審査の準拠規範としての憲法規範性を承認し，そのようにしてみずから形成した「憲法ブロック」(bloc de constitutionnalité)[27]を基準として，審査権を積極的に行使しつづけている。

1958年憲法の制定時の消極的・否定的な了解からすると，1971年判決は，アメリカ合衆国の1803年判決と比較されるにふさわしい画期性を持つものだったということができる。1803年時点ですでに修正条項という形の権利章典を持っていた合衆国にくらべて，1958年憲法の基本権への言及の簡単さを考えるならば，憲法院の方がより大胆だったというべきであろう[28]。

---

27) この表現は，はじめ，1971年判決以前に，本文でのべたところとは違う文脈で，議院規則の審査基準として憲法典以外の規範が使われたことを指摘する判決批評の中で使われた (Claude Emeri et Jean-Louis Seurin, Vie et droit parlementaire, *Revue du droit public*, 1970, p. 678)。1971年判決以後の事態を念頭に置いて，この用語を流布させたのは，憲法裁判論の代表的リーダー，Louis Favoreu である (例えば彼の主導下の編集になる判例解説集，Louis Favoreu et Loïc Philip, Les grandes décisions du Conseil constitutionnel, Sirey, Paris——その初版は1975年)。

28) 実際，1958年憲法制定にかかわった憲法諸問委員会の議論のなかで，前文が憲法規範としての効力を持つかどうかが論ぜられたとき，政府委員（Raymond Janot）は二度にわたって「ノン」と答えている。François Luchaire, *La protection constitutionnelle des droits et libertés*, Economica, Paris, 1987, p. 14. による。

憲法院の性格変化を制度的に裏づけるものとして，1974 年の憲法改正により，法律に対する審査の申立権者の範囲の拡大がおこなわれた（憲法 61 条 2 項）。それまで大統領，首相，国民議会（下院）議長，元老院（上院）議長の四者——従って政治各部門の多数派——に限られていた[29]申立権が，60 人以上の下院議員または 60 人以上の上院議員にも与えられることになったのである。

　そのようにして，「違憲審査制革命」の有力な一翼を担うことになったフランスであるが，同じ大陸型憲法裁判所制度のなかでも，独自の要素を備えるものとなっている。

　まず，立法過程の一段階（国会で採択され，15 日以内に大統領の審署を得て確定的に成立するまでの期間）に限って審査の申立てが可能であり，すでに発効した法律に対しては審査権が及ばない。その点についての改革構想が具体的に提出されたこともあるが，まだ実現していない[30]。

　つぎに，審査の手続が対審構造，したがって口頭弁論を伴うものとなっていない。9 人の構成員（ほかに大統領経験者が法上当然の構成員とする憲法規定があるが，歴代の大統領のうちジスカール・デスタン元大統領がはじめて，憲法院構成員として行動している）のなかで職業法曹の占める割合が小さい（この点については後出 27-2）こともあって，憲法院による違憲審査制を，裁判機関によるコントロー

---

[29]　1971 年判決の審査は，上院議長によって申立てられたものであった。問題の法案は，上院の反対を押し切り，憲法 45 条の規定に従って下院が四度目の議決をすることによって採択されていた。

[30]　1989 年ミッテラン大統領（当時）自身の発言があり，憲法院への審査申立権者を市民にまで拡大し，そのことと関連して発効後の法律に対する審査の制度をも導入する憲法改正案が提出された。しかし，この案は国民議会で可決されたが元老院段階で棚上げされ，立ち消えとなった（1990 年 4～6 月の経過）。

ルより政治機関によるコントロールとして説明する論者もある[31]。今日では，申立権者を当事者とする実質的な対審構造，世論や学説の形での実質的な弁論の存在をひき合いに出し，判決の確定力をも論拠として，裁判という類型で説明する仕方が一般に受け入れられている[32]。それでもなお，憲法の章別構成を見ても，「第7章・憲法院」は「第8章・司法権」(De l'autorité judiciaire) と別建てで位置づけられている[33]。

そのようなあり方を反映して，憲法院による憲法不適合判断は，憲法院から立法府に対し，憲法改正の経路を経なければ欲する内容の規範を成立させることはできない，という指示を与える論理的性格のものとして，受けとられている。条約に対する審査についての条文が，違憲判断がなされた場合には「憲法改正の後でなければ，当該国際条約の批准または承認をすることができない」（憲法54条）という文言になっているのは，示唆的である。それにくらべ，法律違憲判決の効果についての憲法規定は，「審署され，施行されることができ

---

31) 1958年憲法発足当時は，むしろそのような見解が一般的であった。例えばMaurice Duverger, *Droit constitutionnel et institutions politiques*, PUF, Parisの第8版 (1965) の比較憲法論の叙述の部分を見ると，憲法院を「政治的機関による憲法適合性コントロール」の「フランスにおける近時の適用例」として挙げ (p.224-225)，第15版 (1978) でもなお，「非裁判的コントロール」の例として引いていた (p.219)。もっとも，同じ教科書の現行憲法解説の部分を見ると，第4版以来，憲法院は，「裁判的および諮問的諸機関」の節で叙述されており，「一種の政治的裁判機関」という「曖昧な性格」を持つと説かれている (4 éd., II, p.638; 15 éd., II, p.331)。1971年公刊のカペレッティの比較違憲審査制論もまた，憲法院を，「憲法適合性の政治的コントロール」の例として位置づけていた（カペレッティ・現代憲法裁判論［前出211頁註12］3～6頁）。
32) 憲法院による審査を「裁判」作用と見る一般の見解は，「裁判」の標識として，①法の問題についての回答（「法を語る」こと＝juris dictio）であること，②それが最終的な回答として既判力を持つこと，③争いが存在すること，の三つを問題とし，「争い」は抽象的に法律の憲法適合性を争うことを含む，と考える。参照, François Luchaire, *Le Conseil Constitutionnel*, Economica, Paris, 1980, p.33 et s.
33) フランスではもともと，行政裁判所は司法権の外側に，行政権の一部として位置づけられてきた。この点は，ドイツ基本法が，憲法裁判所，司法裁判所，行政裁判所を区別しながらも，「司法」を含めたより広義の「裁判」(Rechtsprechung) の概念を立て，その第9章に包括しているのと対照的である。

ない」という文言になっている。しかし法律についても，立法過程の進行中の一段階としての憲法不適合判断というその論理からして，憲法院の役割を「転轍手」(aiguilleur)としてのそれに見立てる見解が[34]，説得力あるものとして受け入れられてきたのである。

　そのようなものとして，憲法院は，数多くの重要な違憲判決を出すと同時に，要所要所での合憲判断を下すことによって，憲法体制の安定要素としての役割をひきうけてきた。とりわけ1981年に，前世紀末の共和制確立このかたはじめて，与野党完全入れ替わり型の政権交代が実現し，そのあとも頻繁に与野党の交代がくり返されてきたなかで，統治の安定要因としての憲法院の機能は大きいものがあった。与野党を交錯的に分断する深刻な争点を含む立法についての，憲法院の判断も，同じような役割を期待される。1994年に生命倫理に関する包括的立法がなされたとき，当時の下院議長が，憲法院に審査を申立てた。それは合憲判決を得ることによって，世論が分かれたこの立法の正統性を確認しようとしてのことであった（94-343-344 DC du 27-7-1994，フ判87頁）。

---

34)　このことに関連して，前出212〜214頁でのべたケルゼンの違憲審査論が前提としている「憲法」観を参照。aiguilleurという表現は，Georges Vedel, Le Conseil constitutionnel, gardien du droit positif ou défenseur de la transcendance des droits de l'homme, *Pouvoirs*, no. 13 (1980), p. 211による。ヴデルは，戦後フランス憲法学の最有力な通説形成者であり，1980〜89年の間憲法院判事をつとめて，憲法院の知的権威を高める象徴的存在となった。その後も，憲法改正や立法の準備への参画，各種学会・シンポジウムでの総括報告や司会などを通して，2002年91歳で亡くなる直前まで各界に影響力を及ぼしつづけた。

27 「法の支配」か「裁判官統治」か

27-1 「幸福な憲法裁判,すなわち幸福な憲法裁判積極主義はすべて一様に幸福であり,積極主義の役割を演じていない憲法裁判だけが多様なのだ」[1] ——。その「一様さ」は,つまるところ,独立の地位に置かれた裁判官による違憲審査制が,国民主権の原則との緊張関係に耐えることができているかどうか,の一点に帰着する。

国民主権を前提にする以上,公権力は,国民に対して責任を負うものであることが,説明できるものでなくてはならない。そして,裁判も権力作用[2]である以上,どのような意味で公権力の責任性という要請を充たすのかが,問われる。裁判官は職権の独立を保障されており,何らかの形でその身分も保障されているだけに,この問いに答えることは容易ではない。

もとより,裁判作用が既存の法規範をそのまま忠実に実現するものだとしたら,その法規範の設定が国民主権によって正統化されていることによって,問題は解消する[3]。しかし,既存の法規範を大前提,認定された事実を小前提とした当てはめとして裁判作用を説明し尽くせるという判決自動販売機の譬えを,今なおそのまま維持している人はいないだろう。とりわけ,違憲審査制が問

---

1) Bernhard Schlinck, The Journey into Activism, *Cardozo Law Review*, vol. 17, no. 2, 1995, p. 269. トルストイのあの著名な作品の冒頭の言葉を引用するシュリンクは彼自身,ベストセラーを含めた文芸作品の書き手でもある。なお,文中の「積極主義」という言葉については,この項後出の註5を参照。
2) もともと,裁判の権力作用をより警戒するペシミズムの立場と,もろもろの権力作用のなかで権力性が小さいものとして裁判をとらえるオプティミズムの立場があった。裁判権力を本来「人々の間でひどく恐れられる」ととらえるからこそそれを「いわば眼に見えず無」にしなければならない,と説くフランス型の思考(モンテスキュウ(野田良之他訳)・法の精神(岩波文庫,上 [1987]) 213頁)は前者の典型である。「人民全体の自由一般を裁判所が危殆ならしめることはありえない」「自由は司法部だけからならば,とくにおそるべき何ものもない」とするアメリカ型の見方(ハミルトン・ザ=フェデラリスト [前出96頁註8] 78篇)は,後者の好例である。
3) 「法治国的な保障」としての一般的規範たる法律の存在を前提としたうえで,「裁判官の独立は,裁判官の法律への従属をその本質的な相関物としている」(シュミット・憲法理論 [前出98頁註12] 193頁),という説明が,そこでは可能になる。

題となっているところでは，国家機関のなかで国民主権という統治の正統性の淵源にいちばん近いところにいる立法府の制定した法律を，立法府に対抗できるような民主的正統性を持たない裁判官が，無効なものとして取り扱うことを，どのように説明できるのか。

　違憲審査は，「憲法そのもの」の自己実現を約束しているわけではない。「国民は憲法のもとにある。だがその憲法とは，裁判官たちがこれが憲法だと言うものにほかならない」。――ひろく言い伝えられている，アメリカ合衆国最高裁長官の地位にあった裁判官のこの言葉は，補完される必要がある。というのは，そこでいわれている「憲法」には，自分自身に対する権限授与規範も含まれているからである。実際，1803年の合衆国最高裁（前出 26-2）や1971年のフランス憲法院（前出 26-4）は，自分自身の憲法解釈によって自分の権限を創ったのであった。こうして，正確を期すなら次のように言われなければならない。――「われわれは憲法のもとにある。だがその憲法とは，自分自身がそのことについて裁判官だと名のる者たちが，これが憲法だと言うものにほかならない。」

　今日，違憲審査制は，「法治国家」「立憲主義」にとっての必要不可欠の確保手段とされている。しかし，それは，「必要」条件ではあっても「十分」条件とはいえない。それどころか，場合によっては「法治」のかわりに，悪しき意味での「裁判官統治」，すなわち，民主的正統性を持たない，「人」による統治に転化する可能性をも，それは含んでいる[4]。こうして，くり返し，「違憲審査と民主制」という主題が論ぜられつづけてきたのである。

---

4) 合衆国最高裁の裁判官のなかで強く司法の謙抑を説く立場に立つスカーリア判事は，端的に，「権力は抑制されなければならない。そして，他ならぬ裁判官こそ，その権力なのだ」と言う。Antonin Scalia, *A Matter of Interpretation : Federal Courts and the Law*, Princeton University Press, Princeton, 1997. なお，朝日新聞1997年12月25日号で，国際シンポジウム「違憲審査制度の現在と未来」での基調講演（同年12月20日，大阪）の要旨として，「司法審査の目的は大多数による専制を抑えることだ。だが，もっと悪いのは少数派による専制だ」という彼の発言が紹介されている。そのようにして彼は，「裁判官になったごく少数の人たちが重要な問題を決定してしまうことになる」と警告するのである。もっとも，その彼が，例えば，2000年の Bush v. Gore の事件で「重要な問題を決定」することになるのではあるが（後出註9）。

人びとの権利保障が,君主の権力に対する議会による制約を通して追求されていたときには,その追求の過程では流血を含む多くの困難に当面しなければならなかったとしても,論理的な回答は単純明快であったし,進むべき方向も一方向に定まっていた。立法権の議会独占を完成させ,かつては君主の専権とされていた行政権を議会によってコントロールすること(法律の優位と,行政府の対議会責任制),そして,その議会の民主的正統性を最大限まで広げること(普通選挙制),がそれである。現在,違憲審査による権利保障が追求されている場面では,裁判所と政治部門の間の緊張は,どちらかの方向に一直線に解消されるような性質のものではありえない。違憲審査の積極主義と消極主義という二つの方向性[5]が,民主制との関係を自問しつつ,たえず対話をつづけるこ

---

5) 違憲審査権の行使について,積極主義(activism)──従ってその反対物として消極主義──という観念が使われる。多くの場合,裁判部門が政治部門に対してそれ自身の存在感を強く印象づける態度をとるとき「積極主義」が語られている。その用語法はそれとして常識的に事態を説明するのに役立つが,注意の要ることがらがある。

とりわけアメリカ型の,具体的事件についての訴訟の成立を前提とする法令違憲審査制(いわゆる付随的審査制)のもとで,裁判所が憲法判断に立ち入るかどうかの場面での積極・消極の態度と,憲法判断の中身の問題として合憲判断・違憲判断それぞれについての積極・消極の態度という,次元の違うものを区別すべき場合があるからである。日本の最高裁についていえば,違憲判断に消極であることは明らか(約60年のあいだに法律違憲判断は6種7例にとどまる)であるが,憲法判断それ自体に消極的なわけではない。「念のため」という傍論での憲法判断(最大判1953・12・23民集7巻13号1561頁──皇居外苑使用不許可事件,最大判1967・5・24民集21巻5号1043頁──朝日訴訟),いわゆる統治行為論を採りながらも「一見極めて明白に違憲」でないと判定する限りで示す憲法判断(最大判1959・12・16刑集13巻13号3225頁──砂川事件),同じ主文を導くのに必要なわけではないのに判例変更をするためにおこなう憲法判断(最大判1973・4・25刑集27巻4号547頁──全農林警職法事件),などがその例である。

積極主義・消極主義の場面ごとの意義は,場合によってさらに錯綜する。憲法判断回避のアプローチ(札幌地判1967・3・29下刑9巻3号359頁──恵庭事件)や合憲限定解釈の手法(最大判1969・4・2刑集23巻5号305頁──都教組事件)は,それぞれ,憲法判断消極と違憲判断消極という論理上の類型に入るが,そのことによって,政治部門への非同調という意味での積極性を含意するからである。

とを宿命づけられている⁶⁾のである。

27-2 「裁判」を指すヨーロッパ系の言語の源にあるラテン語の juris dictio は,「法を語る」ことを意味する。同じく「法を語る」といっても,「語るべき法が既にあるから裁判がそれを語る」のか,「裁判が語るから法がある」のか,どう考えるかによって「裁判」観は違ったものになる。近代法は前者の建前のもとに「法治国家」像をえがくが,それにしても「裁判が語るから法がある」という現実をどの程度まで議論の中に組み入れるのか。その違いは,違憲審査制と民主制の緊張関係を問題にするとき,議論の仕方に如実に反映することになる。

こうして,解釈という行為についての理解の仕方が,問題となる。

アメリカ合衆国で「原意主義」(originalism) と呼ばれている立場は,2世紀前の「建国の父たち」の憲法観を援用しつつ,憲法の明示の規定,あるいは少なくとも文言の中に含まれていることが明らかといえる規範だけを裁判官は適用すべきだ,と主張した。この主張は,そう説くことによって,独立した裁判官が違憲審査権を持つことの正統化を提供すると同時に,裁判官の役割を「原意」という一定の範囲の中におし込めようとする⁷⁾。

それに対し,裁判官による法の解釈適用は必然的に法創造作用を含む,という意味で,その裁判官の意思作用にほかならぬということを正面からみとめようとする立場を,「意思主義」(voluntarism) と呼んでおこう。この解釈観は,そのような仕事をする裁判官の意思に民意の反映——あるいは,少なくとも民

---

6) 栗城壽夫「違憲審査制」樋口陽一＝栗城壽夫・憲法と裁判 (法律文化社,1988) は,「裁判機関による違憲審査は,方向を異にする二つの斜面を分かつ非常に狭い尾根を伝って進むのにも似た困難な道をたどることを余儀なくされている」として,「尾根づたいとしての違憲審査」という卓抜な表現を示す (170頁)。
7) もっとも,常にそうとは限らない。日本国憲法下では,憲法9条をその原意に忠実に解釈適用することが,裁判官の役割の重大性を高めるだろう。憲法20条,89条の政教分離についても,同じことがいえる。

意の代行者としての地位[8]——を見出して，その地位の正統化を可能にする必要にせまられる。裁判官の任命方式のなかに民意の回路を探ることによって，違憲審査をする裁判官の正統性を説明する，というアプローチは，その必要に応える意味を持つであろう。

「既存の法」の「原意」への服従を求めることを通して，裁判官のひきうける役割を縮減しようとする主張に対置されるものとして，意思主義の立場のほかに，もうひとつのアプローチがある。それは，「原意」とされるものから裁判官を解放すると同時に，しかし裁判官には，「正解」(right answer) を見出すことが求められているし，また，そうした役割期待に応えることができるはずだと主張する。裁判官の職業倫理，法律家職業集団内部での名誉感覚——

[8) 「裁判官が介入するまでは条文があるだけであって規範は存在しない」という徹底したルール懐疑の観点を提示する論者が，憲法院の正統性を，任命方式の問題以前に，「代表」の観念によって説明し，国民主権原理を掲げる1791年憲法が立法府と国王を並列に置いて「代表」と指定していたことを援用するのは，ひとつの端的な例である。参照，ミシェル・トロペール（長谷部恭男訳）「違憲審査と民主制」日仏法学19号（1995）。トロペールによる解釈理解への批判を含め，内外の論者の説くところを分析するものとして，山崎友也「憲法の最高法規性——『実体法』と『手続法』の狭間で(1)(2)」北大法学論集49巻4号，50巻3号（1998～99）を見よ。

「任命権者に対する忘恩」[9]の義務はそのなかの重要なひとつである——，それを許容し要請する文化環境[10]，などの要素を重視するこの見地を，「エリーティズム」の解釈観といっておくことができよう。

憲法判断に立ち入ること自体の次元でのことであれ，そのうえで違憲判断を下して政治部門への非同調の立場をとるにせよ，積極主義の立場をとる「幸福な」憲法裁判（前出27-1）は，「一様に」，意思主義の側面に見合う正統性と，エリーティズムの側面に見合う正統性とを，多かれ少なかれ兼ね備えている。

---

9) 「任命権者に対する忘恩」の倫理の典型は，ウォーターゲート事件に関して合衆国最高裁——「ニクソン・コート」とまで呼ばれ，彼の指名により任命された裁判官が9人中4人に及んでいた——が全員一致（審理を辞退した1名を除く）で録音テープ提出命令を下した事例である（U.S. v. Nixon, 418 U.S. 683, 1974, 百選12頁）。それにひきかえ，その26年後の2000年に，大統領選挙人選挙の票の集計をめぐって，合衆国最高裁の判決（2000・12・12, Bush v. Gore, 531 U.S. 98）が事実上ブッシュ候補を当選させる結果に導いた（判決翌日に対立候補が「敗北宣言」をした）際には，司法判断に党派性がそのまま反映したのではないかという疑問が高まった。5対4でなされた判断，その5判事がすべて共和党政権の指名による任命だったことがそのような印象を与えることになっただけでなく，これまで連邦に対する州権の尊重を強調してきたはずの裁判官たちが，今回はフロリダ州最高裁の命じた再集計のやり方を，平等保護を保障した合衆国憲法に反するとし，また，選挙結果を確定させるべき期限についての州選挙法の解釈をみずから示すことによって時間切れと判断するものだったからである。なお，この選挙，およびそれに関する裁判所のかかわり方について，肯定的な見方を含めた検討として，松井茂記・ブッシュ対ゴア——2000年アメリカ大統領選挙と最高裁判所（日本評論社, 2000）。

意見表示制が無いため外からは窺い知れないが，フランス憲法院での「忘恩」の倫理についての元同院判事の証言として，非直接的な表現によってであるが，ジャック・ロベール（山元一訳）「少し距離をおいて見た憲法院の9年間」日仏法学22号（2000年）108～109頁。

10) 「リベラル」派主導の合衆国最高裁については，東部エスタブリッシュメントの形成する文化環境のもとで，conventional morality に対する critical morality を許容する風土の存在があげられる。もっとも，そのようなあり方を民意に対する「後見デモクラシー」（Guardian Democracy）として批判的に見る立場も，当然ながら主張される。ウォーレン・コートの司法積極主義を経験したアメリカで，W. E. Y. Elliott, *The Rise of Guardian Democracy*, Harvard Univ. Press, Cambridge, 1974 は，〈Guardian Ethic〉を批判的にとりあげて，それは「ひとつの流行だった」「つぎの流行がそれを馬鹿げたものに見せるほど完全にひとつの流行にコミットしないよう，裁判所は用心しなければならない」（p.32）, と言う。

意思主義の側面に対応して問題となる，裁判官の任命方式については，アメリカ合衆国最高裁とヨーロッパ大陸諸国の憲法裁判所に共通する要素として，違憲審査権を持つ裁判官が「政治的動機にもとづき政治的機関によって」[11]選任されることを，強調する見解がある。ここで「政治的」とは，正統性の淵源である国民＝選挙民に対し責任を負う選択だという説明が可能であるような仕方での選任，という意味でのことである。

　たしかに，合衆国最高裁の9人の判事（憲法3条1節にいう「非行なき限り」という定式のもとで終身職）の後任補充のための指名は，大統領にとって，4年ないし8年の在任中に当面する内政上の最も重大な選択として意識されている。上院は，指名を受けた本人に対し公開の席上で公・私にわたるあらゆる論点について質問をあびせ，不承認の決定をあえてすることを含めて，その承認権を実質的に行使する。ドイツの憲法裁判所の構成員（任期12年，但し定年あり）は連邦議会と連邦参議院によって各半数ずつ選出される，という基本法の規定のもとで，連邦憲法裁判所法は，連邦議会については12人の選挙人委員会で，連邦参議院については総会で，投票数の3分の2以上の多数が必要と定めている。実質的には二大政党制を反映して，二つの法廷8人ずつのポストを各政党への推薦枠によって配分している。フランスの憲法院の構成員（任期9年）は，9人のうち3人ずつ，大統領，下院議長，上院議長によって指名される。

　「裁判官の権威が呼び出されないような政治上の出来事はない」（トクヴィル）とされたアメリカで，「主要な政治権力」（同上）である最高裁判事の任命の「政治」性は，当然といえる。他方で，裁判官の政治関与を否定してきた大陸法諸国では，まさにそれゆえに，通常裁判所の諸系列の外側に憲法裁判所を設け，その任命は，「政治的動機にもとづき政治的機関による」方式が採用されているのである。

　しかし，「幸福な」憲法裁判を，裁判官の任命に反映する民主的正統性のゆえだけで説明することはできない。エリーティズム型の側面に対応する要素が，意思主義・民主的正統性の論理と均衡を保つはたらきをしている点が，重要だ

---

11) フランスで憲法裁判の比較研究の指導的役割をひきうけつづけてきたLouis Favoreuの持論である。日本語で公にされたものとして，日仏法学会編・日本とフランスの裁判観（有斐閣，1991）248頁。

からである。アメリカ合衆国についていえば，イギリスの反王権闘争にまでさかのぼるアングロサクソン特有のステーツマンとしての法律家の権威がある。大陸法諸国でいえば，ローマ法の伝統を背景にした法学教授の知的権威を挙げることができる。ヨーロッパの憲法裁判所の構成は，あるいは裁判官経歴者が（ドイツの場合），あるいは政治家経歴者が（フランスの場合）優勢であるが，判決の権威を支えるものとしての法学教授の存在感は共通に大きい[12]。

いずれにしても，裁判所という国家機構を構成する一員でありながら，民主的正統性に埋没してしまわない，「正解」獲得能力への期待と，それに応える——多かれ少なかれの——実績が，もうひとつの正統性を支えているのである。

27-3 これまで見てきたのは，違憲審査をする裁判官の正統性をそれぞれの仕方で積極的に説明しようとするときに，問題となることがらであった。それとは別にもうひとつ，違憲審査の正統性を消極的な意味で弁明する議論の立て方がある。裁判官が憲法と法律（以下の諸規範）の適合関係について最終的な有権解釈を下すといっても，そこで下された違憲判断によってすべてが結着するわけではなく，本当の最後の言葉は憲法改正権者にゆだねられているのだ，という説明である。裁判所の違憲判断によって，何が問題かの情報を十分に提供されたうえで，場合によって憲法改正権者は，裁判官が依拠した憲法規定を改正することによって，裁判所の判断をのりこえることができるのだからであ

---

12) 大統領職（1909～13）を経たのち連邦最高裁長官（1921～30）となり，政治部門と司法部門の両方の長という地位についた例は1人（William H. Taft）であるが，大統領の政治的ライヴァル（アイゼンハワーにとってのEarl Warren）や最高級の政治顧問（F・ルーズヴェルトにとってのFelix Frankfurter）でもあった最高裁判事の例は少なくない。行政や外交でリーダーシップをとった人物は数知れない。対独日開戦となって最高裁を辞し国務長官の地位についたJames Byrnesや，ニュルンベルク国際軍事法廷の根拠となり，「人道に対する罪」の観念を導入した1945年8月ロンドン協定を成立させた合衆国代表Robert Jacksonの名は，あまねく知られている。ヨーロッパ大陸の憲法裁判所についていえば，法学教授の存在は判決の質を支えてきただけでなく，裁判所行政の場面でも指導的地位につくことが少なくない（たまたまこの論点があるコロキウムで話題となった1988年の時点で，八つの憲法裁判所の長はすべて，現・または元教授であった）。

る[13]。

「転轍」の論理（前出26-4）で説明されるような違憲審査制観からいえば、裁判所の違憲判断は、政治部門が自分の欲する立法をしようとするならば憲法改正を必要とするという指示を与えることにほかならないのだから、上の説明は、自明のことである[14]。最高法規としての憲法の内容となっている実質価値を擁護するものとして違憲審査制をとらえる立場にとっても、違憲判断がなされれば憲法改正権者に出番が与えられるということは、もとより否定すべくもない。

裁判官の選択は憲法改正権の行使というかたちで表明される民主制の論理によって匡正されうる、というこの論点は、違憲審査をする裁判官の正統性にとって、消極的な仕方によってではあるが、それだけにむしろ最も基本的な、従って強い論拠を提供するのである。

もっとも、議論はもうひとつの段階にひきつがれる。違憲判断を憲法改正によってくつがえすことができるとして、その憲法改正に対する違憲審査が可能か、という論点が浮上するからである。

---

13) 実際には、硬性度の高い憲法のもとで、裁判所の違憲判断をのりこえる憲法改正は必ずしも容易でない。古くはアメリカ合衆国で、Dred Scott 事件判決（前出26-2）をのりこえるのに南北戦争が必要だったという例がある。近くは、星条旗焼きすて事件の処罰を違憲とした判決（Texas v. Johnson, 491 U.S. 397, 1989, 百選 52 頁、ア判 138 頁）をのりこえる憲法改正手続が開始され、結局、手続半ばで不成功に終わった例がある。しかし、それは、硬性度の高い憲法自身がそれを望んでいるのだ、と説明することができる。

14) もっとも、「転轍」の定式で説明されることの多いフランスの場合でも、違憲判断を簡単に憲法改正で克服しようとすることについては、議論の対象とされている。庇護請求権（亡命権）の制度をそれまでより制限的なものにしようとする法律（いわゆるパスクワ法）を、1946 年憲法前文の規定に照らして違憲とした憲法院判決（93-325 DC des 12・13-8-1993, フ判 67 頁）に対抗する憲法改正（53 条の 1 を加えた）をめぐっての議論が、そうである。その時点で現職の憲法院判事だった Jacques Robert は、インタヴューに答えて、「違憲判断が出たから憲法の方を変えるというのは、論理的には可能なのですが、憲法と法律の実質的な序列を逆転することになります。私の考えでは、これは法治国家の後退です。憲法の安定性が損なわれるのです」とのべている（「ジャック・ロベール氏に聞く——フランスの違憲審査制」ジュリスト 1037 号［1994］120 頁）。

「違憲の憲法規範」という観念[15]が成立しうるか,という議論は,憲法改正権に法内容上の一定の制約を課している実定憲法が違憲審査制を設けているところでは,違憲審査の運用上の実定法解釈論の問題となる[16]。ドイツ基本法79条3項は,「連邦の諸ラントへの編成,立法に際しての諸ラントの協力の原則,または第1条および第20条にうたわれている基本原則」に触れる憲法改正を禁じているし,1958年フランス憲法89条5項は,「共和政体は改正の対象とすることができない」と明記している。このような明示の規定に反する憲法改正を,違憲審査の対象とすることができると考えるべきか。こうして,違憲審査をする裁判官の正統性にとって消極的ながら最終的な根拠となるかに見えた論点が,あらためて,「違憲の憲法改正」という判定をすることができるほどの裁判官の正統性はありうるのか,という問いへと循環してゆくことになる。

ドイツの憲法裁判所は,連邦議会と連邦参議院それぞれの3分の2以上の多数によって決定される憲法改正に対して,違憲審査の対象とする可能性をみとめている[17]。フランスでは,憲法院が,早い時期に,人民投票によって採択された憲法改正について,それが「国民主権の直接の表現」であるがゆえに審査対象となりえない[18],と判断していた。他方で,憲法院は,両院合同会議の加

---

15) Otto Bachof, *Verfassungswidrige Verfassungsnormen ?*, Mohr, Tübingen, 1951.
16) くわえて,理論上の問題としては,そのような明示の実定憲法条項がなく,また,違憲審査もないという前提のもとでも,「違憲の憲法」という主題は成立しうる。「憲法改正作用の限界」と呼ばれてきた論点が,それである。
17) 議論の焦点となった代表的なもののひとつが,基本法10条2項に追加された第2文(1968年基本法改正)の基本法79条3項との適合性につき,5対3で合憲と判断した,いわゆる盗聴判決である(30 BVerfGE 1, 1970, ド判261頁)。近くは,旧東ドイツの西ドイツへの編入に当面して導入された基本法143条3項が,「根本的な基本権の要請」を侵害するような憲法改正を禁じた79条3項に違反しない,とした判決(84 BVerfGE 90, 1991, ド判559頁),など。
18) 62-20 DC du 6-11-1962, フ判383頁。もっとも,この事例そのものは,憲法改正を決定した人民投票が手続上憲法に違反するか,という論点に関するものであった。その後,やはり人民投票によって行なわれた条約承認が,今度はその内容についての憲法適合性を争われた事例で,憲法院は,62年判決の論理に従って,判断する権限を持たないとした(92-313 DC du 23-9-1992, フ判30頁)。

重多数決方式に従っておこなわれた憲法改正については，憲法改正のための手続規定（憲法7条，16条，89条4項）および共和政体改正禁止規定（同89条5項）を尊重するという「留保条件のもとで憲法改正権[19]は主権的である」というのべ方をした（92-312 DC du 2-9-1992, フ判30頁）。そこでは，憲法改正権は，「主権的」と言われながらも，憲法に明示された手続規定と改正内容限定規定には拘束されることになる。その行論は，そのような場合には憲法院の審査権が及ぶと解する余地を残していた。しかしその後，憲法院は，両院合同会議の加重多数決方式に従っておこなわれた憲法改正を対象とする事案で，憲法院による判断そのものが及ばぬという判断を示している（03-469 DC du 26-3-2003）。この判決は，「憲法61条，89条および他のいかなる条項からも，憲法改正について判断する権限を憲法院は受けていない」と述べており，92年判決（上出92-312）が付けた「留保条件」の場合を含めて，憲法改正権に憲法院の審査が及ばぬとしたものと，一般に受けとられている。

---

19) フランスでの用語の慣行に従って，pouvoir constituant という言葉が使われている。この用語法の背景には，憲法改正権を憲法制定権と区別しない思考伝統がある。

第5章　基本権保障の「国際化」[1]

28　国際社会・国家・個人

28-1　もともと国際法は *international law* という呼び名どおり，諸国家間の法であり，その法関係の主体として個人が登場することはなかった。近代的意味での「人」権が語られるためには，主権主体としての国民国家の成立が前提として必要だった（前出 2）のであり，そのことはまた同時に，実定法上の存在としての基本権保障が，それぞれの国家内部のあり方にゆだねられざるをえないことを，意味していた。それどころか，国内での権利保障制度の整備は，およそ定義上すでに人権の観念と矛盾する植民帝国の確立——その上で繁栄する本国の経済——と表裏一体に，すすめられていったのであった（前出 8）。

国際法がそれぞれの国家内部の人間の処遇の地位に本格的に[2]関心を向けることとなったといえるのは，民族的少数者保護と労働者の地位の問題についてであった。

---

1) 第5章の主題全般について，祖川武夫「人権の国際的保障と国際法の構造転換」（1986，祖川武夫論文集・国際法と戦争違法化——その論理構造と歴史性［信山社，2004］35頁以下）の簡潔な記述から示唆を得ることが大きい。
2) さかのぼれば，奴隷取引を規制ないし廃止しようとする国際間取極——列強諸国間の利害にもとづくという要素が大きいのであるが——があった（1815年ウィーン会議での「奴隷取引廃止」宣言にはじまり，奴隷取引の防止に関する1890年ブリュッセル一般議定書。1919年サンジェルマン・アンレイ条約により改正）。「婦女及び子どもの売買禁止に関するジュネーヴ条約」（1921年および1933年）を挙げることもできる。

　ほかに，国際慣習法上にいう「外国人法」という問題領域があった。すなわち，古典的国際法の考え方のもとで，国家は，自国民の取扱いについては国際法の介入を受けないが，自国内に居住する外国の国民に対しては一定の取扱いと保護を与えるよう義務づけられている，とされてきた。もっとも，古典的国際法の主体となっていた諸国（「文明諸国」）間では，ほぼ共通の国内環境が形成されていたのであったから，「外国人法」の持っていた実質的な意義と効果を，ここでの文脈で過大にとりあげることは適切でなかろう。

第一次大戦後，国際条約によって民族的少数者保護の義務を国家に課すという方式が，採用された。大戦のきっかけとなったのがオーストリア・ハンガリー帝国内の少数民族問題だったことをも反映して，この方式は東・中欧の諸国について適用された。例えば，「同盟及び連合国」とポーランドとの間の条約（1919年）は，「ポーランドはその制度を自由と正義の原理に一致させ，かつポーランドが主権を引き受けた地域のすべての住民にその確実な保障を与え」（前文）ることを約定し，「人種，宗教あるいは言語上少数者に属する人々に関する限り」，保障規定により国際的な義務を設定し，国際連盟理事会の過半数の同意なしに変更できない旨を定めていた（同12条）。少数者保護の条約上の規定は対象国の一切の国内法令に優先するものとされ（憲法的効力），その変更には国際連盟理事会の同意が必要とされた。

　この段階での少数者保護の国際法は，二つの問題性をかかえていた。ひとつには，戦後処理の一環としておこなわれた性格上，戦勝連合国（日本を含む）の側での問題は取り扱われておらず，植民地という形での他民族支配への言及もなされていなかった。もうひとつには，この時期東・中欧での少数民族問題への対応が，文字どおりの「民族」自決を標榜したことによって，帝国解体後のそれぞれの「国民」国家形成をかえって困難にしたことがあげられる[3]。外に対して主張される「民族」の自決が，当該自決領域内で多数となった民族の自己統治支配の要求にとどまって，内側での政治的自由と社会的平等の要求を伴わないとき，少数者保護と人権は必ずしも結びつかないだけでなく，むしろ

---

[3]　オーストリア・ハンガリー帝国とオスマン帝国という帝国の支配から解放された「民族」が，なまのままの形で——ethnosのまま——国家を形成しようとしたかぎりで，「民族自決」（ウィルソン大統領）の理念は，問題を解決するよりは新しくつくり出すことにならざるをえなかった。帝国解体後のdemosという単位での国民国家形成の困難さを指摘し，1989年後の東・中欧の状況をふまえながら，あらためて問題を指摘するのが，Ulrich K. Preuß, Constitutional Powermaking for New Polity: Some Deliberations on the Relation between Constituent Power and the Constitution（前出105頁註7），p. 143である。彼は，そこでの自決が外に向けてのethnosの自決ではあったが，demosの政治的自律と自由——それならば何よりも内側の政治的抑圧と社会的不平等の克服が目ざされるはずだった——であることが少なかった，ということに問題を見てとる（demosとethnosの観念については，前出14-2）。

するどい緊張関係におちいる（この論点については前出20-1)[4]。この意味で，「民族自決」は，国民国家形成過程での，独立への権利根拠として自覚的にとらえられるべきはずのものであったが，実際は，支配的民族による民族国家という形で固着するおそれが多かった。

そのような問題点を抱えながらも，民族的少数者保護という論点は，国家内の構成員の地位に国際法が関心を向けたという点で，重要な画期をしるす意味を持った。

やはり第一次大戦後，国際連盟規約（23条1項）に定める国際機関として設けられた国際労働機構（ILO）も，それまでもっぱら各国内の問題とされてきた労働問題を，国際的関心の対象にひき入れるものであった[5]。使用者・労働者と公益代表から構成される総会・理事会が設けられ，労働条件の改善等のために，条約案（例えば1930年採択の強制労働禁止に関する条約）や国内立法の勧告を採択する。「一国ニ於テ人道的労働条件ヲ採用セザルトキハ他ノ諸国ノ之ガ

---

[4] 1933年に原著名『国際憲法』（後出註6）を公刊したB・ミルキヌ＝ゲツェヴィチは，少数者の権利に関し，端的に，「実質的見地からすれば人権」であり，「人権と少数者の権利との間のすべての差異は，その保護の方式にある。人権は国内法の手続によって保護されるが，少数者の権利の保護は国内的及び国際的の二重の手続によって保証される」（訳書172頁）と指摘している。そのことに関連して彼はまた，少数者の「忠誠」の問題に言及し，少数者の権利をもあくまで個人を主体とする人権と考える立場から，その行為が「市民そのものとしてであれ，少数者たる市民としてであれ」，「忠誠は問題とされずに，個人的自由が市民を保護する」（同179頁）という理解を明らかにしていた。この点は，「少数者」問題を文字どおりの「民族自決」，すなわち民族単位の処遇としてとらえた場合の──場合によっては「民族浄化」にまで及ぶ破局的な──問題性を考えあわせると，重要な論点をすでに照らし出していたということができる。ミルキヌ＝ゲツェヴィチは，集団としての民族の権利の問題と「人」権の問題を区別したうえで，議論を立てていた。

[5] 各国内での労働運動の激化と，ロシア革命による社会主義世界の成立という状況がその背景にあった。同じ事情は，先にとりあげた民族的少数者保護の制度についても，無縁とはいえない。そこには，不安定なままに未成熟だった東・中欧諸国の国内生活環境一般の整備を，少数者保護のための国際的規制を媒介として国際的関心のもとに置くという含意が読みとれるからである（本文前述のポーランドに関する条約は，同国内の「すべての住民」一般への権利保障に言及している）。ちなみに，国際市場での競争条件と投資環境への関心が「人権の国際的保障」という主題と密接にかかわっていることは，今日のWTO体制下について，端的にあてはまるであろう（後出30-1)。

改善ヲ企図セルモノニ対シ障礙ト為ルベキニ因リ……」という同機構規約前文の文言は，国際市場の競争条件を規制しあうことなしには一国の労働政策が存在できなくなってきたことを，反映していた。

28-2 民族的少数者保護の制度は，国際的取極によって国内法上の措置をとらせようとするものであった。そのほかにも，取扱い形式としては国内法限りのことであるにしても，「国際的な意義と効果」を持つ国内法規範による法的対応が，重要性を増してくる。両大戦間期にそのような国内法規範の重要性に着目してそれら規範の総体を「国際憲法」(droit constitutionnel international) と呼んだミルキヌ＝ゲツェヴィチは，いくつかの項目をとり出して検討を加えていた。国際条約の締結に関する国内法規，条約の国内での効力，人権としての少数者保護，庇護権と外国人の権利，戦争放棄条項を含む「平和の国内法」，などの諸項目である[6]。

1933年出版の『国際憲法』の著者によって摘示されていたこれらの論点は，すべて，1933～45年の独裁と戦争の惨禍からぬけ出した第二次大戦後の世界で，あらためて表舞台に登場する。ここでは，庇護をめぐる問題をとりあげよ

---

6) Boris Mirkine＝Guétzevitch, *Droit constitutionnel international*, Sirey, Paris, 1933：小田滋＝樋口陽一訳・憲法の国際化──国際憲法の比較法的考察（有信堂，1964）。

そこでは，フランス革命期以来の戦争放棄条項が「平和の国内法」の系譜として位置づけられていたが，第二次大戦後の一連の諸憲法が，あらためて，そのような系譜をひきつぐこととなる（1946年フランス憲法前文，1947年イタリア憲法11条，1949年（西）ドイツ基本法26条，そして1946年日本国憲法9条）。そのなかで日本国憲法は，戦力不保持（2項）を含むその第9条を，「平和のうちに生存する権利」（前文）という人権思想によって裏づけたところに特徴がある。この権利は，未だ，法的に明確な内容を持つには至っていないが，それでも，特定の場面で，裁判技術上援用されてもきた。長沼事件第一審判決では，原告らのこの権利が争われていることを，他の請求原因の検討に先立って憲法判断の論点をとりあげたことの理由として挙げ，また，原告らの訴えの利益を肯定する根拠としても，この権利を援用し（札幌地判1973・9・7判時712号24頁），控訴審（札幌高判1976・8・5行裁27巻8号1175頁）は，反対に，「裁判規範として，なんら現実的，個別的内容をもつものとして具体化されているものではない」とした。「平和のうちに生存する権利」について，なお，深瀬忠一・戦争放棄と平和的生存権（岩波書店，1987）。

う。

　第二次大戦後の諸憲法のひとつの特徴として，庇護を求める権利への言及がある。「自由のための活動を理由として迫害を受けた者はすべて，共和国の領土内で庇護を受ける権利を有する」(1946年フランス憲法前文4項。1958年憲法前文の解釈を通して現行憲法の一部とされている)，「政治的に迫害された者は，庇護を受ける権利を有する」(ドイツ連邦共和国基本法16a条)，「イタリア憲法が保障する民主的自由の実効的行使を自国において妨げられている外国人は，法律の定める条件にしたがい，共和国の領土内での庇護権を有する」(10条3項)，などである。

　伝統的に国際法上の権利としていわれてきた庇護権は，迫害を受けた者に庇護を与えた国家がそのことによって国際法上責任を問われることがないという，国家にとっての権利であった(関連して，いったん庇護を与えた者を，迫害の待つ国に送還してはならない，とするノン・ルフルマンの原則は，1951年難民条約33条1項〔日本は1981年批准〕によって確認されている)。それに対し，上記の例は，個人にとっての庇護請求権であり[7][8]，そこには，何より，ファシズム独裁の経

---

7) もとより，他の憲法上の権利一般がそうであるように，現実に個人が庇護を受けることができるかどうかは，所定の手続によって決定され，最終的には，権限ある裁判所の判定に服することになる。

8) ヨーロッパ連合の域内国境管理の撤廃によって，庇護を求める個人にとって，逆説的に不利益をもたらす事態が生じた。シェンゲン補充条約(1990年)により，条約に加入している別の国で庇護請求が認められなかった者についての申請非重複原則が定められ，それを受けたかたちで，憲法改正(1993年ドイツ基本法改正による16a条2項，同年フランス憲法改正による53条の1第1項の新設)がおこなわれたからである。フランスの場合は，上記の第1項につづく第2項で，「前項にかかわらず」として，条約によって庇護申請権をフランスに対する関係で持たなくなった者に対しても，「庇護を与える権利を依然として有する」と定めたが，それは，国際法上の国家の権利の再確認にほかならず，個人にとっての権利の行使場面がせばめられたことには変わりがない。

験を経た第二次大戦後の法のあり方の特徴が示されている[9)][10)]。

---

9) 国家の権利を意味していた庇護権が庇護を求める個人の基本権の意味でも用いられるようになったことを，戦後西ドイツの例について跡づける，島田征夫・庇護権の研究（成文堂，1983）345頁以下を参照。
10) そのほか外国人の法的処遇一般，とりわけその憲法上の権利をめぐる議論は，今日では，憲法の体系書，概説書が必ず論及するほどの主題となっている。特に参政権が時局性ある論点となっており，それについて議論が分かれている。参照，近藤敦・「外国人」の参政権——デニズンシップの比較研究（明石書店，1996），同・外国人の人権と市民権（明石書店，2001）。

29 基本権の国際的保障——実定化の諸段階

29-1 第二次大戦は、人権の国際化の歴史にとって、決定的な画期となる。枢軸国に対する連合国の戦いそのものが、「反ファシズム」の旗を掲げて遂行された。ルーズヴェルト大統領（アメリカ合衆国）は、表現の自由、信仰の自由、欠乏からの自由、恐怖からの自由という「四つの自由」を「世界のどこにおいても」確保することを訴え（1941年1月、議会への教書）、それを受けて、チャーチル首相（イギリス）との間で、大西洋憲章（同年8月）が合意されていた（アメリカ参戦後の1942年1月1日連合国宣言で再確認）。

ナチス・ドイツの敗北のあと日本の降伏を目前にして連合国（United Nations）による戦後世界管理の構想を制度化した国際連合憲章（Charter of the United Nations）は、「基本的人権と人間の尊厳及び価値と男女及び大小各国の同権とに関する信念をあらためて確認」した（前文）。憲章は、「いかなる規定も、本質上いずれかの国の国内管轄権内にある事項に干渉する権限を国際連合に与えるものではな」い（2条7項）として、伝統的な国内事項不介入原則を維持しながらではあるが、「人種、性、言語又は宗教による差別なくすべての者のために人権及び基本的自由を尊重するように助長奨励することについて、国際協力を達成すること」（1条3項）を、目的として掲げた（1945年6月26日サンフランシスコ）。「日本帝国」に向けて発せられたポツダム宣言（1945年7月26日）は、「言論、宗教及思想ノ自由並ニ基本的人権ノ尊重ハ確立セラルベシ」（10項）と要求し、「日本帝国」はこの宣言を受諾した（8月14日）。

このような流れを集約したのが、1948年12月10日国連総会で採択された世界人権宣言であった[1]。条約という法形式をとらない「宣言」であったとしても、それは、国際場面でも、それぞれの国内でも、人権のための活動を道徳

的・政治的に支える役割を果たすこととなる。

「宣言」にとどまらず条約という法形式で，個人を主体とする人権について定めるものとして，何より重要なのが，1966年国連総会で採択され，批准国の間で1976年に発効した，二つの国際人権規約である。すなわち，「経済的，社会的及び文化的権利に関する国際規約」(Pacte international relatif aux droits économiques, sociaux et culturels, International Covenant on Economic, Social and Cultural Rights) と「市民的及び政治的権利に関する国際規約」(Pacte international relatif aux droits civils et politiques, International Covenant on Civil and Political Rights) がそれである（それぞれ，通称，国際人権A規約，同B規約と呼ばれる。日本国は1979年批准）。

この二つの条約は，いずれも，その冒頭（1条1項）で「すべての人民は，自決の権利を有する」として，「人民」（peuple, people）単位で構成される国際社会のあり方を再確認したうえで，各締約国が，それぞれの権利の尊重およ

---

1) 人権を「普遍的に宣言」するものだったこの《Universal Declaration of Human Rights》は，しかし，全員一致で採択されたわけではなかった。そのことは，東西対立を背景にした当時の《Human Rights》観の分裂を，反映していた（前出 5-5）。

1948年に「普遍的」に宣言された人権は，しかし，地域的に均等に展開してきたわけではなく，「宣言」ないしその条約化も，地域ごとに違った様相を見せている。そのうちヨーロッパ人権条約についてはのちにとりあげるとして，ここでは，第三世界地域をカヴァーする米州人権条約とアフリカ人権憲章に言及しておく。

米州人権条約は「アメリカ諸国機構」を基盤として1969年作成され，1978年発効したものであり，米州人権委員会と米州人権裁判所に一定の権限を与えている。アフリカ人権憲章（1981年採択，86年発効）は，「人および人民の権利」に関するバンジュル憲章という名称が示唆するような特徴がある。前文の文章が示すとおり，そこでは，経済的・社会的・文化的権利の充足が市民的・政治的権利の享有の保証となり（もっとも，団結権・争議権について言及する規定は無い），「人民の権利」が「人の権利」の保証となる，という考え方が基礎に置かれ，アフリカ人民全体の独立・解放の達成が「人民の義務」とされている。個人の義務についてはひとつの章が設けられ，宗教・社会・国家・統一アフリカに対する成員の義務が列記されている。

び遵守のためになすべきことを「約束する」[2]旨，定めている。

それでは，「約束」の実効性はどのようにして追求されるのであろうか。

国際人権B規約は，人権委員会の設置を定め，18人から成る委員会の委員が「個人の資格で」選出され職務を行うことを規定している（同28条）。他の組織との混同[3]を避けるため「規約人権委員会」とも呼ばれるこの委員会は，B規約選択議定書（Optional Protocol，日本は未批准）の認める個人通報制度により，同規約に定める権利が締約国により侵害されたと主張する個人からの通報（communication）を「受理し，かつ検討」（同議定書1条）する権限を与えられている[4]。

規約人権委員会への通報をすることができるのは，自然人たる個人に限られる（同2条）。権利を定めた規約に対する違反により実際に犠牲を受けた個人が，自分自身その「管轄下」にある特定国を相手として，申し立てることができる。申し立てられた通報のうち受理可能と決定されたものについて内容にわたる検

---

2)「約束」の仕方は，権利の性質に応じてちがってくる。A規約の場合は，「……立法措置その他のすべての適当な方法によりこの規約において認められる権利の完全な実現を漸進的に実現するため……行動をとることを約束する」（同2条1項）とされているし，B規約の場合は，「……その領域内にあり，かつ，その管轄の下にあるすべての個人に対し，……いかなる差別もなしにこの規約において認められる権利を尊重し及び確保することを約束する」（同2条1項），というふうに。

3) 国際連合がその発足当初に設立した人権委員会がある。この委員会は憲章68条に根拠を持つもので，1948年世界人権宣言の草案を起草した。ほかならぬ国際人権A規約とB規約の草案を作成したのも，この委員会である。他方で，人権を語るにふさわしくない諸国の代表がしばしば委員会構成メンバーだったことが，問題とされてきた。この委員会に代えて，2006年，国連総会の補助機関として人権理事会（Conseil des droits de l'homme）が発足した。国連総会で絶対過半数の得票を得た上位順に選出される47の理事国によって構成される。地域別の割当てがあるが，重大な人権侵害を繰り返していると判断された国は，総会の3分の2の多数決により権利を停止されうる。

4) 日本国は，この第一選択議定書を批准していない。日本弁護士連合会や数多くのNGOが，その批准促進のための主張や運動をおこなってきているが，日本政府は，規約人権委員会への報告（B規約40条にもとづくそれ）のなかで，批准のためにはなお検討すべき問題点が残されているとして，「我が国司法制度との関係や制度の濫用のおそれも否定し得ないこと等の懸念」に言及し，「関連省庁の間で検討中」としている（1993年報告）。

討がおこなわれる。委員会は，事実が規約に違反するかについての「見解」(vue, views)を，個人および関係国に送付する。「見解」は国を義務的に拘束はしないが，規約違反を確認した「見解」は，当該国家の個別的措置（在監者の釈放など）あるいは一般的措置（立法改正など）を引き出す要因となる。

規約人権委員会は，B規約によって設けられた制度であり，同規約の保護しようとする権利に関する規約違反をその事項管轄とする。その点で注目すべきは，同委員会が，B規約26条（「法律による平等の保護を受ける権利」）の解釈を媒介項として，A規約を含む他の諸条約の定める権利に関する規約違反をも，自分自身の事項管轄の中にとり込んだことである。

B規約はまた，その41条1項で，規約に基づく義務を他の締約国が履行していないと主張する締約国からの通報制度について定めている。但し，この国家通報制度は，規約本文で規定されているかわりに，任意的かつ相互的なものとされている。すなわち，締約国は委員会がそのような権限を持つことを認めることを「宣言することができる」というのであり（日本は未宣言），また，委員会は，「委員会の当該権限を自国について認める宣言を行った締約国による通報」に限って，受理・検討することができるのである。

A規約16条およびB規約40条は，「締約国がこの規約において認められる権利の実現のためにとった措置及びこれらの権利の実現」——B規約の表現は「権利の享受」——「についてもたらされた進歩に関する報告を提出することを約束する」旨定める。

そのほか，国際連合の主導で人権の領域についてなされた宣言，成立した条約は数多い。おもなものを挙げると，ジェノサイド防止・処罰条約（採択1948, 発効1951，日本国は未批准——以下，採択－発効－日本国につき発効，の順で年次を記す。条約名表記は日本政府の訳に従う），「難民の地位に関する条約」（1951－1954－1982），「あらゆる形態の人種差別の撤廃に関する国際条約」（1965－1969－1996），「戦争犯罪への公訴時効不適用に関する条約」（1968－1970－未批准），「女子に対するあらゆる形態の差別の撤廃に関する条約」（1979－1981－1985），「拷問及び他の残虐な，非人道的な又は品位を傷つける取扱い又は刑罰に関する条約」（1984－1987－1999），「児童の権利に関する条約」（1989－1990－1994），死刑廃止に関する国際人権B規約第2選択議定書（1989－1991－未批准），などである。

これらの条約群の内容は，国際社会での実行およびそれに関する法意識の成文化という要素を含むが，それとならんで，条約化されていない国際慣習法としての人権規範の存在が，問題となりうる。例えば拷問等禁止条約が定める禁止への違反は，同条約を批准していない国家に対しても，人権慣習法として成立していると考えられる[5]。実際に拷問をおこなう国家はあっても，その事実をみとめそれを適法と公言することはなく，他の諸国はその行為を非難することが通例だからである。

　条約であれ国際慣習法であれ，その規範内容が，国内裁判所によって実現されるという可能性の有無が，重要である[6]。

　本来は国際法の法形式に属する規範が国内法上どのような仕方で，またどのような効力を持つかは，それぞれの国内実定法の定めるところにより——通常は憲法解釈を通して——決定される。国際法規範が国内法上の効力を持つためには国内法の制定による個々の「変形」が必要だとする方式と，国際法規範をそのまま包括的に国内に「受容」する方式があり，「条約及び確立された国際法規」の誠実遵守を定める日本国憲法98条2項は，後者の例に属する。そのうえでのことであるが，それ自体として国内法上の効力を持つこととなった「条約及び確立された国際法規」のなかで，規定の内容からいってそのままの形で国内法として適用可能な規範，いわゆる自動適用可能（self-executing）な規範[7]と，国内適用のためにはあらためて立法措置を必要とする規範とがある。例えば国際人権B規約の主要な部分は「国家からの」自由・平等を定めたものであるから，自動適用可能な規範と考えることができる。

　国際法が国内法上の効力を持つとされた場合，他の国内法規範との関係での形式的効力の優劣が，それぞれの実定国内法の解釈として問題となる。日本国

---

5)　*Restatement of the Law, Third, The Foreign Relations Law of the United States*, The American Law Institute, 1987, Section 702.

6)　裁判所以外の人権保障のための国家機関の役割については，「国内人権機関の地位に関する原則」（1993年国連総会で採択）が，政府から独立して活動する国内人権機関の設置を推奨している。それに対応する意味を持つ立法が，日本でも準備されている。国内人権機関の問題につき参照，NMP研究会＝山崎公士編・国内人権機関の国際比較（現代人文社，2001）。

7)　この問題については，岩沢雄司・条約の国内適用可能性（有斐閣，1985）。

憲法の解釈としては，条約と憲法・法律との間の効力関係が議論されてきており，憲法＞条約＞法律という規範の効力秩序が，想定されている。こうして，法律以下の国内法規範ないしその適用を人権に関する国際法規範に違反するとする主張を，憲法違反の主張に準ずるもの，したがって上告理由に該当するものとして扱う可能性が成立する[8]。そのことは，裁判の場面で適用されるべき国内人権規範の不備を補完し，少なくとも，立法整備のための刺戟を提供するはずである。

29-2　世界人権宣言から条約としての国際人権 A・B 両規約へのあゆみをさらに一歩ふみ出したのが，「人権と基本的自由の保護のためのヨーロッパ条約」(Convention européenne de sauvegarde des droits de l'homme et des libertés fondamentales, European Convention for the Protection of Human Rights and Fundamental Freedoms) による，国際規模での裁判手続を通しての人権保障の制度化である[9]。

1950 年 11 月 4 日ローマで署名されたこの条約は，「欧州会議の構成員たる署名者諸政府」という表現が示すとおり，1949 年 5 月原加盟 10 カ国の署名によって成立した欧州会議 (Conseil de l'Europe, Council of Europe) との密接な連

---

[8] そのことを示唆したものとして，伊藤正己「国際人権法と裁判所」国際人権 1 号 (1990)。
　　下級審の判断例として，憲法 98 条 2 項につき，条約がその批准・公布によって当然に国内法上の効力を生ずること，条約の効力が法律のそれに優越することをのべ，国際人権 B 規約 14 条 1 項の「コロラリー」として「受刑者が民事事件の訴訟代理人たる弁護士と接見する権利をも」保障している，としたものがある（徳島地判 1996・3・15 判時 1597 号 115 頁）。B 規約 27 条については，札幌地裁の二風谷事件判決（前出 20-1）がある。
[9] もともと human rights という言葉は，実定法以前の段階での理念を指して使われることが多かった。国際法の場面では，「宣言」から「法」(＝条約）へ，そして裁判による保障方式へという展開が進むなかで，世界「人権」宣言からヨーロッパ「人権」裁判所まで，「人権」という言葉が一貫して使われている（関連して前出 5-5 参照）。とりわけ第三世界の要請を反映して，社会権や「第三世代の人権」こそを「人権」として強調する用語法が，国際社会では強く見られる。

関のもとにある[10]。この機構は,「加盟国の共通の遺産である理想と原則とを擁護しかつ実現することにより,また加盟国の経済的社会的進歩を助長することによって,加盟国の間にいっそう大きな統一を成就すること」(同規程1条a)を目的としている。発足当時の時代状況のもとで掲げられたこの目的は,ソ連・東欧社会主義圏を相手どった西欧的価値の擁護という対抗的意味を担っていた。その文脈からすると,1989年9月,ゴルバチョフ(当時)ソ連最高会議議長がストラスブールの欧州会議議会で演説し,「欧州共通の家」という持論を強調したことは,この機構の担う意味の転換を,象徴的に示すものであった。実際,今日では,東欧圏に加えて旧ソ連構成諸国も加盟し,文字どおり全ヨーロッパ規模のものに拡がっている。そして,欧州会議についてのそのような推移は,そのまま,ヨーロッパ人権条約についてもいうことができる。

　こうして,条約は,ヨーロッパ人権裁判所自身の表現に従えば,「寛容かつ開かれた複数主義デモクラシーの社会に固有の諸原理」(1976・12・7 Handyside [24号判決])を定めたものとして,「ヨーロッパ公共秩序の憲法文書(instrument constitutionnel)」(1995・3・23 Loizidou c/Turquie [310号判決])となっているのである。

　他の国際的人権文書とちがって,この条約は,もっぱら自由権の確保を主眼

---

10)　欧州会議の諸機関はストラスブールに置かれる。決定機関としての閣僚会議,加盟国の議会から出される議員から成る諸問議会とヨーロッパ人権裁判所がそれである。現在では欧州会議加盟国は同時に人権条約加盟国であり(もっとも,欧州会議原加盟国のひとつフランスが人権条約を批准したのは,1974年であった。この国で自国内の違憲審査制が今日のような運用を見ることになるのが1971年であったことと,平仄が合う。もっとも,直接の原因は,アルジェリアでの抑圧への弾劾をおそれなければならなかったことであった),とりわけ1989年以降は,国内状況の整備のうえでの困難をあえてしても条約に参加することが,いわばその国のヨーロッパ・スタンダード充足を示すものとしての意味づけを与えられている。
　　欧州会議は,人権と法治国家の追求を掲げ,本文でとりあげている人権条約のほかにも,ヨーロッパ文化条約,ヨーロッパ社会憲章,拷問禁止のためのヨーロッパ条約等,多くの条約・取極を採択してきた。
　　なお,ここでは「欧州会議」という訳語を用いているが,「欧州審議会」という訳も使われている。「欧州理事会」という訳も多いが,その際には,ヨーロッパ連合(EU)の首脳会議である Conseil Européen, European Council と混同しないよう注意する必要がある。

としているが，何よりの特徴は，その保障方式の点で，「国家主権という要塞に最初の——ヨーロッパ共同体の設立に先んじた——裂け目」[11]を打ちこんだところにある。

条約は，「締約国は，この条約に定められた権利と自由を，その管轄に属する何人に対しても承認する」(1条) と定める。条約は，これらの権利・自由の侵害に対する国家申立[12]制度をも設けているが，何より重要なのは個人申立制度である。第11議定書 (同議定書署名時点での全34締約国の批准が得られ，1998年11月1日発効) は個人申立権と裁判所の義務的管轄を承認するよう全締約国に義務づけたが，それは，1990年代に入って実際上進行していた実態を反映する推移であった。

第11議定書は，個人申立ての受理と審理の手続についても，大きな変革を導入した。従前は，人権委員会 (Commission européenne des Droits de l'Homme) と人権裁判所 (Cour européenne des Droits de l'Homme) の二段階制からなる複雑な手続であったが，裁判所による審理に一元化された。同時に，裁判官の兼職は制限され，常勤の職とされた。また，閣僚委員会 (Comité des ministres) は，政治的解決の方途が人権委員会によって選択された場合に予定されていた役割を失って，裁判所の判決の実行に関する役割に限局されることとなった。

裁判所は，条約締約国の数と同数の裁判官によって構成される (任期6年で再任可能)。各国政府から各3人の候補者リストが提出され，閣僚委員会の審理を経て，欧州会議議会で投票の過半数によって選任される。裁判官は個人として職務をおこない，職権の独立と身分保障が定められている。

締約国のいずれかによる権利・自由の侵害を理由とする個人申立ては，1999年には4250件に達している。その国の国民か外国人・難民かを問わないが，権利・自由の侵害という犠牲を受けた当事者だけが申立てをすることができる (判例は，「犠牲者」の概念を拡張的に運用し，「潜在的」犠牲者という考え方をみとめ

---

11) F. Sudreによる表現。L. Favoreu, *Droit des libertés fondamentales* (前出34頁註6) p.354の引用による。

12) 国家が申立権を行使するには，自分が人権条約違反の「犠牲者」(victime) であることを必要としない。もっとも，この制度は，申立国が他の事例についての報復的申立て (いわゆるブーメラン効果) を怖れるという事情もあって，あまり機能していない。

ている)。申立てが受理されるためには，当該の国で訴えの手段を尽したものであることを要するほか，「明らかに根拠を欠く」ものであってはならない。

判決は条約違反とされた法令や処分を無効にすることができるわけではないが，締約国は「自らが当事者となった争訟において，裁判所の最終判決に従うことを約束」(条約46条) している。判決の効果はその事件について及ぶにとどまるが，実際には，類似事件の反復を避けるために，国内で判決に対応する一般的措置(立法や判例変更)がとられることになる。

ヨーロッパ人権条約(および議定書)そのものが締約国の国内でどのような法的地位を持つかは，それぞれの憲法の定めるところによる。実際には，コモンローの伝統下にあるイギリス(連合王国)とアイルランドを除いて，条約そのものが，それぞれの国内法としてそれぞれの仕方で受容されている。受容された規範の国内での効力段階は，憲法同位(オーストリア)ないし憲法より優位(オランダ)，法律より優位(ベルギー，フランス，ギリシャ，スイスなど)，法律と同位(ドイツ，フィンランド，ハンガリー，イタリア，トルコなど)と多様であるが，少なくとも法律と同位の効力を持つ規範とされ，国内裁判所裁判官がそれに準拠することも次第に多くなってきている。

イギリスは，1998年の人権法(Human Rights Act)の発効(2000年10月)により，条約の定める権利を国内法に編入した[13]。具体的な規定の仕方としては，

---

13) 最近の段階までこの問題を追跡したものとして，江島晶子・人権保障の新局面——ヨーロッパ人権条約とイギリス憲法の再生(日本評論社，2002)は，「仮にイギリスの裁判所がヨーロッパ人権裁判所の解釈原理を受容するとした場合に，イギリスの裁判所はその内部に二つの相反するアプローチを抱えることにならないのかという問題」を指摘し，「従来のコモン・ロー・アプローチと大陸法型アプローチは当面同居していても，一国内の法制度として，早晩何らかの形で整合性が確保される必要があろう」とする(204頁)。

議会主権と裁判による基本権保障という二つの基本方向の間の選択は，当然のことながら，論者の政治的立場によって分かれる。労働党政権が貴族院改革によって，「貴族エリート」の権限を縮限しようとしながら同時に，「司法エリート」に「貴族たちより遥かに大きな民主主義過程への統制権を与える方向に動いている」ことに対し，「民主主義的社会主義」の立場から懐疑の念を表明するのが，ユーイング「ニュー・レイバーとイギリス憲法の新たな試練」元山健=キース・D・ユーイング・イギリス憲法概説——民主主義的社会主義・憲法改革・ヨーロッパ人権条約(法律文化社，1999) 65頁以下である。

同法が保障する「ヨーロッパ人権条約による権利」(Convention Rights) とは条約2条ないし12条および14条，第1議定書1条ないし3条，第6議定書1条および2条の規定する権利および基本的自由である，と定義したのである。人権法成立に至るまでには，長いあいだの議論があった。イギリス憲法の基本原理とされてきた議会主権との整合性をめぐる理論的論点が，多年の論争点であった。実際には，人権法の定める条約上の権利によって議会制定法を無効にする裁判所の権限はみとめられず，不適合宣言をするにとどめ，救済を政治部門に委ねることとされた。また，今後に制定される法律との関係では，法律案提出の段階で担当閣僚が，適合性についての見解表明をすることを通して，調整がはかられる。かように，議会主権の原則との衝突を回避するための顧慮が示されているが，伝統的なイギリス型制度のどこまでの変容を人権法の制定が実際上もたらすかは，今後の運用にかかっている。

　ヨーロッパには，基本権保障にかかわるもうひとつの重要な制度化がある。EC 司法裁判所（リュクサンブール所在）による EC（ヨーロッパ共同体）法の運用という枠組の中でのことである[14]。

　経済協力・経済統合の機構として創設された EC にとって，全体としての基本権保障それ自体は主要な関心ではなかったが，経済活動に深く関連する財産権や労働に関する事項を中心として，EC 法規範群と EC 裁判所の存在は，国内立法権に対する三重の裁判的コントロールの一翼を，国内の違憲審査制およ

---

[14] もともと西ヨーロッパ6カ国（フランス，西ドイツ，イタリア，ベネルクス3カ国）によって，それぞれ「ヨーロッパ」の名を冠した石炭鉄鋼共同体（1952年），原子力共同体（1958年），経済共同体（1958年）という経済協力機構が発足していた。これら三つのヨーロッパ共同体基本条約（その中心が1957年署名の経済共同体ローマ基本条約）を根拠とする機構が1967年以来，一体としてヨーロッパ共同体 (Communauté européenne, European Community——以下 EC と略記）として扱われるようになり，1992年に署名されたマーストリヒト条約によって，EC 機構を基礎として新たな権能を備えるヨーロッパ連合 (Union européenne, European Union——以下 EU と略記）へと展開してきた。本部・事務局はブリュッセルに，加盟国に共通の直接普通選挙により選出される議会はストラスブールに，司法裁判所はリュクサンブールに，それぞれ置かれている。
　EU は，2004年5月1日に15カ国から25カ国へと構成国が拡大され，さらに当面，2007年に2カ国の参加が想定されている。

びヨーロッパ人権裁判所とともに担うものとなっていった15)。1970年代なかばにかけて形成されてゆくEC裁判所の判例理論の実質を，規定のうえで明確にしたという意味を持つのが，ヨーロッパ統合への段階を一段と強化しEU（ヨーロッパ連合）の結成を定めたマーストリヒト条約のF条§2である。すなわち，

「1. 連合［EU］は，自由，デモクラシー，人権および基本的自由の尊重ならびに法治国家の原則，これら構成諸国に共通する諸原則にもとづいて設立される。／2. 連合［EU］は，1950年11月4日ローマにおいて署名された人権と基本的自由の保護のためのヨーロッパ条約によって保障され，かつ，構成諸国に共通する憲法伝統から由来する基本権を，共同体［EC］法の一般原理として尊重する」。

さらにすすんで，「ヨーロッパ連合基本権憲章」（2000年ニースEU首脳会議で合意）16)が，体系的な権利章典としての形式を整えた。それは，当面法的効力を持たないが，各国の批准に供されている「ヨーロッパ憲法設立条約」の「第Ⅱ部」として編入されている17) 17 bis)。

---

15) 前出26-1で引用したカペレッティの「違憲審査制革命」は，この三重のコントロールに着目していた。国内立法権に対するコントロールの準拠規範として「基本権」「基本的自由」という用語を意識的に選択するファヴォルーの体系書（前掲248頁註11）が，「憲法による保障」（「第2部」の標題）とならべて「ヨーロッパ規模の保障」（「第3部」の標題）という大項目を立て，後者の中で「ヨーロッパ人権条約の枠組での保障」と「ヨーロッパ連合の枠組での保障」を論ずるのも，同様な意味でのことである。

16) 権利類型論との関連で前出12-2参照。

17) それが発効すればECおよびEUを構成してきた諸条約にとってかわることとなる「ヨーロッパ憲法」は，あえてConstitutionと名づけられ，〈ヨーロッパの未来についてのConvention〉により提示された（2003年6月）。Conventionは，かつてアメリカ合衆国にとってフィラデルフィア会議が持った意味を想起させる用語である。ヨーロッパ人権条約が当面「国際」場面でのことがらであるのに対し，ECからEUへの統合の推進は，それ自身ひとつの国家としてのUnited States of Europeへの可能性をも視野のなかに入れている。その意味で，EUが「国家の克服」を意味するのか，新しい国家の誕生への過程なのかは，今後が決定するだろう。現在のEUは，古典的な分類でいう諸国家連合（Staatenbund, Confédération）の域を過ぎ，しかし連邦国家（Bundesstaat, Etat fédéral）には到達していない段階にある。このことにつき独自のFöderation（Fédération）という概念を提示す

かように，今日では，基本権保障はヨーロッパ統合の関心事項の中心にすえられている。ところで，EC 法体制のもとでの基本権保障は，EC 裁判所の判例を通しておこなわれてきた。同裁判所がその際に依拠規範としてきたのは，EC の制定法規範のほか，「構成諸国に共通の憲法伝統」と，人権諸条約とりわけヨーロッパ人権条約である。EC 裁判所は，それらを準拠規範として EC 機関の諸行為をコントロールし，かつ，構成諸国の行為をコントロールする。そして，そのような場面で示される EC 裁判所の判例自身が，「EC 法の基本原理」（principes généraux du droit communautaire）として，EC 法の構成要素となるのである。前述マーストリヒト条約 F 条§2，それを変更することなく確認したアムステルダム条約（1997 年署名，1999 年発効）によって定められた EU 条約新 6 条 2 項が，「EC 法の基本原理として」基本権の尊重に言及しているのは，そのような脈絡でのことである。

　EC 裁判所は，EC 諸条約および EU 条約によって権限を持つ限度において，基本権保障にかかわる。EC 諸機関を相手どった申立て，構成国による EC 法違反を理由とする申立ての制度があるほか，国内裁判所が EC 法を適用するに際して，EC 法規の効力および解釈について EC 裁判所の判断が求められるという場面で，基本権の救済が問題となる可能性がある。これまでのところ，EC 諸機関を相手どったものより，それぞれの国家の機関に対しむけられた事例が多いことが指摘されている。

　ところで，基本権保障の任に当たる国際裁判官についても，国内で違憲審査権を行使する裁判官について問題とされるその正統性（前出 27）が，問題とな

───────

る Olivier Beaud, *La puissance de l'Etat*, PUF., Paris, 1994, p. 488-489 を参照。
17 bis）　ヨーロッパ憲法条約案は各国の批准に供されつつあったが，2005 年 5 月フランス，同 6 月オランダでの人民投票で──当初の予想に反して──否決され，その後は事態が進行していない。そのことに関連して，伊藤洋一「EU 基本権憲章と『民主的』統治問題──フランス国民投票における論議を素材として」社会科学研究 57 巻 2 号（2006）を参照。

る[18]。これらの裁判官の役割が，それぞれの国家にとって，憲法の最高法規性，あるいは議会主権という基本原理を——法形式的には両立させる説明が施されるとしても——実質上，多かれ少なかれ侵蝕するものだけに，一層のことそうである。

　国際裁判官の正統性については，国内での場合（前出27）と同様に，裁判官自身の地位から説明できる要素と，彼らの依拠規範の正統性を通して弁証される面とが問題となる。前者についていえば，ストラスブール（ヨーロッパ人権裁判所）とリュクサンブール（EC 裁判所）の裁判官は，一方で，それぞれの政府を媒介として，加盟国ないし構成国の人民の意思との間接的連結を説明するであろうし，他方で，国内裁判官の場合より以上に，裁判官の資質については，条約上の言及＝「高い道徳性と周知の能力」を援用するであろう。依拠規範についてはといえば，EC 裁判所裁判官にとってのそれは，「ヨーロッパ市民」の民意の反映としては「民主主義の赤字」[19]が指摘されるような EC 立法権の所産にとどまっている。人権裁判所の裁判官に課された規範は，普遍的な価値を持つものとして承認された人権条項であるが，それだけにまた，裁判官の裁量の余地をひろくのこす性質のものである。

　こうして，二つの国際裁判所の裁判官は，依拠規範に拘束されていることをその正統性の根拠として援用するよりは，より以上に，彼ら自身の人的正統性に頼る立場に置かれている。それは，ヨーロッパ規模の政治部門が十分な民主的正統性を未だ備えているといえない段階で，「ブリュッセル官僚制の支配」に対抗してバランスをとるという任務を課されている。それはまた，まさにそれゆえに，「賢人たちの後見つきのデモクラシー」に陥るおそれと，表裏一体

18）　ここでは，本書でとりあげた二つの裁判所（ヨーロッパ人権裁判所と EC 司法裁判所）だけを念頭に置く。国際司法裁判所についていえば，その裁判官は，国際社会での民主的正統性を主張できる（国連安全保障理事会と総会での選挙）一方で，依拠規範を提供すべき普遍的な国際立法権が存在しないという状況に置かれており，判決に対抗する立法措置がとられる可能性を，極小にしている。そのことはまた，そのような裁判所の法創造作用を自制させる要因としてはたらくであろう。

19）　EC 立法権の本質的部分は，各国政府の代表によって構成される閣僚理事会の手にある。議会は直接普通選挙で選出され，各国の代表でなく EC 全体の代表として意味づけられているが，立法機関としての性格は弱い。

ともなっているともいえるだろう。

30 「グローバリゼーション」下の人権と「人道」

30-1 これまで見てきたような国際人権法の展開は、国家主権の相対化と表裏一体のものとして進んできた。同時にまた、それは、――理念の力と国際的権力政治（およびその背景にある経済的利益）の要請とが複雑に、あるときは反発しあるときは増幅しあいながら――持続的な政策努力を通して実現されてきたものであり、そのかぎりで、それ自体、国家を媒介として展開してきた過程であった[1]。宣言や条約の作成、裁判制度の創設など、一つひとつの要素が、そのようにして支えられてこなければならなかった。ヨーロッパ統合の枠組の中での諸制度は、とりわけ、統合自体が、国家の拡大として新たな公共社会を形成する政策努力の集積であり、場合によってはひとつの連邦国家をつくりあげることになる可能性をも展望している。

それに対し、「グローバリゼーション」の名で問題にされることがらは、人為の制度によって裏づけられる――GATT（関税貿易一般協定）やWTO（世界貿易機関）の条約が典型である――ことを必要としながらも、経済が国境を超えるという現象の一つひとつが人間の強固な意思に支えられたというより、経済自身の運動という性格を持っている。そこでは、これまで「国際」関係をとり結んできた、かつては排他的な、近時でも主要な当事者であった国家の地位が多かれ少なかれ変動する。但し、その変動を、「国家の衰退」として一般化してとらえることは正確でない。圧倒的な軍事力を背景にした特定国家の国際政治上の権力は、歴史上例を見ないほどに巨大化しているし、国際通貨基金（IMF）や世界銀行などの経済権力も、特定国家の決定的影響力に服しているからである。その意味で、変動したのは諸国家間の関係なのであり、ますます強力になった国家と、ほとんど主権国家としての実体を失った諸国家[2]と、その中間に位置する諸国家が、今日、並存している。そのような意味で、「グロ

---

1) そのような政策努力が遂行されるにあたっては、特定個人（例えば世界人権宣言にとってのRené CassinやRoosevelt夫人、ヨーロッパ統合にとってのRobert Schumannなど）や数多くのNGO（例えば国際刑事裁判所規程の成立にとって）など、個人の活動が想起されるべきことが多い。それにしてもしかし、国家間の合意という諸形式が、それを制度化したのである。
2) IMFや世界銀行の管理下におかれた国家が、多くの例を提供する。

ーバリゼーション」下の国家の相対化は，いわば非対称的に進行しているのである。

そのような「グローバリゼーション」のもとで，国境を容易にまたいで──基本的には主流をなす一方向に──移動するのは，カネと情報であり，移動しないのは労働力──「経済難民」はそのことの反面である──と環境である。こうして，つぎのような状況が立ちあらわれる。

カネと情報の移動は，一方で，国家主権の枠組で守られていた国家権力の障壁に風穴をあけることを通して，専制の支配を解体させ，あらたな公共社会の建設の発端をつくる可能性を持つ。そして同時に，カネと情報の移動をいっそう促進させる（将来に向かっての投資環境の整備を含む）ために，経済的自由や表現の自由を要求する。他方でまた，国境を超えて流入するカネと情報は，移動できない労働力と環境のためにそれぞれの国民国家がつくりあげてきた公共社会のあり方を，有無を言わさず動揺させることにもなる。これら二つの側面のうち，第一の側面は，国家からの自由──とりわけ批判の自由──を確保しようとする努力を助ける可能性を持ち，第二の側面は，社会権に属する諸権利を窮地におとし入れ[3]，また，情報の寡占・独占によって，経済力からの表現の自由を危うくする。

この第二の側面が問題となる場面では，「国際」化する私人──典型的には「多国籍企業」──の活動からの，国家[4]による権利保護の必要が，課題として呼び出されることとなる。課題への応答の仕方は，国家単位の意思の発動という形式（投資受入れ国と投資者側との協定への「人権条項」の挿入など）でもありうるし，条約形式での国家間合意（最も包括的な決定でいえば国連憲章103条を介しての，人権公序の維持）でもありうる[5]。これまで国家主権を相対化することを通して追求されてきた国際人権保障の流れからすると，これは，一見逆説的に見える。しかし，矛盾は表見的でしかない。人権が「国家に対抗して，かつ国家によって」保障されるものだということは，近代国民国家の内側でもそうだったのである（前出 2-1）。

---

3) 単純化して言うことはできないが，ここでは，かつてと同様には，競争条件の規準化のための労働者保護の要請ははたらかない。国境を超えて立地する多国籍企業にとっては，投資対象国の労働条件が向上することは利益とならないからである。

30-2　「人権」と密接にかかわるが区別されるべきものとして，国際社会で問題とされる「人道」という概念がある。これら二つの言葉を使う人びとそれぞれがどういう意味での使い方をしているかは別として，ここでは，広い意味での人権が看過できないほどに侵害されるような状態に対し，回復されるべき状態を「人道」的と呼ぶことにしよう。そのような意味での，国際社会の「公序」としての「人道」は，あるときは法的に明確なかたちをとって現われ，あるときはより非定型的に援用される。

　第二次大戦後の国際法——それを受けて，いくつかの国内法——に登場した重要な法概念のひとつが，「人道に対する罪」である。ニュルンベルク裁判の根拠を連合国4カ国が定めた1945年8月8日のロンドン取極めに付属する国際軍事裁判所規程6条が，それを規定している。戦勝国が敗者を裁くという枠組を前提とし，また，刑罰事後立法にほかならぬという問題性をかかえながらも，その思想は，後述の国際刑事裁判所の創設をはじめとして，客観性を伴った普遍的意義をのこすこととなる。

　「国際人道法」と呼ばれる法領域がある[6]。従前の国際法で「戦時国際法」の名でいわれてきた問題領域について，武力紛争時の害敵手段・方法の規制と紛争犠牲者の保護のために課される諸規範のことである。1949年戦争犠牲者の保護に関するジュネーヴ諸条約，および1977年の二つの追加議定書が，この領域での基本ルールの集成となっている。人道法は，国際武力紛争（自決権

---

4)　もとより，その国家は自発的に動くわけではない。かつて国内法の文書に労働基本権や生存権が書きこまれるために，労働運動の累積が必要だったのと，事情は変わらない。その文脈で，「市場経済」の「グローバル化」への対抗として，「主権国家を媒体としながらも，事物に適合的な対抗軸の編成」を追求しようとする，森英樹の一連の論稿，とりわけ「『グローバル化』変動と憲法——対抗軸形成への予備的考察」法律時報73巻6号（2001）を参照。

5)　Jean-François Flauss, Le droit international des droits de l'homme face à la globalisation économique, *Commerce mondial et protection des droits de l'homme*, Bruylant, Bruxelles, 2001 は，「経済のグローバリゼーションの挑戦に対する回答」として，「規範的」なそれ，「非直接的手段による」それ，「禁圧的」なそれ，の三つをあげて「展望」を語る（p. 237-256）。

6)　人道法の法規の現状については，藤田久一・国際法講義 II ——人権・平和（東京大学出版会，1994）423頁以下，および，同・国際人道法［補訂新版］（有信堂，2003）。

にもとづく民族解放戦争を含む）だけでなく，非国際武力紛争にも，それぞれの条約・議定書の定めに従って適用される。これらの取極を批准していない国（日本国もその中に入る）をも含めて，人道法の原則に公然と異を唱える声は挙がっていない。条約・議定書の規定を本当に遵守すれば現実の戦争が不可能になるほどのルールが定められているのである。

　国際社会の「公序」としての「人道」への法的関心を，平時の刑事手続を通してもつらぬこうとする意味を持つのが，国際刑事裁判所（Cour pénale internationale, International Criminal Court）の創設である。同裁判所規程7条1項は，武力紛争との関連性という，ロンドン取極めに基づく規程にあった要件をはずし，文民たる住民への「広範または組織的な攻撃」の一部としてそのような攻撃であることを「知ったうえで」行われる同項列挙の行為を，「人道に対する罪」として定義した。

　もともと，上述の1949年ジュネーヴ諸条約（そしてその前年のジェノサイド条約）採択と同時に，常設の国際刑事裁判所の設置が検討されはじめていた。東西冷戦の激化のもとで，その準備作業は棚上げされていたのであったが，1989年の国連総会がこの問題を国際法委員会に付託し，同委員会を含めた国連各機関での検討を経た草案について，148カ国の代表にくわえてNGOも参加したローマ会議が開かれた。そのようにして，「人道に対する罪」「ジェノサイド」「戦争犯罪」[7]を犯した個人を——国家指導者を含めて——常設の国際裁判所で裁くという構想が，1998年7月，国際刑事裁判所規程として採択された（賛120，保留21，否7）。その時点での予想より早く，この規程は2002年7月1日から発効した。所定の60カ国以上の批准が，同年4月11日に得られたからであり，規程を補完する文書の採択，18名の判事と1名の検察官の選任の手順

---

[7]　もうひとつの犯罪類型として「侵略の罪」が規程の中に挙げられているが，それについては，現時点では裁判所の管轄権から除外され，将来の課題としてゆだねられている。

をふんで，2003年3月，裁判所が発足した[8)][9)]。

　規程は国際刑事裁判所の管轄権が非締約国の国民に対しても及ぶと定め，犯罪のおこなわれた国または被疑者の国籍国のいずれか一方の同意で足りるとする（12条）一方，被疑者の国籍国が規程の締約国であるときは，自国の管轄権を優先させることができるとして，補充性原則（前文および17条）を採用している。そのように国家主権との間での妥協的な要素を含みながらも，「人道」という価値の実現の実効化を求める国際世論の成果の現時点での到達点を，そこに見出すことができる。実際，罪刑法定主義——したがってまた，遡及処罰の禁止と類推解釈の禁止（22条，23条，24条）——の規定をおくとともに，元首や政府官職の地位にもとづく免責を否定し（27条），公訴時効の不適用（29条）を定めている。これまでアドホックに開設された四つの戦争裁判（ニュルンベルク，東京，旧ユーゴ，ルワンダ）が，正義の実現であると同時に勝者の正義の実現でもあったことにかんがみれば，これらの裁判の思想を引きつぐ面を持つ新しい制度には，「勝者による」という形容詞を取り去った正義の追求が課

---

8) ローマ会議での採択までの経過と，それに先行する前史の詳細について参照，安藤泰子・国際刑事裁判所の理念（成文堂，2002）。
9) この構想を主導したのは西欧・北欧の諸国であった。アメリカ合衆国は，クリントン大統領が退任直前に署名したが，ブッシュ政権は，「署名の取消し」を声明しただけでなく，批准国には援助をしないという手段をも動員して，60カ国批准の実現を阻止しようとし，条約発効後も，国内立法と外交手段（条約発効後1年の間に約50カ国との間に協定を結んだ。但し議会の承認を要するとしている国もある）を通して，アメリカの軍人・公務員がこの裁判所の管轄権行使の対象となることを避ける方針をつらぬいている。

されている[10][11]。

　「人道」の援用がいわば非定型的におこなわれる場面が、つぎに問題となる。「人道的介入」の問題がそれである。その「非定型」性[12]は、一方で、事態に即応した柔軟な対応を可能にするとともに、他方で、「人道」の名を掲げた「強者の法則」の貫徹をゆるすおそれにも途を開くものとなっている。

　国際連合は、人権の助長奨励についての国際協力をその目的として掲げる

---

[10]　ニュルンベルク裁判は、違法な命令に従わない義務を課し、義務違反を処罰した。その原則を国際裁判に適用することを主導したのは、ロンドン会議でのアメリカ合衆国の代表 Robert Jackson であったが、その彼が自国で最高裁判事として書いたひとつの法廷意見は、戦争遂行中に合衆国国旗への敬礼と宣誓を拒否したゆえに不利益処分を受けた生徒の事件で、忠誠の強要を違憲としたのであった。それは、ニュルンベルクの原則が単なる勝者の正義ではなかったことを示すはずである。このことにつき参照、蟻川恒正・憲法的思惟（前出160頁註3）。

[11]　国際的公序としての「人道」をあえて国内法上の手続で追求しようとする意味を持つものとして、ベルギーの1993年および99年法がある。これらの法律は、戦争犯罪、ジェノサイドおよび人道に対する罪について、その行為地、行為者および被害者の国籍のいかんを問わず刑事裁判の対象とする権限をみとめるものであった（実際に、ルワンダ人4人をジェノサイドの罪で処罰した）。ところが、人種間憎悪の煽動のかどでツチ族難民により告訴され、ベルギー当局の拘束令状が出されていたコンゴ閣僚の事件で、国際司法裁判所（2002・2・14）は、コンゴ民主共和国の提訴を受けて、職務行使中の外務大臣の免責を理由として、令状の発出を違法とした（この判決の小田判事反対意見は、コンゴからの訴えを却下すべしとしている）。その後、ブリュッセル控訴院は、被疑者がベルギー国内に居るときに限り受理できるとして、訴えを不受理とした（2002・4・16）。1993-99年法にもとづいて告訴を受けている人物の中には、キッシンジャー、シャロンという人物が含まれており、ベルギーが「世界の裁判官」としての役割を実際に果たすことにはみずから躊躇を余儀なくされていた。実際、ひきつづいて、ブリュッセル控訴院は、1982年レバノンでのジェノサイドと戦争犯罪および人道に反する罪を理由としたシャロン（イスラエル首相、事件当時の国防相）らへの訴えを不受理とし（2002・6・26）、破毀院（2003・2・12）も、ベルギー国外でおこなわれた行為については行為者が現に同国内に居ることを必要とする、とのべた。そのあと再度の法改正がなされ、問題とされる事項の行為者がベルギー人であるか、犠牲者がベルギー人または3年以上ベルギーに居住する者であるときにのみ法律が適用されることとされた。そのうえ、行為者が「公正な裁判」の遂行が保障されている民主主義国の国民であるときは、裁判所は訴えを受理しないという限定を付されることとなった（2003年）。

[12]　ここで「非定型」という言葉は、法的に明確化された定式化（典型的には条約のかたちをとる）を伴わない、という意味であって、価値中立的に使われている。

(前出 28-2) と同時に,「この憲章のいかなる規定も,本質上いずれかの国の国内管轄権内にある事項に干渉する権限を国際連合に与えるものでな[い]」(憲章2条7項),としている。1980年代はじめには,国連総会決議36-103 (1981年12月9日) が,「加盟国は,人権に関する事項を,国内事項に干渉する目的で利用しまたは歪曲することを慎まなければならない」とも,のべていた。

そうしたなかで,80年代末になって,総会決議43-131 (88年12月8日) が,フランス医師団の人道救援活動に関連して,不干渉原則は「自然災害」および「同様な緊急性を持つその他の事態」に犠牲者へのアクセスを妨げるものでない,としたのは,重要な方向性の変化を示すものであった。フランス医師団の活動(「国境なき医師団」は2000年度ノーベル平和賞を受けることとなる) は,創立時のリーダーのひとりクシュネル (Bernard Kouchner) が国際法学者ベタッティ (Mario Bettati) とともに1978年以来提唱していた問題意識に沿ったものであるが,彼らは,人道問題について国際社会が干渉の「権利」があるかが問題なのではなく,「干渉の義務」がある,と主張したのである[13]。

「干渉の権利」,まして「干渉の義務」となると,大義を掲げつつ実現される中身の適正さが,つねに批判に対して開かれていることが致命的に重要となる。湾岸戦争直後の国連安全保障理事会決議 (91年4月5日) は,「イラク住民への抑圧」を明示的に非難し,「イラクのすべての部分で援助を必要としているすべての人々に,国際人道諸組織が直ちにアクセス」することをイラク政府がみとめることを求めた (中国,インドが棄権,イエメン,キューバ,ジンバブエが反対)。軍事力の行使と連結した人道介入,さらには軍事力発動を結果として求めることになりうる人道介入に伴う問題点は,その後,ボスニア=ユーゴスラヴィア戦争の際に,あらためて議論を触発することとなった。「人道のための武力介入」の是非そのものという基本問題[14]のもうひとつ前に,人道活動それ自体が武力行使をひき起こす引き金となる可能性に,どう対処するか,とい

---

13) Mario Bettati et Bernard Kouchner, *Le Devoir d'ingérence*, Denöel, Paris, 1987.
14) 国連を主体として,あるいは国連の明確な授権にもとづいておこなわれる「正義のための武力行使」は,その実質の是非は別として,国連憲章が想定している。それと区別して,「個別国家の独断」によって「はなはだしい人権侵害や非人道的

う問題がそれである。

　コソヴォ紛争への対処として NATO 軍のユーゴ空爆が始まろうとするその直前に，人道活動の側から，自分たちが反人道状況を指弾するというそのことが「正義のための武力行使」を招く，という深刻なディレンマが，指摘されていた[15)16)]。国際刑事裁判所の創設にむけた経過の中で終始，国家を建設的に動かす方向での役割を果たした民間組織（NGO）が，場合によっては，国家の武力行使を促すことにもなる。国際社会での人権・人道活動の場面でNGOの存在は次第に大きな意味を持ちつつあるが，それはまた，国家に対する働きか

　　状況を中止させるためという理由」でおこなわれる武力行使を，「狭義の人道的介入」と呼んで検討するものとして参照，最上敏樹・人道的介入——正義の武力行使はあるか（岩波書店，2001）。
15)　「国境なき医師団」(1999年ノーベル平和賞受賞）の元責任者のひとりが，人道活動に課せられてしまった困難な試煉——軍事行動の引き金となるのが，軍事や政治よりも「人道」なのだ，ということからくる困難さ——を指摘して，つぎのように発言した。「人道活動家たちが語り弾劾するとき，彼らは，自分たちの発言が［さらに］人を殺すことを知らなければならぬ。50人の殺害を糾弾すると，その報復として5000人の犠牲者が生まれるかもしれぬ。……いのちの擁護者たちが，死を指令することになる。複雑な紛争のなかで，重大な責任。今の紛争の始めからNGO諸組織にひろがっている沈黙は，たぶんこうして説明できる」(Jean Christophe Ruffan, *Le Monde*, le 20 mars 1999)。

けと警戒とが交錯する場に置かれている。

16) 旧ユーゴへの NATO の激しい空爆（1999 年）に対して，同年 7 月，国際憲法学会第 5 回世界大会（ロッテルダム）の開会演説で，スイスの Thomas Fleiner（当時会長）は，この種の開会儀礼の習慣をあえて破って，つぎのようにのべなければならなかった。――「どんな理由で世界最強組織の 19 ヵ国は，軍事介入――この介入は兵士，パイロット，艦船および航空機の一切の危険を避けるため，はるか遠くから投ずる爆弾を使って多文化共存を強制するはずのものでしたが――によって国連安全保障理事会を飛び越す決定をしたのでしょうか。……人道的な目的は，こども，病人およびその他罪のない無防備の人々の殺戮といった非人道的な手段を許すのでしょうか。はたして，人道の名で殺戮することは，粗暴な殺戮を終わらせるために許されるのでしょうか。例えばジュネーヴ諸条約の追加第一議定書の 55 条と 56 条は，文民たる住民と環境とを保護しているが，こうした条項の侵犯を根拠づける十分な弁明が，法治国家原理の枠組みの中で用意されているのでしょうか。……敵の戦争犯罪は文民たる住民に対する報復措置を許すのでしょうか」。トマス・フライナー（中村英訳）「世界市民と憲法の理念」世界 670 号（2000）を見よ。その後，「イラク解放」を理由のひとつとして掲げた大規模な攻撃がアメリカ・イギリスを主体とする軍隊によってひき起こされた（2003 年 3 月）。フライナーの問いかけは，さらに一層の深刻さを加えつつ，くり返される必要にせまられている。

あ と が き

　ここでは，この本の主題――「国法学」――と副題――「人権原論」――の由縁によせて，著者の意図するところの一端をのべておきたい。
　本書はもともと，有斐閣の「法律学大系」の一冊として構想された。「大系」の企画にあずかる編集委員のひとりとして，その責任を果たすべき執筆の一書の標題と内容を自分自身の発想で考えることのできる立場に置かれたのを幸い，――もとより，他の委員の合意を得てのうえであるが――，迷うことなく「国法学」という名称を選んだのだった。いま日本の大学でこの名称を冠した講義が開設されているのは異例なほど少なく，おおよそ内容のうえでそれに対応するものは，「比較憲法」と呼ばれていることが多い。そうしたなかで，日本の憲法学にとって「国法学」と名づけられた学問領域が持ってきた歴史的意義（本文 1）を，少しでも痕跡としてのこしておきたい，と考えたからである。近年，およそ大学の「講座制」が名実ともに解体されてきているだけに，そのことは，「国家学講座」（東北大学），「国法学講座」（東京大学）の担当者として研究教育歴をはじめた著者個人の，「古きよき時代」への懐旧の情ゆえばかりのことではない。ヨーロッパの親しい学友たちが「国家」というコトバをキーワードに含む大著にその主張を託している（4 頁註 8 の Thomas Fleiner, Allgemeine *Staatslehre* はじめ, Michel Troper, Pour une théorie juridique de *l'Etat*, PUF., Paris, 1994 ; Olivier Beaud, La puissance de *l'Etat*, PUF., Paris, 1994 など）のと照合するにつけても，憲法学にとって，「国家」という主題から離れるわけにゆかない，という思いを深くするからである。
　「国法学」を書くとして，その副題を「人権原論」というべきものにした理由は，本文 1-2 でのべたとおりであるから，くり返さない。その具体的内容は，早稲田大学法学部で開講している「比較憲法」の，専任の教員として赴任した 2000 年度以来少しづつ変えながら書き続けてきた講義ノートに拠っている。その意味で，本書の内容にあたる講義がこの 4 年間に少しづつそれなりに成熟してゆく過程を，我慢づよく聴講してくれた学生諸兄姉の存在が，この本の成

り立ちを支えている。初年度の手さぐりの講義をほぼ通年，傍聴して下さった同僚・中島徹教授は，いささか以上の緊張を私に強いることによって，励ましを与えて下さった。好意あるお申出に甘えて，索引の作成の労を煩わせたことを含めて，感謝申しあげる。

　本書はその全文が，原稿用紙のマス目を埋めながらの書きおろしであるが，第Ⅰ部は，さきに一般読者むけに刊行した『一語の辞典・人権』（三省堂, 1996, その後の状況の推移に見合う補正を加えた第5刷2002）で示した構想と記述の骨組みを利用している。

　かねて雑誌『ジュリスト』，各種『六法』の編集にあずかることを通して重ねてきた，伝統ある有斐閣とのおつき合いに，この一篇を加えることができたのは，私のよろこびである。江草忠敬社長をはじめとする同社の方々，とりわけ，企画の発足のはじめから辛抱づよく節度ある督促を惜しまれなかった副島嘉博さん，直接にゆきとどいた担当をして下さった佐藤文子さんに，御礼を申しあげる。最後に，有斐閣とのおつき合いをいうとすれば逸することのできない，後藤安史・元雑誌部長に執筆意欲を刺激されること多かったことを記して，有難うと申しあげたい。

　　2003年10月

著者しるす

補訂版あとがき

　このたび幸い増刷の機会を得たので，以下のような方針に従って補訂をほどこした。(1)印刷上の誤りと記述の不正確さを直すこと，(2)紙面の大きな組み替えを避ける限度で，初刷のあとの事態の変化に言及すること，(3)新しく接することのできた文献については最小限度で指示するだけにすること。第2版ないし改訂版とせず初版の補訂という表現にとどめたのは，それゆえである。

　もともと本書のなりたちを有形無形に支えて下さった中島徹教授は，今回も上記三点にわたって有益な指摘を惜しまれなかった。その厚意をどう生かすことができたかはもとより著者の責任に属するが，あらためて教授に御礼を申しあげる。

　　2006年12月

　　　　　　　　　　　　　　　　　　　　　　　　　　　著　　者

判 例 索 引 （数字は該当ページ）

[アメリカ]

Marbury v. Madison, 5 U. S. 137, 1803
　………………………………………3, 206, 224
Scott v. Stanford, 60 U. S. 393, 1857
　………………………………………208, 231
Plessy v. Ferguson, 163 U. S. 537, 1896
　………………………………………………208
Lochner v. New York, 198 U. S. 45, 1905
　………………………………………………210
Panama Refining Co. v. Ryan, 293 U. S.
　388, 1935 ……………………………………208
Schechter Poutry Co. v. U. S., 295 U. S.
　495, 1935 ……………………………………208
United States v. Butler, 297 U. S. 1, 1936
　………………………………………………208
U. S. v. Carolene Product Co., 304 U. S.
　144, 1938 ……………………………………209
West Virginia State Board of Education v.
　Barnette, 319 U. S. 624, 1943 ………160
Kerr v. Enock Pratt Free Library, 149 F.
　2d 212, cert denied, 326 U. S. 721, 1945
　………………………………………………123
Marsh v. Alabama, 326 U. S. 501, 1946
　………………………………………………123
Shelley v. Kraemer, 334 U. S. 1, 1948…124
Brown v. Board of Education of Topeka,
　347 U. S. 483, 1954 ………………204, 209
Brown v. Board of Education of Topeka,
　349 U. S. 294, 1955 ………………204, 209
Burton v. Wilmington Parking Authority,
　365 U. S. 715, 1961 ……………………123
Baker v. Carr, 369 U. S. 186, 1962……210
In re Gault, 387 U. S. 1, 1967 …………177
Amalgamated Food Employees Union
　Local 590 v. Logan Valley Plaza, 391
　U. S. 308, 1968 ……………………………124
Tinker v. Des Moines Independent
　Community School District, 393 U. S.
　503, 1969 ……………………………152, 177

Red Lion Broadcasting Co. v. Federal
　Communication Commission, 395 U. S.
　367, 1969 ……………………………………142
Lemon v. Kurtzman, 403 U. S. 602, 1971
　………………………………………………154
Wisconsin v. Yoder, 406 U. S. 205, 1972
　………………………………………………151
Roe v. Wade, 410 U. S. 113, 1973 …58, 210
U. S. v. Nixon, 418 U. S. 683, 1974 …228
Collin v. Smith, 439 U. S. 916, 1978 …188
Regents of the University of California v.
　Bakke, 438 U. S. 265, 1978 …………166
Bethel School District No. 403 v. Fraser,
　478 U. S. 675, 1986 ……………………177
Hazelwood School District v. Kuhlmeier,
　484 U. S. 260, 1988 ……………………177
Texas v. Johnson, 491 U. S. 397, 1989…231
Cruzan v. Director, Missouri Department
　of Health, 497 U. S. 261, 1990 ………179
Bush v. Gore, 531 U. S. 98, 2000
　………………………………………224, 228
Gratz v. Bollinger, 539 U. S. 244, 2003
　………………………………………………167
Grutter v. Bollinger, 539 U. S. 306, 2003
　………………………………………………167

[ドイツ]

2 BVerfGE 1, 1952 ………………184, 215
5 BVerfGE 85, 1956………………184, 215
7 BVerfGE 198, 1958 ……………125, 126
30 BVerfGE 1, 1970 ………………………232
39 BVerfGE 1, 1975 …………………59, 111
49 BVerfGE 89, 1978 ……………………111
57 BVerfGE 295, 1981 ……………………142
82 BVerfGE 316, 1990 ……………………217
84 BVerfGE 90, 1991 ……………………232
88 BVerfGE 203, 1993 ………………59, 112
90 BVerfGE 286, 1994 ……………………217
93 BVerfGE 1, 1995 ………………………216

93 BVerfGE 266, 1995 ……………*216*
104 BVerfGE 51, 2001 ………………*147*
104 BVerfGE 337, 2002 ……………*162*
107 BVerfGE 339, 2003 ……………*185*

[フランス]
1947-1-22 Seine (civil) ………………*122*
62-20 DC du 6-11-1962 …………*232*
71-44 DC du 16-7-1971 ……*14, 34, 218, 224*
82-146 DC du 18-11-1982 …………*167*
84-181 DC des 10・11-10-1984 ………*143*
86-210 DC du 29-7-1986 …………*143*
91-290 DC du 9-5-1991 ……………*100*
92-312 DC du 2-9-1992 ……………*233*
92-313 DC du 23-9-1992 …………*232*
1992-11-2 Kerouaa et autres ……*151, 162*
93-325 DC des 12・13-8-1993 ………*231*
94-343-344 DC du 27-7-1994 ……*60, 222*
99-412 DC du 15-6-1999 ……………*102*
99-419 DC du 9-11-1999………*118, 128*
2000-11-17 Cour de Cassation, Ass. plénière………………………………*59*
2001-7-13 Cour de Cassation, Ass. plénière………………………………*59*
2001-11-28 Cour de Cassation, Ass. plénière………………………………*59*
03-469 DC du 26-3-2003 …………*233*

[その他]
ヨーロッパ人権裁判所（1976・12・7 Handyside EHRR 1-737）………*247*
ヨーロッパ人権裁判所（1995・3・23 Loizidou c/ Turquie EHRR 20-99）…*247*
国際司法裁判所（2002・2・14 République Democratique Congo c/ Belgique, CIJ, rôle général nº 121）……………*260*
ブリュッセル控訴院（2002・4・16 Bruxelles mis. acc.）……………*260*
ブリュッセル控訴院（2002・6・26 Bruxelles mis. acc.）……………*260*
ベルギー破毀院（2003・2・12 Cass.）…………………………………*260*

[日本]
最大判 1948・7・8 刑集 2 巻 8 号 801 頁
……………………………………*207*
最大判 1950・11・22 刑集 4 巻 11 号 2380 頁
……………………………………*192*
最大決 1953・1・16 民集 7 巻 1 号 12 頁 …*131*
最大判 1953・12・23 民集 7 巻 13 号 1561 頁
……………………………………*225*
最大判 1959・12・16 刑集 13 巻 13 号 3225 頁
……………………………………*225*
最大判 1960・10・19 民集 14 巻 12 号 2633 頁
……………………………………*131*
東京地判 1966・12・20 労民 17 巻 6 号 1407 頁 …………………………………*56*
札幌地判 1967・3・29 下刑 9 巻 3 号 359 頁
……………………………………*225*
最大判 1967・5・24 民集 21 巻 5 号 1043 頁
……………………………………*225*
最大判 1969・4・2 刑集 23 巻 5 号 305 頁
……………………………………*225*
最大判 1970・6・24 民集 24 巻 6 号 625 頁
……………………………*12, 13, 21*
東京地判 1970・7・17 行裁 21 巻 7 号別冊 1
……………………………………*155*
最大判 1970・9・16 民集 24 巻 10 号 1410 頁
……………………………………*192*
最大判 1973・4・25 刑集 27 巻 4 号 547 頁
……………………………………*225*
札幌地判 1973・9・7 判時 712 号 24 頁 …*238*
最大判 1973・12・12 民集 27 巻 11 号 1536 頁
……………………………*127, 129*
東京地判 1974・7・16 判時 751 号 47 頁 …*155*
最大判 1976・5・21 刑集 30 巻 5 号 615 頁
……………………………………*156*
札幌高判 1976・8・5 行裁 27 巻 8 号 1175 頁
……………………………………*238*
最判 1977・3・15 民集 31 巻 2 号 234 頁 …*131*
最大判 1977・7・13 民集 31 巻 4 号 533 頁
………………*79, 130, 153, 154, 170*
最判 1981・7・21 刑集 35 巻 5 号 568 頁
……………………………………*144*
熊本地判 1985・11・13 行裁 36 巻 11 = 12 号 1875 頁…………………………*178*

東京地判 1986・3・20 行裁 37 巻 3 号 347 頁
……………………………………………… *155*
最大判 1987・4・22 民集 41 巻 3 号 408 頁
……………………………………………… *128*
最判 1987・4・24 民集 41 巻 3 号 490 頁 …*12*
最大判 1988・6・1 民集 42 巻 5 号 277 頁
………………………………… *153, 154, 170*
最判 1988・7・15 判時 1287 号 65 頁 ……*178*
最判 1989・6・20 民集 43 巻 6 号 385 頁 …*130*
最判 1989・12・14 民集 43 巻 12 号 2051 頁
……………………………………………… *140*
東京高判 1992・3・19 高民 45 巻 1 号 54 頁
……………………………………………… *178*

最大決 1995・7・5 民集 49 巻 7 号 1789 頁
……………………………………………… *57*
最判 1995・9・5 判時 1546 号 115 頁 ……*130*
最判 1996・3・8 民集 50 巻 3 号 469 頁 …*155*
徳島地判 1996・3・15 判時 1597 号 115 頁
……………………………………………… *246*
最判 1996・3・19 民集 50 巻 3 号 615 頁 …*13*
札幌地判 1997・3・27 判時 1598 号 33 頁
……………………………………………… *164*
最大判 1997・4・2 民集 51 巻 4 号 1673 頁
………………………………………… *79, 154*
最判 2000・2・29 民集 54 巻 2 号 582 頁 …*179*

事項索引（数字は該当項目）

ア

アイヌ新法　20-1
アクセス権　17-4
新しい人権　12-1
affirmative action（積極的差別是正措置）　20-1, 20-2
アムステルダム条約　29-2
アメリカ革命　5-1
アメリカ型違憲審査制　26-1, 26-2
アメリカ合衆国憲法　13-1, 13-2
アメリカ合衆国最高裁判所　5-4, 26-1, 26-2
「アメリカにおけるデモクラシー」　13-2, 26-2
「アメリカの分裂」　20-2
「アリオパヂティカ」　17-4
アンシャン・レジーム　19-1
institutionelle Garantie →制度（的）保障

イ

EC司法裁判所　26-1, 29-2
EC法　29-2
「家」制度　9-2
Jellinek, Georg　5-2, 12-1, 20-1
「いかに」の権利論　24-2
イギリス1998年人権法（Human Rights Act）　29-2
違憲審査, 違憲審査権, 違憲審査制　1-2, 5-2, 12-2, 16-1, 25-1, 25-2, 26-1, 26-2, 26-4, 27-1, 27-3, 29-2
違憲審査制革命（Judicial Review Revolution）　1-2, 26-1, 26-4
違憲審査と民主制　27-1, 27-2
違憲審査の積極主義と消極主義　16-2, 26-1, 27-1, 27-2
違憲審査の対象　27-3
違憲審査をする裁判官の正統性　27-1, 27-2, 27-3
違憲の憲法改正　27-3

違憲の憲法規範　27-3
意思自治の原則　16-1
意思主義（voluntarism）　10-2, 27-2
イスラム・スカーフ規制　19-1
イタリア1947年憲法　17-3, 28-2
一にして不可分の共和国　14-1
一般意思, 一般意思の表明としての法律　1-2, 5-3, 10-2, 13-2, 25-1, 25-2, 26-1, 26-4
一般的団結禁止法　17-2
伊藤博文　6-2
インフォームド・コンセント　22-2
in loco parentisの法理　22-1

ウ

ヴィシー政権　23-3
Weber, Max　10-2
植木枝盛　6-1
上杉慎吉　1-1
「ヴェニスの商人」　24-2
ヴェルサイユ会議　8-1
ウォーレン・コート　16-2, 26-1, 26-2
受け手の自由（国家による・実質的自由）　17-4
疑わしい分類　20-2

エ

営業独占　17-2
営業の自由　17-2
エスニシティ　11-1, 11-2, 14-2
エスニシティ殺し　11-1
Etat de droit（法治国家）　25-2
エトノス（ethnos）　14-2
エリーティズム　27-2

オ

欧州会議（Conseil de l'Europe, Council of Europe）　29-2
オーストリア共和国憲法（1920年）　26-3

事項索引　*271*

岡田与好　17-1
送り手の自由（国家からの・形式的自由）
　　　17-4
親の信教の自由　19-3

カ

階　級　7-3
外見的立憲主義
　　（Scheinkonstitutionalismus）　25-2
解放される不自由　17-1
学問の自由　10-2
学力テスト　19-3
過小保護の禁止（Untermaßverbot）　15-2
家　族　9-2, 18-1, 18-3
家族からの解放　9-2
家長個人主義　9-2, 18-1, 18-2
Capitant, René　7-1
家父長制　18-1
からの自由　12-1, 13-1
河合栄治郎　16-3
干渉の義務　30-2
干渉の権利　30-2
間接効力説　16-2, 16-3
間接適用説　→間接効力説
寛　容　19-1, 23-1, 23-3, 26-3

キ

議会主権　→国会主権
議会中心主義　1-2, 25-2, 26-4
議会の民主的正統性　27-1
規制によって回復される・社会からの・実質
　的自由　17-1
規範創造的自由　7-2, 10-2
基本権　5-2, 15-2, 24-2, 28-1, 29-2
基本権喪失の制度　23-2
基本権の私人間効力　→私人間効力
基本権の第三者効力　→第三者効力
基本権保護義務　10-2, 15-2
基本的人権　6-1, 6-2
規約人権委員会　29-1
逆・二重の基準論　13-1
客観主義（objectivism）　10-2
教育権　19-3

教育の自由　17-1, 19-1, 19-3
教会制度　21-2
狭義の憲法　26-3
狭義の「人」権　→「人」権
教師の自由　19-3
教授の自由　23-2
共　生　11-1, 11-2
強制される自由　17-1
脅迫の自由　24-2
共和主義伝統（フランス）　14-2, 26-4
切り札　2-3, 24-2
緊急事態　23-2
近　代　8-2, 10-2, 10-3, 17-2
近代家族　9-2, 18-1
近代憲法　2-2, 2-3, 2-4, 8-1, 11-2, 18-3,
　　19-1, 19-3, 20-1, 21-2, 23-1, 24-2
近代国民国家（Nation State, Etat-nation）
　　14-2, 30-1
近代個人主義　9-2
近代国家　18-1, 19-2
近代市民革命　2-1
近代市民社会　16-3
近代人の自由（libertés des modernes）
　　12-1
近代的「個人」　9-1
「近代」批判　18-1
近代への懐疑　9
近代立憲主義　→近代憲法

ク

Gouge, Olympe de　8-1
具体的規範審査　26-3
具体的権利　3-2
具体的訴訟　26-1
国の教育権　19-3
組合法（1871年イギリス）　17-3
Kriegel, Blandine　10-2
Grundrechte　5-2（→基本権）
クローズド・ショップ　17-3
グローバリゼーション　30-1

ケ

経済自由主義　2-4, 17-1

形式（手続）違憲　26-3
形式的平等　20-2
ゲイソ法（フランス）　23-3
契約自由の原則　17-3
結婚退職制　9-2
結社からの自由　2-2
結社しない自由　2-2
結社の自由　2-2, 26-4
Kelsen, Hans　12-1, 23-1, 26-3
権威主義　7-1
原意主義（originalism）　27-2
厳格審査　5-4
建国の父たち　27-2
賢人たちの後見つきのデモクラシー　29-2
憲法異議（Verfassungsbeschwerde）
　26-1, 26-3
憲法改正に対する違憲審査　27-3
憲法が保障する権利　3-1
憲法規範の私法化　16-1
憲法ゲマインシャフト　4-1, 11-1
憲法裁判所制度　23-2, 26-1, 26-3
憲法制定権　14-2, 26-3
憲法訴願　→憲法異議
憲法秩序保障型　26-2, 26-3
憲法忠誠（Verfassungstreue）　23-2,
　23-3, 26-3
憲法の自己防衛　23-2
憲法の敵　23-2
「憲法の擁護者」論争　26-3
憲法パトリオティズム
　（Verfassungspatriotismus）　26-3
憲法判断回避のルール　26-2
憲法評議会　→フランス憲法院
憲法ブロック（bloc de constitutionnalité）
　5-3, 26-4
憲法律（Verfassungsgesetz）　26-3
権利章典（Bill of Rights）　1-2, 2-1, 5-1,
　13-2, 25-1
権利請願　1-2
権利の一段階画定論　24-2
「権利のための闘争」　10-3
権利の道徳的根拠　24-2
権利の二段階画定論　24-2

権利の類型論　12-2
権力制限　25-2
権力分立　6-2, 13-2

コ

広義の憲法　26-3
公共　18-3
公教育　17-1, 18-3, 19-1, 19-3
公教育からの自由　19-3
公共財　24-2
公共社会　22-1, 23-1
公共の福祉　17-1, 24-2
公権力の後見的介入　18-3
公序　17-1, 22-1
拘束の欠如としての自由　7-2
幸福な憲法裁判　27-1, 27-2
公平原則　17-4
公民権運動　20-2
拷問禁止条約　29-1
korporativな基本権理解　15-1
国王大権　17-2
国際刑事裁判所　30-2
「国際憲法」（droit constitutionnel
　international）　28-2
国際裁判官の正統性　29-2
国際人権A規約　5-5, 29-2
国際人権B規約　5-5, 20-1, 23-3, 29-1,
　29-2
国際人権法　30-1
国際人道法　30-2
国際連合　5-5, 29-1, 30-2
国際連盟規約　28-1
国際労働機構（ILO）　28-1
「国政二論」　7-1, 9-2
国法学　1-1, 1-2
国法上の義務（教育や兵役や納税）の特免
　20-1
国民（nation）　20-1
国民国家　4-1, 11-2, 14-2, 28-1, 30-1
国民主権　2-2, 19-3, 27-1
国民の教育権　19-3
国連の人権観念　5-5
個人主義　9-1, 9-2

事項索引　273

個人通報制度　29-1
個人と国家の二極構造　10-2
個人のアイデンティティ　20-1
個人の解放　2-2
個人の自立と自律　11-1, 21-1
個人の尊厳　9-2, 18-1, 18-3, 24-1
個人の尊重　→個人の尊厳
個人申立制度　29-2
コソヴォ紛争　30-2
古代人の自由（libertés des anciens）　12-1
国　家　16-1, 19-2, 19-3
国家＝政治権力からの自由　17-1
国会主権　1-2, 5-1, 25-1, 25-2, 29-2
国家からの自由　2-2, 2-4, 7-2, 7-3, 12-1, 12-2, 13-2, 15-2, 17-1, 17-2, 17-3, 17-4, 30-1
国家からの・独占放任型の・形式的自由　17-4
国家主権　29-2, 30-1
国家主権の相対化　30-1
国家通報制度　29-1
国家と社会の一元主義　15-1
国家と社会の二元主義　15-1
国家による介入　17-3
国家による・実質的自由　17-1, 17-2
国家による生存確保　12-2
国家による・独占からの・実質的自由　17-4
国家の基本権保護義務（grundrechtliche Schutzpflicht）　15-2, 16-2
国家の相対化　30-1
国家への自由　17-1
国家申立制度　29-2
古典的自由主義　15-2, 26-3
子どもの権利条約　22-1, 29-1
コミュニタリアニズム　9-1, 13-1, 14-2
コミュニティタウンの自治　14-1
コミュノータリスム　14-2
コルシカ人民（le peuple corse）　14-1
konkrete Ordnung　21-2
コンセイユ・デタ　19-1
Condorcet, Marquis de　12-1

サ

裁判官国家　15-2
裁判官統治　27-1
裁判官の正統性　27-3
裁判官の任命方式　27-2
裁判所「抱き込み」　26-2
差異論者（différentialistes）　20-2
殺人の自由　24-2
「ザ・フェデラリスト」　2-2, 13-2, 26-2
サラマンカ学派　10-2
三元論（個人・国家・社会の）　15-1
「三酔人経綸問答」　6-2

シ

civil rights（自由権）　2-1, 5-4, 12-1
civil liberties　5-4
ジェノサイド防止・処罰条約　29-1
ジェンダー　7-3
死刑廃止に関する国際人権Ｂ規約第２選択議定書　29-1
自決の権利　5-5, 20-1
自己決定　2-3, 7, 7-3, 10-1, 10-2, 11-1, 22-2, 23-1
自己責任　2-3, 7-3
自己破滅する権利　23-1
市　場　17-1, 17-4, 19-3
私人間効力　2-4, 16-1, 16-2, 16-3, 17-1
私人の権利保障型　26-2, 26-3
自然権　5-1
自然死　22-2
自然状態（state of nature）　16-1
自然法則＝自然法規範（lois naturelles）　10-2
思想の自由市場　17-4
citizenship　5-4
実質的平等　20-2
実証主義の法律万能主義　26-1
実体的デュー・プロセス論　26-2
実定法　12-2, 15-2, 24-2
私的自治　15-2, 16-1, 16-3
私的政府（private government）　16-2
自動適用可能（self-executing）　29-1

児童の権利に関する条約　→子どもの権利条約
citoyen　→市民
死ぬ権利　22-2
私法規範の憲法化　16-1
私法原理の憲法化　16-3
司法積極主義　→違憲審査の積極主義
「司法的執行」理論　16-2
私法と公法の二元構成　16-1
司法の自制　26-2
資本主義　8-1
市民 (citoyen)　2-2, 5-1, 5-4, 12-1
市民社会 (bürgerliche Gesellschaft)　15-1
「市民政府論」　9-2
市民的自由　5-4
社会経済的諸権利　2-1
社会契約論　4-1, 6-1, 14-2, 16-1
社会主義　7-1, 7-3, 8-1, 11-1
社会的権利　2-4, 14-1, 17-1
社会的権力からの自由　2-4, 17-1
社会民主主義　13-1
弱者の人権　10-3
社団的基本権観と個人主義的基本権観　15-1
社団的 (korporativ) な自由　15-1
宗教戦争　19-1, 19-2
自由競争　17-1, 17-3, 17-4
集権国家　2-1
集　団　15-1
宗団からの個人の解放　17-1
集団のアイデンティティ　11-2
集団民主主義　2-4
自由な民主的基本秩序 (freiheitliche demokratische Grundordnung)　16-2, 23-2, 26-3
自由の相対化　15-2
自由の敵　23-3
自由への強制　19-3, 23-3
自由民権運動　6-1
「自由論」　2-4, 17-3
主権, 主権国家　11-2, 13-2
主権と人権の二元対立モデル　21-2

Staatsbürgernation　26-3
Staatsrecht　1-1
主知主義　10-2
出生前診断　10-1
出生地主義　14-2
Sternberger, Dolf　26-3
Schmitt, Carl　15-1, 21-1, 21-2, 26-3
Julliot de la Morandière, Léon　9-2
juris prudentia (法の賢慮)　10-2
障害者の権利　10-1
消極的安楽死　22-2
消極的立憲主義 (negative constitutionalism)　13-2
少数者, 少数民族　20-1, 28-1, 28-2
条約と憲法・法律との間の効力関係　29-1
初期独占　17-1
職業官僚制　21-2
植民地支配からの独立　8-2
女性 (femme) および女性市民 (citoyenne) の諸権利の宣言　8-1
女性差別撤廃条約　29-1
知りすぎない自由　10-2
知りすぎる知の統制　10-2
自律的学校像　19-1
知る自由　10-2
信教の自由と公共社会　19-1, 19-2
人権 (広義の)　11-2, 30-2
「人」権 (狭義の)　2-3, 2-4, 3-1, 8-1, 8-2, 9-1, 10-2, 11-1, 11-2, 12-1, 14-1, 14-2, 18-1, 22-1, 28-1
人権委員会 (国際人権B規約)　29-1
人権慣習法　29-1
人権と民主主義　11-2
「人」権の虚偽性批判　8-2
人権の宣言　4-3, 25-1
「人」権の相対化　11-2
人権のためにする干渉　5-5
人権の媒介変数　11-2
人権の普遍性　4-2, 11-1, 11-2
人権批判　4-2, 11-1
人権理事会 (国連)　29-1
人工生殖　10-1
人種差別撤廃条約　29-1

人種差別，反ユダヤ，または外国人排斥のすべての行為を禁止する法律　→ゲイソ法
人種不平等　26-2
人身売買契約　24-2
人生パートナーシップ法（ドイツ）　18-2
神道　19-2
人道に対する罪　23-3, 30-2
人道のための武力介入　30-2
新保守主義　13-1
新マイノリティ　20-1
臣民権利　6-2
人民主権　13-2
人民（peuple, people）の自決　29-1
「人欲」の解放としての自由　7-2, 10-2
人類普遍の原理　11-2

ス

スイス連邦憲法（1999年）　16-1
末岡精一　1-1
statocentrisme（国家中心主義）　14-1
ステート・アクション（State action）　16-1, 16-2

セ

正解（right answer）　27-2
正義のための武力行使　30-2
政教分離　17-1, 18-3, 19-1, 19-2
政教分離法（1905年フランス）　19-1
政治的結合（＝ポリスという結合 association politique）　16-1
政治的統一体　→politische Einheit
政治的に適正（politically correct）　→political correctness
生殖技術の自由　10-2
精神的自由　17-4
政党禁止　23-2
制度（的）保障（institutionelle Garantie）　21-2
政府類似理論（looks-like government）　16-2
生命倫理　10-1, 26-4
西洋近代家族　18-1
西洋中心主義　11-2

世界人権宣言　5-5, 29-1, 29-2
積極主義　→違憲審査の積極主義
積極的安楽死　22-2
積極的意味の憲法（Verfassung im positiven Sinn）　26-3
積極的差別是正措置　→affirmative action
積極的立憲主義（positive constitutionalism）　13-2
戦後民主主義　2-4
先住民　20-1
戦争犠牲者の保護に関するジュネーヴ諸条約（1949年）　30-2
戦争犯罪への公訴時効不適用に関する条約　29-1
1789年宣言，人および市民の諸権利の宣言　1-2, 2-1, 2-2, 4-1, 4-3, 5-1, 5-3, 10-2, 12-1, 13-2, 16-1, 25-1, 25-2, 26-4

ソ

相違への権利　11-2, 19-1, 20-1
憎悪を煽る言論　→ヘイト・スピーチ
臓器移植　10-1
相対主義の相対化　23-3
social rights（社会権）　2-1, 12-1
尊厳死　22-2

タ

大学自治　21-2
第三者効力（Drittwirkung）　16-1, 16-2
第三世界　5-5, 11-1
第三世代の人権　2-1, 12-1, 12-2
第三帝国　7-1
第三身分　14-2
Dicey, Albert Venn　25-2
大正デモクラシー　6-2
大臣責任制　25-2
大西洋憲章　29-1
大日本帝国憲法　6-2
大陸型憲法裁判所制度　26-3, 26-4
多元型，多元主義，多元性　13-1, 14-1, 15-1, 16-3, 17-4, 19-1, 20-1, 20-2
「多数」と「少数」の関係　20-1
たたかう民主制（streitbare〔od.

streitende] Demokratie) 15-2, 17-4, 23-2, 23-3, 26-3
田中耕太郎 16-3
田中正造 6-2
単一不可分の共和国 20-2
団結からの労働力取引の自由 17-3
団結強制 17-3
団結禁止法 17-2
団結権 17-3
単純な人権普遍主義 11-2
単純な相対主義 11-2
男女の平等 8-2
団体の基本権 21-2

チ

地域語・少数民族言語に関するヨーロッパ憲章 14-1
地方公共団体の自治 21-2
中間集団 2-2, 9-2, 14-1, 17-2, 21-2
抽象的違憲審査 26-1, 26-2, 26-3
中世立憲主義 1-2, 2-1, 2-3, 4-3, 5-1, 10-2
直接適用説 16-2

ツ

強い個人 7, 8-2, 9, 9-2, 10-1, 10-2, 10-3, 18-1

テ

抵抗権 23-2
帝国憲法 →大日本帝国憲法
帝国主義 8-1
Descartes, René 10-2
哲学的ヒューマニズム 10-3
デモクラシー 23-1, 25-2, 26-1, 29-2
「デモクラシーの本質と価値」 23-1
デモス (demos) 14-2
due process of law 10-1, 22-1, 22-2, 26-2
転轍手 (aiguilleur) 26-3, 26-4, 27-3
天賦人権 6-1

ト

ドイツ帝国憲法 (1871年) 5-2, 15-1
ドイツの多元主義型憲法理論 16-3
ドイツ連邦共和国基本法 5-2, 15-1, 23-2, 28-2
ドイツ連邦憲法裁判所 10-1, 15-2, 16-2, 23-2, 26-1, 26-3, 27-2
同業組合解体・団結禁止の法制 17-2
統合型 19-1, 20-1, 20-2
同性間結合 9-2, 18-2
盗賊バラバ 23-1
道徳哲学 24-2
droits de l'homme 2-3, 5-1
droits fondamentaux (基本権) 5-2
Tocqueville, Alexis de 13-2, 26-2
トクヴィル＝多元主義モデル 14-1, 14-2
独占からの営業の自由 17-1, 17-2, 17-3
独占放任型の自由 17-1
独禁法 17-1
特権身分集団 (コオル [corps]) 21-2
徒弟法 (イギリス) 17-2
賭博行為の自由 24-2

ナ

内容 (実質) 違憲 26-3
中江兆民 6-2
中村敬宇 2-4
ナチス 7-1, 10-1, 23-2, 23-3
NATO軍のユーゴ空爆 30-2
何をしてもよい自由 24-2
ナポレオン法典 9-2, 16-1
難民の地位に関する条約 29-1

ニ

二元論 (国家と社会の) 15-1
二項対立型の思考 15-2
二重の基準 (double standard) 12-2, 13-1, 26-2
日本型家族国家観 18-1
ニューディール 13-1, 26-2
ニュルンベルク裁判 30-2
人間中心主義 10-3
人間の尊厳 5-2, 7-1, 11-1, 15-1, 15-2, 22-1, 26-3
人間の名に値する生命 10-3
妊娠中絶 10-1, 15-2

事項索引　277

「任命権者に対する忘恩」の義務　27-2

ノ

脳死　10-1
Nozick, Robert　13-1
ノン・ルフルマンの原則　28-2

ハ

Habermas, Jürgen　26-3
背景的権利　3-2
PACS法（フランス）　18-2
発展の権利　5-5
Babeuf, François Emile　7-1
parens patriae の思想　9-2, 18-3, 22-1
パリテ　20-2
反・近代　10-1
反・結社主義　2-2
反・個人主義　7-1
反植民地主義　11-1
反帝国主義　7-3
反独占型の自由　17-1
反ファシズム　29-1
反論権　17-4

ヒ

庇護権　28-2
人および人民の権利に関するアフリカ憲章（バンジュル憲章）　5-5
人の権利および自由の宣言（ロシア）　4-1
批判的普遍主義　11, 11-2
Human Rights　2-3, 5-5, 9-1, 11-2
表現の自由　10-2, 12-2, 17-4, 22-1, 23-3
「開かれた」学校像　19-1
ピラト　23-1

フ

fundamental rights　5-4
Filmer, Robert　7-1, 9-2, 18-1
Verfassungsstaat　25-2
フェミニズム　7-3, 8-1, 9-2, 11-1, 18-1
附随的違憲審査制　16-3
普通選挙制　27-1
復古的ロマン主義　9-1

「部分社会」論　2-4, 15-1, 16-3, 17-1
普遍主義者（universalistes）　20-2
プライヴァシーの権利　10-1, 26-2
France, Anatole　8-1
フランス1804年民法典　→ナポレオン法典
フランス1864年法（労働者の一時的団結に対する刑事罰の廃止）　2-2
フランス1875年憲法（第三共和制）　19-1, 25-1
フランス1884年法（ル・シャプリエ法の廃止と職業組合形成の自由）　2-2
フランス1901年法（非営利社団設立の自由）　2-2
フランス1946年憲法　2-2, 5-3, 10-1, 17-3, 26-4, 28-2
フランス1958年憲法　2-2, 5-3, 14-1, 26-1, 26-4
フランス革命　2-1, 4-1, 5-1, 9-1
フランス憲法院　2-2, 5-3, 10-1, 14-1, 17-4, 23-3, 26-1, 26-4
ブリュッセル官僚制の支配　29-2
pluralism　→多元主義
property　5-1
文化多元主義　4-2, 11-1, 20-1
文際的人権観　11-2
分離すれど平等　26-2

ヘ

ヘイト・スピーチ　13-1, 23-3
への自由　12-1
ベルギー憲法　20-1

ホ

「法人の人権」論　2-4, 15-1, 17-1
法治国家　1-2, 15-2, 26-1, 27-1, 27-2, 29-2
法治主義　24-1
法的権利　3-2
法的ヒューマニズム　10-3
法の支配（Rule of Law）　5-1, 25-2
法律（loi）によって統治される権利　14-1
法律の優位　27-1
法律の留保　24-1
保護の論理　22-1

ポストモデルネ　15-2
ボスニア＝ユーゴスラヴィア戦争　30-2
ポツダム宣言　5-5, 6-2, 29-1
Hobbes, Thomas　7-1, 16-1
political correctness　13-1, 23-3
political rights（参政権）　2-1, 12-1
politische Einheit　15-1, 21-2, 26-3
ポルトガル 1975 年憲法　16-1
ボン基本法　→ドイツ連邦共和国基本法

マ

マーストリヒト条約　29-2
マイノリティ　→少数者
マグナ・カルタ　1-2, 2-1, 2-3, 5-1, 25-1
魔術からの解放　10-2
丸山眞男　7-2

ミ

未成年者の自己決定　22-1
美濃部達吉　25-1
身分制　2-1, 2-2, 2-4, 4-1, 7-1, 9-1, 10-2, 14-1
宮沢俊義　12-1
Mill, John Stuart　2-4, 6-1, 17-3, 17-4, 20-1
Mirkine = Guétzevitch, Boris　28-2
Milton, John　17-4
民意（デモス）の支配（クラチア）　25-2
民間憲法試案　6-1
民間組織（NGO）　30-2
民権　2-4
「民衆の喝采」による独裁　25-2
民主主義の赤字　29-2
民主制の敵　23-2
民主的正統性（裁判官の）　27-2, 29-2
民族国家　4-1, 28-1
民族自決　28-1
民族純化　4-1
民族的少数者保護　→少数者

メ

Menschenrechte　5-2

モ

目的・効果基準　19-2
森有礼　6-2

ヤ

山路愛山　11-2
やむにやまれぬ利益（compelling interests）　20-2

ユ

優越的自由（preferred freedom）　12-2, 13-1, 23-3
優生思想　10-1, 10-3
ユニオン・ショップ　17-3

ヨ

ヨーロッパ共同体，ヨーロッパ連合　5-2, 29-2
ヨーロッパ市民　29-2
ヨーロッパ人権条約，ヨーロッパ人権裁判所　19-1, 26-1, 29-2
ヨーロッパ大陸型の違憲審査制　26-1, 26-3
ヨーロッパ連合（EU）基本権憲章　12-2, 29-2
ヨーロッパ連合（EU）憲法設立条約　12-2, 29-2
四つの自由　29-1
四つの 89 年　4-3

ラ

Radbruch, Gustav　23-1
ライシテ原則　→政教分離
乱用できない自由　23-2

リ

リージョナリズム　20-1
「リヴァイアサン」　7-1
living will　22-2
利益集団デモクラシー　13-1
理性的自己決定　7-2
立憲主義　1-1, 1-2, 3-1, 13-2, 20-1, 25-1,

　　　　25-2, 26-1, 26-3, 27-1
立法裁量　　5-4, 13-1, 17-4, 24-2
リバタリアニズム　　13-1
リパブリカニズム　　7-2, 13-1
リベラル　　13-1, 23-3, 26-2
libertés publiques（公の諸自由）　　5-3
領域国家　　2-1
両性の本質的平等　　18-1

ル

類型論　　12-2
ル・シャプリエ法（フランス）　　2-2, 17-2
Rousseau, Jean-Jacques　　2-2, 23-3
ルソー＝一般意思＝統合モデル　　14-1, 14-2

レ

歴史修正主義者（révisionnistes）　　23-3
légicentrisme（法律中心主義）　　14-1

Rechtsstaat（法治国家）　　25-2
République　　14-1
Républicain 対 Démocrate　　14-1, 19-1
連邦制　　14-1, 25-2
連邦派（Federalists）　　13-2

ロ

労働基本権　　8-2, 17-1
労働組合法　　17-3
労働者が持つ権利　　2-1
Rawls, John　　13-1
Locke, John　　5-1, 7-1, 7-2, 18-1
Robespierre, Maximilien de　　14-1

ワ

ワイマール憲法　　7-1, 9-2, 17-3, 18-1, 26-3
我妻栄　　12-2

〈著者紹介〉

樋口陽一（ひぐち・よういち）

1934年仙台生まれ，1957年東北大学法学部卒業。東北大学法学部教授，東京大学法学部教授，早稲田大学法学部教授などを経て，現在，日本学士院会員，フランス学士院準会員。

著書のなかから――

近代立憲主義と現代国家（勁草書房，1973），比較憲法・全訂第3版（青林書院，1992），憲法・4訂版（勁草書房，2021），憲法という作為（岩波書店，2009），抑止力としての憲法（岩波書店，2017），*Le constitutionnalisme entre l'Occident et le Japon* (Helbing & Lichtenhahn, Genève-Bern-München, 2002), *Constitution, idée universelle, expressions diversifiées* (Société de Législation Comparée, Paris, 2006) など。

国法学［補訂］
General Theory of Fundamental Rights　　〈法律学大系〉

2004年1月10日	初　版第1刷発行
2007年3月15日	補訂版第1刷発行
2021年3月5日	補訂版第3刷発行

著　者　樋　口　陽　一
発行者　江　草　貞　治
発行所　株式会社　有　斐　閣

郵便番号 101-0051
東京都千代田区神田神保町2-17
電話　(03) 3264-1314〔編集〕
　　　(03) 3265-6811〔営業〕
http://www.yuhikaku.co.jp/

印　刷　大日本法令印刷株式会社
製　本　牧製本印刷株式会社

Ⓒ 2007, 樋口陽一. Printed in Japan
落丁・乱丁本はお取替えいたします。

★定価はケースに表示してあります。

ISBN978-4-641-00801-4

Ⓡ 本書の全部または一部を無断で複写複製（コピー）することは，著作権法上での例外を除き，禁じられています。本書からの複写を希望される場合は，日本複製権センター（03-3401-2382）にご連絡ください。

法律学大系「刊行のことば」

　有斐閣による『法律学全集』の刊行開始は 1957（昭和 32）年のことであった。その後約 40 年を経過し，やがて 21 世紀を迎えることとなる。1000 年に一度という，まことに稀な機会ともいえよう。

　この時期に『法律学大系』シリーズを刊行するのは，むろん世紀の変わり目という学問にとって外在的な理由によるものではないが，21 世紀の始まりに際して，過ぎゆく 20 世紀を顧み，新しい世紀への第一歩を踏み出す決意を新たにすることは，新年にあたって想いを新たにするのと同様の意味があろう。また，この時期は，今日においても重要な意義を有する明治維新後の諸法典の編纂事業の完成から 100 年後であるとともに，第二次大戦の敗戦に引き続くわが国の国家・社会体制の根本的変革から 50 年後にもあたる。その意味で記念すべき時期でもある。

　ちょうどこのとき，私どもは，社会的大変革期に直面している。科学と技術，とりわけ情報技術の急激な進歩，各方面におけるグローバリゼーション，多くの社会主義国家の崩壊と残る社会主義国家における市場経済の導入，市場経済国家における老人問題・雇用や犯罪の問題，世界的レベルで深刻化しつつある環境・資源問題などが同時多発し，法律学も，直接・間接にこれらの問題への対応を迫られるに至った。

　一方，わが法律学は『法律学全集』刊行前後から急速に進展を示している。基本的な法律の多くが欧米からの継受法であることが逆に幸いして，日本の法律学は，歴史的・比較法的な視点と，社会学的な視点を備えざるを得なくなり，この方向は戦後一層進んで，多くの優れた業績を生みつつある。学界の状況はなお流動的であるが，この時点で，明治以来の，とりわけ戦後 50 年の，法律学の蓄積を踏まえ，21 世紀に向かって歩みを進めるのは，まさに時宜を得たことと考える。この大系を世に送るゆえんである。

　1996（平成 8）年 12 月

　　　　　　　　　　　編集委員　　星野英一　松尾浩也　竹内昭夫
　　　　　　　　　　　　　　　　　塩野　宏　新堂幸司　樋口陽一